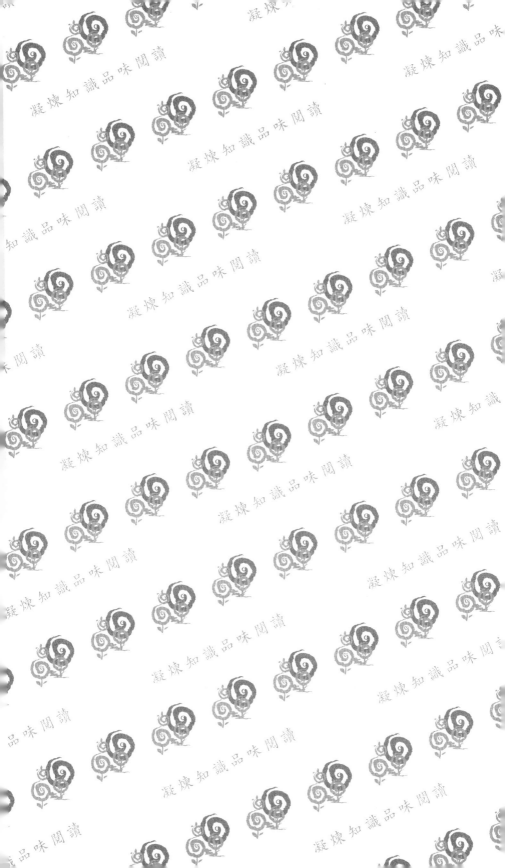

西洋哲學史（上）

古代哲學到中世紀哲學史

林玉体　著

Contents
目錄

哲學史──導論（序）

一、研讀哲學史的必要性

哲學史的書已指不勝屈，但在漢文天地裡，具研究及參考價值者卻罕見。一來不具「教育」性，因為連最起碼的教育功能也無，文字既不流暢，論理亦不清不楚，作者對哲學之領會力大受質疑。二來無助於「智慧」之提升，漠視哲學一詞，或Philosophy一字之原意──「愛智」。

在力求客觀條件的要求下，又得相對遵守一準則，即儘量不扭曲而持平以闡釋或批判史上的哲學家。至於哪些哲學家有資格入選？這又涉及到很複雜的選擇問題。英文著作中頗具權威的哲學史著作，柯普立斯頓（Frederick Copleston, S.J., 1907-1994）該屬其中佼佼者。從1959年開始出版《哲學史》（*A History of Philosophy*）共11冊，隻字不提支那人，此一現象必引起支那人的不滿甚至憤怒，但與其發洩情緒，不如冷靜地反省思考。誠如該巨著作者在序言中所提的例，撰述英國史者該詳述英女王伊麗莎白服飾數量呢？還是應對擊敗西班牙無敵艦隊（Spanish Armada）大書特書？二者在全球史上尤其在英國史上的重要性，可以相提併論嗎？就哲學領域而言，哲學史的撰述者難免有自己的一套哲學觀，據此作為選人及擇材的標準。此種「偏見」難免，也不必諱言，更不用誇稱公允無私。在民主社會裡，言論開放，市場供需，在貨比貨之下，品質高下，讀者心中自有一把尺。

史是指時間的流程，古、今、未，三者連成一貫，意義就凸顯而出。不過，「時」也有長短，有些哲學思考未能「立即」成為時人及接續時代的風潮，卻潛伏成為暗流，識相者相隔數百年之後才使之重見天日，這也具有「史」意。但若認定今人頗富珍貴之理念，是自古有之，只是今昔相隔竟然一兩千年，則不得不引發一種「大哉問」，一來是否該理論自古即有之，二來即令該理論早有祖先言及，為何該哲學觀念種子長久不能萌芽、茁壯、開花又結果？不少支那讀書

人咸認哲學的最高智慧，早有古聖先賢言及，此種心態，骨子裡，是狂妄的自大狂（hybris）作祟使然！

對「史」缺乏認識者稱為「史盲」，此種人不配稱為受過教育者；相同的，若對「哲學」一竅不通，即是「哲學盲」，此種人欠缺人生意義感。「史」加「哲學」而成為哲學史，二者內容相同者甚尠。「史」是由「人」所建構的，該種「人」之中，哲學家占的份量頗重。歷史是一種變遷的記錄，在演進的流程中，有變，尤其是大變。變，除了自然力之外，就是人力的施為，人力當中的精神力及思維力所積聚的知識力，可以掀風作浪，左右人類行為的走向。其中，哲學家扮演了極為重要的角色。

過去發生的事，包括哲學思想，都變成無實用價值的古董了嗎，只堪陳列在博物館供今人憑弔乎？黑格爾（Georg Wilhelm Friedrich Hegel, 1770-1831）在他的《歷史哲學》（*History of Philosophy*）第一冊第17頁中說，哲學史的內容，不外乎包括了好多已逝的思想系統，你埋葬我，我也埋葬你。康德（Immanuel Kant, 1724-1804）也說過：「形上學使人心懸著一種永不褪色的期待，卻從未能實現該期待」；當「其他學門一直往前推進時」，形上學學者「總是繞著同一個點，似乎未見前進分毫」。懷德海（Alfred North Whitehead, 1861-1947）也有下列一句陳述：歐洲哲學史各學派皆曾領風騷，也都接受過挑戰；其中，形上學系統如同垃圾一般的被丟棄，但彼此卻各不相讓。

人非聖賢，孰能無過，即令神仙打鼓也會出錯。歷代哲學家之見解受到挑戰，這是極其明顯的史實。但史有「鑑」之意，可當教訓用，使今人及未來的人減少錯誤。前人種樹，後人乘涼；前人種的樹或許枯萎了，死亡了，但今人及後人就不該重蹈覆轍，卻應栽新種，使乘涼的人更多更久。前事不忘後事之師，如此進步就可期。當然，深悉往事者，仍有步入相同錯誤的可能，但史盲，犯的錯誤更多。

二、哲學史的性質

1. 連貫性：哲學史不是哲學思想的雜湊，彼此不相干，或與前後思想無涉。其次，哲學思想的價值是有上下之分的：「言之成理，持之有故」。人是理性的動物，哲學家最是擅長運理者。理有深有淺，有廣有窄；哲學家必有師承，（廣義）好學加上深思，遂有所成。好學取自他人，深思則賴自己，他人必包括前人，人是群居動物，與他人之關係，不是絕緣體。

古今前後連貫，但此種連貫性，並不單純地以為一定是直線往前（straight line）或往上式的（forward and upward）。「史」實所呈現的沒這麼樂觀。相反的，卻經常不是提升而是沉淪，向後倒退（backward and downward）或循環螺旋式（spiral）的。就「理論」而言，黑格爾有正、反、合（theisis, antithesis, synthesis）之辯證三分式（dialectic triad）；一「正」一「反」，是平面式的，橫斷面式的（horizontal），二者位階及價值同，但「合」則是縱貫式的（vertical），提升一階。實際上，哲學史在古代有黃金歲月，但接棒者不必然的踵事增華。哲學造詣或思想潮流之評價，因素頗為複雜，其中，哲學家本人的天分是一大主因，這是可欲不可求的。哲學史呈顯的多半是起起伏伏、弧線（curve）的居多。

2. 真理之探討為哲學要務：真理有絕對性及永恆性嗎？支那人常以「至道」及「絕學」封給古聖先賢，不少哲學家也懷有此種心志，挖掘尋覓真理。一部哲學史，就等於是哲學家擬獲取「放之四海皆準，俟之百世不惑」真理的奮鬥過程。

三、如何研究哲學史

1. 先把哲學思想納入「史」的脈絡（context）裡：哲學家的哲學思考體系，必然受到時空的影響。因之，時空背景的了解，才能知悉哲學家的思想。讀者把自己納入時空環境中設身處地，如同哲學史上的哲學家在自己身邊一般，

此種「想像」或「同理心」（imagination and sympathy），是研究哲學史所必要的，對哲學家的生平有所領會，才更能知悉哲學家哲學思考的原貌。

2. 與哲學相關（直接或間接）的知識也得涉獵：語言學、數學、神學、天文學、力學、醫學等，都應設法有某種程度的領會。哲學及歷史，迄今都已是極為成熟及資料豐厚的學門，聚一生精力也難以通悉百科，更不用說哲學家人數眾多，哲學本身在內容上又分門別類，專精於某一哲學家或哲學領域中的某一地盤，也得耗盡人生歲月，但那是程度問題，而非有無問題。

3. 哲學史始自希臘：希臘文化及其文明成就，任何人都無法小覷；哲學的起源也「相對性」的源於希臘。並且，希臘哲學經由羅馬時代的「新柏拉圖思潮」（Neo-Platonism）之注入，成為中世紀主流思想的教父哲學（Scholasticism），奠定了其後歐美哲學思想的基幹。此種闡釋，既不誇張，也未過分。當然，並非過去的哲學家都已把哲學地盤悉數占光，使後來者無插足餘地。相反的，西方哲學家與支那人的心思大異其趣，若視往聖為絕學或至道，則門生只有「傳」或「繼」而已，奢敢談「創」呢？研究哲學的態度之不同，是研究哲學是否有意義，或有心得的最重要關鍵。

其次，先賢或往哲時代，資訊並不如今日之流暢，若有一哲學家的理念「似乎」與古代「相同」，或希臘人的想法與東方人類似，不能就因此類推出二者有借貸關係。此種哲學史例甚多，最為有名的莫過於日耳曼的來布尼茲（Gottfried Wilhelm Leibniz, 1646-1716）與英國的牛頓（Sir Isaac Newton, 1642-1727），兩人幾乎同一時代發明微積分，誰先誰後，變成一時的熱門爭論話題。當時彼此並無書信往還，也未有意見交換，兩人「心同理同」（此名言出自支那陸象山，1139-1193）。若言「抄襲」或「剽竊」，那就太過分了，也言不符實。原創性（originality）是一流哲學家最名至實歸的資財。當然，他們之稟有此種珍貴的天分，或許部分來之於研讀古書所獲的靈感，但絕不可輕易就因此賜予「盜竊」之惡名。

四、本書特色

1. 文字敘述力求清楚：哲學史上的哲學大師，不乏用字遣詞艱澀無比，令後學者痛苦不堪、不忍卒讀者，一來可能是哲學家本人的個性喜愛此癖，二來是有些哲學意境確實深奧，文字語言難以描述，或許是哲學家本人私有的特殊體會，難以為外人探玄取祕。此外，撰述者或許功力不夠，火候未臻，造詣不深，似懂非懂，此種窘境難免。筆者向來對理論、思想、哲學懷有興趣，求學過程中，修過不少哲學科目，也看過許多漢文及英文的哲學書，不怕見笑地說，不懂之處甚多。當年出國深造，考取教育部公費留學的科目是「教育哲學」，深感「教育」的重要性，也覺往「哲學」一門進軍，才能取得學術界的敬重；在美獲哲學博士的過程中，即以「教育哲學」為主修，又以「哲學」、「高等教育史」為副修。既已嘗過人生學習經驗的苦難，擬嘉惠於後生，乃發願撰述此書，秉一貫的為文要旨，「說清楚」、「講明白」，才符合「教育」目的，這也是本書與其他哲學史書最為不同之處。簡言之，只選擇筆者自認為了解的哲學家想法，盡力以簡易流暢的文字敘述，還藉機評論（含褒貶）。當然，這麼做難免冒了一些險，一來把沒把握的部分刪除，恐有遺珠之憾；二來，自以為懂，未必保證真懂，或許一時糊塗，或許也有扭曲、誤解之嫌。求全責備，此種評語，筆者銘記在心。但若把難解未悉部分也強予為文，則不知所云者必多，浪費讀者時間與精力，只增加字數或篇幅，若形同垃圾，則不如丟棄。

2. 一流哲學家都有「一以貫之」之道，掌握其中心意旨，是探尋其哲學體系的最佳方法。名哲學家的著作甚多，但必含有前後連貫及左右的一致性。若有變化或修改，也必有其因。本書撰述，也盡力挖掘此項要點，讓讀者掌握之，可以提綱挈領。

3. 歷來哲學家數目不下千人，但哲學家之貢獻及影響有大有小；有些哲學史書光是人名就多如牛毛，卻分辨不出彼此之間的關係。筆者年輕時歷經數次發誓才看完《紅樓夢》，總覺小說人物之眾多，深受其苦。本書只擇取較為重要的

哲學家作爲評介的對象，但一定評介到某些程度的深度及廣度，而非僅及皮毛。若讀者青睞某一哲人，則可作專題研究。換句話說，本書作「入門」、「探境」二夫，不敢掠美於既「精」又「深」。

蘇格拉底重視「定義」，也正是孔子的「正名」。本書出現的「地名」，其中有「支那」兩字，這是現在通用的「中國」，但在該國古書中，多數皆以「支那」稱之。梁啟超的文章，大半都稱該國爲「支那」，歐美人士譯爲China（英文）、Cina（義文）、Sinica（拉丁文），不正是「支那」的音譯嗎？又哪是「中國」呢？

筆者在2014年於臺北文景書局撰述《西洋哲學史》，字數近百萬，頁數逾千，對讀者的購買力產生極大的負擔。此書由五南付梓，觀點及內容有互補之處甚夥，有志者但願能兩書共讀。筆者也在文中透露個人的哲學主張，敬請方家不吝賜教！

林玉体

2016仲夏

壹｜古代哲學

第一章

蘇格拉底之前的哲學家

第一節　西方學術思想的搖籃地──愛奧尼亞（Ionia）

　　支那的孔子說：「仁者樂山，知者樂水」；這是含有哲理的。道德與知識，是人最大的資產。道德準則，幾乎萬年不變，不動如山。孔子住在支那的山東（無地震）；海洋及河流的多變，刺激了濱海或河邊人民的腦袋，智慧因之而出。希臘地處愛琴海，海有大有小，河有長有短。先是大陸型的遊牧民族而後定居耕田種地而產生的文化（culture），與農業有關（agriculture）。由「水」而生的文化是商業貿易型的，城市（city）因之而起，這叫做「文明」（civilization）。「文化」，自然成分高；「文明」，則人為比重大。相對之下，愛琴海的遼闊不如地中海，但地中海比不上大西洋。歐洲的「文明」史，也印證了此種客觀環境而生的文明史。文明或文化，由希臘的雅典轉到義大利的羅馬、威尼斯、翡冷翠，然後又由大西洋的大都市如巴黎、倫敦、荷蘭的雷登（Leyden）甚至到美洲新大陸新英格蘭的波士頓，大學史上重要大學地位的替換，恰好符應了此種文明變遷。愛琴海濱的雅典大學風光一時，地中海的羅馬大學及亞歷山大里亞（Alexandria）接棒，巴黎、牛津、劍橋及雷登（大西洋）的大學竄起，加上哈佛、耶魯、哥倫比亞，普林斯頓的大學後來居上。今後是否更大的太平海沿岸都市的大學，如加州的柏克萊、史丹佛、洛杉磯，日本的東京，臺灣的臺北等，也能爭奇鬥豔，則有樂觀的預期。

　　荷馬（Homer）的史詩，是鑲在希臘文化的珠寶，雖與哲學較無直接牽連，但支配了希臘人的人生觀，戰爭英雄的傳記，是希臘受過教育者最耳熟能詳的資料；加上公元前八世紀赫西奧（Hesiod）的詩詞，描述土地貴族的品德，追求正義的倫範，雖較悲觀，卻可視為建構希臘人宇宙論（Cosmology）的基礎。這兩位天才詩詞作者，都是位於小亞細亞（Asia Minor）濱海的愛奧尼亞人。

　　愛奧尼亞（Ionia）位於愛琴海中，介於東西貿易的交會處，外來思想觀念容易進入。有埃及的「數學」（mathematics）及巴比倫的「占星術」（astrology）。但愛奧尼亞之所以擁有哲學發源地的重大原因，是該地的天才運用「理

性」此種人智，把埃及人因尼羅河氾濫而成的實際性數學，及巴比倫人視天象的神祕性，轉化為科學式的思考，將手指式的算術（arithmetic）提升為推理式的幾何（geometry），也把占星術轉為天文學（astronomy）。不只知其然，還擬進十步探查的知其可以然。抽象思考因之而生，這是哲學式的進境。粗糙的素材，一經腦力的加工，不為表象及經驗所限，這才夠格稱為哲學。若有人以為希臘哲學是否源於印度甚至支那，那更是無稽之談。因為東方這兩個老國，頂多只提供希臘人想像的對象而已。只有經過理性這個要件，粗料的日常經驗，才可望成為哲學的佳餚。

　　哲學的搖籃地條件複雜，也眾說紛紜。但下列因素不可或缺。

一、先知後智

　　哲學號稱為「愛智之學」。智源之於知。重德輕知，是一種愚德、蠢德，笨德，不只「知」無法上臻「智」，且傷德更重。其次，知若只停止在實用性及感官性上，則此種知，必然離「智」更遠；一來該種知非真知，只是暫時、膚面、淺顯的，未將人之稟賦充分發揮，的確可惜。黑格爾曾說，知識若不是只為知識，而單注重實用，以便解脫人生苦海，則猶如宗教及迷信。印度就是如此，支那也好不到那兒去，孔仁孟義，少提及知，道德味太濃又太重，泛德主義（pan-moralism）則把知壓縮，更奢言「智」了。

　　羅馬是承繼希臘文化者。羅馬人重實際，故法律（羅馬法）及政治（大帝國）是他們造就人類最重大的業績，但在哲學的原創性上，則不如希臘多。不過，羅馬在「思想」進境上雖不如希臘人，但希臘哲學觀念卻迷漫於羅馬世界中，孕育出也可一敘的哲學思想。哲學史上號稱為哲學家帝王（Philosopher-Emperor）的馬卡斯（Marcus Aurelius, 121-180），也可躋身哲學家之林。至於聖奧古斯丁（St. Augustine, 354-430）則公認是一流的哲學家。

　　希臘濱愛琴海的城市居民，由於四海航行，來自各地的風俗習慣及思想觀念

絕不可能一致，此種衝擊必是激發人類潛能的最佳酵母。離雅典相當遠的一個大島，名爲克里特（Crete），現代的船速也要八小時才能抵達，該島居民盛行一句話：「我們克里特島的人所說的話，都是謊言。」該島的居民以此自嘲，認爲無一人說眞話。這就是邏輯上有名的「謊言詭論」（Liar paradox），誠如《紅樓夢》的名言：「假作眞時眞亦假，無爲有處有還無，眞是假時假亦眞」一般。眞假、是非、誠騙，莫辨嗎？其實該島居民的那句話，含有語病。若說他們的話都不算數，沒說出眞話，但至少他們也道出一句眞話，該眞話即「我們克里特島上的人，所說的話，都是謊言。」

此外，被哲學史家公認哲學家第一人的泰勒斯（Thales）出場時，希臘除了早就有膾炙人口的史詩，描述木馬屠城之曲折故事，悲劇詩、喜劇詩、抒情詩等，滙爲希臘文化史上無比的資產。德國學者耶格（Werner Jaeger）有三冊著作，書名爲*Paideia*，美國教授海格（Gilbert Highet）譯爲英文，筆者費心予以整理而寫了兩本漢文書予以介紹，《希臘的文化與教育》及《柏拉圖的教育思想》（文景2012），是進一步探究奠基雅典哲學所不可不讀的參考資料。

二、動態的人生觀裡，含有靜思冥想在其中

海洋文化是城市型的，因商業活動而有貴族富豪階級，他們豐衣足食，不愁吃穿，享受安逸生活。支那人說逸則淫，淫則惡心生，這是典型的農業生活觀。農人一生辛勞，也經常衣不蔽體，三餐無以爲繼，寅吃卯糧；商業文化則異於是。因之，勞心與勞力二階級之明顯呈現，乃是必然也是自然的社會事實。逸則淫，有其可能性而已，非必然性。有些人好學深思，學及思之「深」及「廣」，就不只是思想家，而是哲學家了。怎那麼悲觀式的一味想到「逸」的負面性呢？像數學始祖的畢達哥拉斯（Pythagoras, 6世紀B.C.），聞名於世的「畢氏定理」──「直角三角形斜邊的平方，等於另兩邊的平方和」，這哪是靠經驗及感官就可以得知的呢？其次，這位數學開山師在觀賞奧林匹克運動會上，領會出人

生百態中有三種人物，一是在運動場上競技奪標者，二是在觀眾場上兜售花生零食者，三是在看臺上的觀眾。殊中有一，這是「智」而非只是「知」的造詣了。第一種人求名，第二種人求利，第三種人則享受人生樂趣。人生追求的，三者中哪一種最居主位，「智」者就一清二楚了。

　　希臘留給世人迄今仍是環球盛事的壯舉，就是四年一度的奧林匹克運動會，從公元前776年開始，本是祭神的活動，四面八方的希臘人群聚於奧林匹克山丘，不只有現在的田徑賽，另有詩歌、詩詞、戲劇比賽。「靜坐是奴隸的象徵，連白天也睡，是死亡的徵兆」，希臘人是靜不下來的。奴隸的勞動階級當然非「動」不可，那是身體的動，但貴族階級也在「心」動。「心」動的結局中，「思」的成果就自然而至。「思」有兩對象，一是思及主體，即「人」自身；二是思及客體，即物、或自然、或天象。前者是蘇格拉底之前哲學家的思考對象，後者則是之後的目標。哲學的「全貌」，已若隱若現。

三、天才加上有利環境的刺激

　　哲學家之資質得天獨厚，這是可遇不可求的。希臘在蘇格拉底的生前及生後，竟然一窩蜂式地出現了頂級的哲學大師，之所以如此，原因仍是個謎；其後，哲學的重要陣地就轉移了。哲學家輩出時蔚為風潮，學風鼎盛，該時期的雅典大學堪稱史上第一名的高等學府。但時不我予，當天才式的哲人已逝，後繼乏人之後，古時的雅典大學早已不存，現在的雅典大學成立於1838年，在世界大學排行榜上，並不十分出色。古昔雅典大學首屈一指之風光已不再，529年被羅馬皇帝下令關閉後，就只供後人憑弔而已了。其後的希臘人天才式的學者少出，現在的希臘哲學比起古代是相形見拙了。

　　只有天才型的學人，才會不甘止於「知其然」，而更擬進一步的「知其所以然」。支那一群數以百計的學人，一生皆以「進德」為要務，且從孔子開始竟然泰半皆只停止於「知其然」而已。門生問德，孔子立即有斬釘截鐵的答案，這種

只知「是什麼」的知，價值太低；「爲什麼」、「如何才能抵該知」的知，在支那史上幾乎嚴重的欠缺。Knowing that, when, where，哪能比得上Knowing how, why？因之哲學史的著作者，不把支那包括在內，此理甚明。

但天才要不是處於有利的環境，則天才早就夭折。客觀的社會及自然環境，古代的希臘，二者兼而有之。

1. 自然環境：雅典是海洋型都市，前已言及；其次，希臘位於溫帶，冷熱有，但不會酷冷或暑氣逼人。文化在地球上散布各地，但文明則不可能出現在南北極地及赤道地區，因爲生存條件太苛，心智再如何聰穎，也無用武之地。當然，現代的科技可以在極冷及極熱地帶也能有安適的住居，但代價太高，還未見有哲人出現。

2. 社會環境：雅典能聚集一大群哲人來談天說地，論道言理，不只外邦人像磁鐵般地被吸引，如蘇格拉底以前的哲人，尤其是辯者（Sophists），本地才子也應景而生，如蘇格拉底及柏拉圖。其中至少有兩項最重要因素，一是偉大史詩的作者荷馬（Homer）及赫西奧（Hesiod）發揮無比的想像力，譜出曲折、動人且出乎意料的故事情節，對刺激思考能力大有幫助。其次，最爲重要的是足堪作爲史上第一次出現的民主政治文獻講稿，政治家貝里克（Pericles, 495-429B. C.）的「葬禮演說」（Funeral Oration），這位執政者在爲雅典公民和雅典城邦犧牲生命而辦的葬禮上，發表了史上第一篇具有豐富民主政治理念的宏文，強調雅典城邦異於他邦的最重要之點，是雅典公民熱烈關心城邦公共事務，未有冷漠及疏離心；公共事務，尤其是重大議題之決策前，必須費時作公共討論。此時，「智慧」之言可保證出籠。

可惜，此種有利於人才輩出的社會（政治及經濟）條件，在貝里克逝世後即隨風而飄逝。先天不足（天才未現），加上後天失調，放出萬丈光芒的雅典哲思之光，也就從此暗淡。希臘哲學也因之在哲學舞臺上謝幕！

走筆至此，筆者不勝唏噓！成年之前廣受支那文化及教學影響的我，此刻深覺希臘的哲學風光，在史上猶如支那的春秋戰國，不只有天才型的哲人出現，

且未有一強大的中央霸權當道。百家爭鳴，萬花齊放，此地不留人，自有留人處。當時支那的「國」，面積只相當於現在普通的縣，專制政府下令要「攻異端，息邪說，距詖行」時，下達該令到達哲人住宅處，也要費時費日，如有風聲走漏，就可及早離身避禍，或稍為一隱匿，也可容身安己。其後支那的極權專制是天羅地網，即令有天才哲人出，也難逃厄運。歐洲其後的政治社會，有殘忍暴君，但幸而也有屬行學術自由之天地；一流哲學家逃離魔掌，還能為文述志，使民主哲學思潮匯聚小支流而成大洪潮，不只世界級哲學家在過去仍零星可見，且其後大師級哲學家輩出，全球哲學地盤幾乎全屬歐美人士所占了。支那哲學思想的「黑暗時代」，長達兩千多年，等到二十世紀之初，1919年五四運動，才稍露曙光，但其後之思想控制，更是史無前例。即令支那有天才型哲人，惜先天不足，後天更是嚴重失調。舉世聞名的哲學家，傳道或創道，不得不向希臘哲學取經；他們即使有機會向支那先哲問道，藉支那政府處心積慮的將漢文經典譯為拉丁文，但也大半不屑一顧。相對應之下，現代的希臘哲學雖在哲學地盤上不見什麼地位，此種不堪局面也猶如支那哲學一般，但古代的希臘哲學，卻是哲學界取之不盡、用之不竭的一方活水。現代的希臘人在這方面至少比支那人更具阿Q式的精神勝利法，可以聊以安慰！

　　發奮當個一流哲學家者，除了捫心自問自己的天分是否夠格之外，更得「結合弱少鬥強權」，甚至「引刀一快少年頭」，也要在所不惜地擊潰極權專制政府。個人的才華兼有利環境的潛在影響，二者缺一不可。看看希臘及支那古代的思想發展，該有此共識才對！

　　視愛奧尼亞為哲學搖籃地，則米利都（Miletus）就是搖籃中的搖籃，因為公認史上第一位哲學家的泰勒斯（Thales），就在此發跡。此事說來話長，稍安勿躁，聽聽史學家怎麼解釋。

　　貝里克的民主政治演說，如彗星一般地一閃而逝。並非希臘人都有如此遠大的抱負，相反的，為政者以及凡人，皆持「強權出公理」（might is right）原則，拳頭大的人道出的話，就是「真理」；在變動不居的政治、社會，及自然環

境中，既是人生苦短，生老病死，四季輪換，存與滅，稚齡與老耆，興與衰，盈與虧，榮與枯，此種事實，任何人都無法否認。人生有喜有悲，有樂有苦，有幸有災，有光有暗。不幸的事，人生不如意事，十占八九。人力渺小，危境常臨身，悲觀式的人生最是常見。詩人認為任何算計，皆抵不過不如不生；人一出生，即注定死亡，其中承受的苦難，難以估量。一種不容否認的事實，初生嬰兒一墜地即哇哇大哭，實在帶有哲學含意，自覺此生多災多難，不妨先痛哭一場吧！旁觀者卻發出笑聲，歡迎新傢伙作伴來分肩重擔與痛苦；人一死亡，面容安祥，表示脫離苦海，送葬者卻面現哀戚，怎麼共承者不告而別！

為政者一旦掌有大權，就作威作福，且自以為眞理化身，以己見為正見，異端為邪說。只有各邦勢均力敵時，「正義」之理念才會出世，「公理」才會現身。當一強一弱時，強者之言，就是「我要」；弱者之聲卻是「我想要」，前者馬上以「力」取，後才央請「理」作抉擇。但雙方一旦易位，則換了職也等易了腦。強者可以為所欲為，弱者委屈也難以求全保身。道德是強人說的算，一旦權力在手，則所有欲望皆能得逞。兩軍交戰後，勝方甚至屠殺敗方的役齡人口，也抓了敗方的婦女及兒童為奴；此事即令在希臘勢力透頂，文化藝術表現亮麗時也仍然如此。

但是，希臘人最銘記在心的是人人崇拜的德爾菲（Delphi）廟出現了兩個神論（Oracles），一是「知爾自己」（know yourself），一是「不應過分」（nothing too much）；前者屬知，後者是人生準則（德）。若一個人不安分守己，自以為是，無節制又放縱，此種作為必遭天嫉，如紅顏薄命般，如此才算「補償」（Compensation）。過分誇大、狂妄、目中無人，一旦過了頭（hybris），則必死無葬身之地，這是大自然的報應。古代的宗教，就是生活的全部。在人力無法施展時，只好寄託神的懲罰。權力欲不能大過於一切，人法既無法擋，但能敵過上天嗎？上述神論是對強者的一種警訊，節制才是至善之道。酒神（Bacchae）的狂歡作樂至於銷魂以達欲望高潮，但太陽神（Apollo）則要求適可而止，恰到好處。好比窮寇莫追一般地留給生路，臺灣人說：「人情留一線，日後好相

看」。人無遠慮，是有近樂可享，但卻可能有遠憂。勿近視。今朝有酒就非醉倒在地不可，有花堪折也直需折，莫待無花空折枝；其實，折花及折枝，各有不同的樂趣，勿單一思考。只是就「事實」層面而言，愛好酒神者，多於太陽神者。

不管世事如何多變，但變中有不變者在。變若是自然現象，也是萬物之法則，難道不變不也是！誠如支那的老子說的，宇宙之間必有一個永恆的「物」在宰制一切，此「物」之名為「道」。泰勒斯搶到頭香被後世人奉為第一位哲學家，乃因他提出一大哉問：「何者係建構萬有的第一元素？」，他的答案（水）雖是幼稚天真，但他的問題卻無比的重要，迄今為止，此問仍然困惑著哲學家。他實至名歸的列名於首位哲學家，絕非徒然，哲學史上的哲學家，也就由他掛名第一號。

以一「物」（如水、火、土、氣、或四合一）作為萬有之單一元素或原則，這已突破了現象及感官層，而抵達抽象及理論界，單單此一成就，就與哲學面極為契合。若「真正」的悉此一元素，則萬中有一，一中有萬，既無過分，也無不及，此種知，不是信守神諭嗎？如此，則宇宙不會有亂卻有序。此外，泰勒斯及其接棒者，多才多藝，可供談資之處頗多，觀點也出乎常人之外，確實可以作為哲學討論的題材。

哲學家的見解是高人一等，見識也較廣博，是人群中的菁英。天才數量當然少，但憑他們的「高見」，可啟迪後知後覺或不知不覺者。當然，難免有不測的風險，如蘇格拉底的殉道，但人「智」之提升，或向前（advancement），才表示文明的「進步」（progress）。由泰勒斯領班的哲學團隊，從此啟航，「教育」全球人。今人但願勿恥笑他們的幼稚，否則後人仍要嘲諷今人視見之粗野。此種體認，才是「史識」或「史見」。

人有力，力包括「理」力、「意」力及「欲」力。三者之中，只有「理」力才為人所特有。

第二節　哲學的先驅部隊

　　泰勒斯帶頭，後繼也有人，順之或逆之者形成一股「思潮」，而非單一「思想」而已，這實在是哲學史上的盛事！哲學史的先驅者人數多，不只一，故稱爲「部隊」。

一、米利都的三哲

(一) 泰勒斯（Thales, ?-546B.C）

　　泰勒斯是米利都人，確實是天才，他正確預測日蝕，是史家記錄有案的。依現代天文學家的推算，該日蝕準確地發生在公元前585年5月28日，小亞細亞人皆可目睹。觀星象作年曆，供航海者循小熊星（Little Bear）航行，可以平安順利。傳記作家說他在仰觀天空時，不小心掉到一個水溝裡，引發僕人的嘲笑。「先知」式地了解橄欖油將欠收，乃先儲油以備，的確有遠見。哲學家也有能力賺錢，只是志不在此而已。

　　構成萬有的元素或物質，就是「水」（water），這是首位哲學家的答案。以一（one）駕百（all）。他之所以會有此說法，是有證據的。萬物的汁液都是濕的，都有水氣，水蒸發成氣（air），冷凍則成土（earth）。

　　萬物因水而生，萬物也因之具有靈性及神性，磁石可吸鐵，原因在此。萬物之「動」「靜」，也本乎此。「殊」（Difference）是動的結果，「全」（Unity）則是靜的現象。

　　泰勒斯爲首位哲學家，一來他思及萬物的本源，二來他不只對來源有答案，還提出理由，知其然之外，更擬開拓知其所以然的地盤。但他肯定的理，不必然爲他人所接受；他人也以「理」攻「理」，若只是部分理的「理」，就得修正或放棄。不管如何，種是他播下的，此種貢獻功不可沒。

(二)安納西曼達（Anaximander, 611-547B.C）

　　安納西曼達是泰勒斯的夥伴，年紀較輕，對實務較感興趣，曾繪一地圖供家鄉人渡黑海之用，還參政。對於構成宇宙萬有的第一「物」或「因」，他不贊同他的夥伴泰勒斯所言，是五官可感的「水」，而是「無形、不定、不能捉摸」（indeterminate）的，屬於抽象界，無邊無際，在時間及空間上皆永恆又無窮。追根究源，無形先於有形，不定之後才定；五官可觸的世界都是有生有滅的，動源於不動。宇宙如同一個篩子，在篩子搖動時，存在於篩子裡的「物」，較重者如水及土，就聚集於篩子中央，輕者如火就往周邊移。二者之間存在著不輕不重的物，如氣。泰勒斯認爲地球是浮在上的，狀如圓盤（disc, disk）。他不以爲然，卻認爲像一個短圓柱（a short cylinder）。兩人所說的，都只是一種臆測或假設，如此而已。

　　有趣的是他有演化論的想法。生命從海上來，適應環境的結果，動物就出現了。他精明地猜測，人之初，與其他動物無別；但其他動物出母胎之後幾乎立即會走、會飛、會找食物，自力更生；但人之依賴期特長，吃母乳時間比其他動物都久。只是人怎麼從動物演化而來，這還是謎。不過誠如其後康德（Immanuel Kant, 1724-1804）所說，要是過去的嬰孩也如同現在一般地在墜地時就發出鄰近可聞的啼哭聲，必引來其他動物的圍攻，存活率必大爲降低。但難道古代的嬰孩一出母胎就如同小雞破卵而出，靜靜的無聲無息嗎？這也是個謎。

　　同是米利都人，安納西曼德的思想比泰勒斯往前推進一步，抽象的、無形式的理念出現了。

(三)安納西梅尼（Anaximenes，5世紀B.C.中）

　　哲學思考的演進，不是樂觀式的朝前及往上，前已言之。安納西梅尼是米利都三哲中最後的一位，又把構成宇宙的第一元素拉回了物質界。他是安納西曼達的同僚，年紀又較輕，三人都結伴而行，卻在哲學思想上各走各的陽關道。最幼者踩最老者之後塵，卻也不同意泰勒斯之以「水」來回答該一問題，他的

腹案是「氣」（air）。呼吸才能活，但無氣則不能呼吸，生命即告終。萬物的「物」，指的是有生命體，由於氣充斥於大地，故大地中有生命的植物、動物及人，因之能存活下來。

氣既是主宰生命的一切，氣又如何生出使生命存在的滋養物呢？此處，他的天才表露無遺，他舉出「濃化」（condensation）及「稀化」（rarefaction）概念。氣是無形、看不到、摸不著的，但氣一旦濃了，密度增了，依強度不同而成爲雲、水、土、石；相反的，氣稀化，火即生。氣一稀，則溫度上升；氣一濃則溫度下降。氣體、液體、固體，三體皆因氣而來。在圓中，氣介於周邊的火焰及圓心的土之間，量變質就變，由氣之多或少（量），可看出由氣所生的質變。他也觀察出，張大口吐或吸氣，氣是溫的；較閉著嘴呼吸的氣，氣較冷或涼；前者氣的量多，後者是氣的量少。

泰勒斯視地球如一平面板（flact），他同意此說，但不是浮在水面上，卻是飄在氣中，如樹葉一般。彩虹之出現，此種「然」，他要「知其所以然」，他解釋爲陽光落在濃雲而無法穿透的緣故。今人勿認爲他胡說八道，把自然現象作眞正的科學解釋，眞相才比較能水落石出，此刻的時日還早！

米利都在500B.C.之前，是希臘在東方的最大城市，494B.C.時波斯入侵希臘，該城廣受攻打與劫掠，從此由盛而衰。

二、畢氏學派（The Pythagorean Society）

古代大數學家及神祕宗教家畢達哥拉斯（Pythagoras, 6世紀B.C.），出生地在義大利南方，卻是愛奧尼亞人，其生平及學群迄今還是個謎，稱他爲神，或超人，或神人者有之，事實是否如此，無可奉告。

米利都三哲組成米利都學群，畢氏學派與之不同，宗教味及禁欲情特強，這與哲學之相關性較少。不過，此一學派之科學「精神」，哲學史從不可遺漏之。

1. 宗教及禁欲，旨在淨化心靈：不准吃豆，豆是敏感食物，是禁忌。理由

爲何未悉。心靈之淨化，此種信念無比重要，閉眼靜坐、沉思、冥想，是良方。而聆聽音樂並研究數學，是善策。素荣爲餐，不准葷食，吃肉尤爲不許，因爲違背靈魂輪轉說（the doctrine of metempsychosis）。此外還不許在大街上行走，勿站立於剛削下的指甲尖上，或抹除樹葉上的汗點痕跡，別坐在量穀物器上等。哲學史家對此種教義無任何興趣。

爲他撰述傳記者提到，畢氏一知有人打一條狗，立即央求停止，因爲狗的哀號，勾起了他似乎聽到了友人之聲音，友人死後可能靈魂轉胎了，寄生在該狗上。

2. 數學及形上學：數目字是萬有的來源，以數取代米利都三哲的第一元素說。數可代表一切，物與物彼此之關係可以數目字上的比例表之。弦琴上的音，彼此之間也呈現出數字意義，音律之高低是有數量上的規則的，合之則悅耳，不合則逆耳。數由單數（edd）及雙數（even）所組合。數目1是「點」（point），2是「線」（line），3是「面」（surface），4是立體（solid），這四種數目構成萬有的一切。下圖由「點」所成的「形」是神聖的。

10=1+2+3+4，而1、2、3、4是整數（integers），這些「整數」也可構成爲四方形體（square）及「長方形體」（oblong）。

正四方形體　　　　　　　　長方形體

數可發展成平面體及立體，各整數都賦有意義，單數代表限定（limited），偶數則是不限（unlimited）。4代表公義（justice），理由何在，可能因是正方形，公正（just）之意。但5代表婚姻，倒有說明，5是3+2，3代表陽性，2代表陰性。數學從此與形上學合而爲一。聞名於世的數學公式之一的畢氏定理（Pythagoras theorem），現在是中學生必學的幾何題材，不必贅述。

3. 畢氏派認爲地球是圓形的，且在動，並非宇宙的中心，地球及星球都在繞日自轉。日是天空中的中心火球，或稱爲宇宙的灶床（hearth of the universe），與「一」（One）相合。由外吸入氣，氣是無止境的（Unlimited）。他的地動說，也得等到1500年之後，才由一般人所相信。

畢氏以「數」說明宇宙的第一元素，已衝破了現象界、經驗界、有形界及感官界的限制而上臻形上層次了。此一觀念影響柏拉圖甚大。萬物都有形狀，形狀都來之於數，1是點，2是線（兩個點），3是平面（三個點）如△，4是立體（四個點）。數這門領域是支那人最欠缺的，古經雖有「數」一科，但未見其後支那人之續貂。畢氏的「數」，不只在純數學（理論數學）上有其具體成就，且在實用上解決了許多測量問題。他更把數提升到抽象及形上層，雖帶有神祕的宗教味，但視宇宙如同一種諧和的旋律充斥其間，增加了哲人無限的遐思！

三、希拉克里特（Heraclitus, 5-6世紀B.C.）

這位悲觀論的學者，也是哭泣哲學家（the weeping philosopher）。個性孤傲，生於貴族家，家世風光一時，但他放棄庇蔭，將先人遺產悉數還給其兄弟。性情憂鬱、孤獨、形單影隻、目中無人，看不慣凡人言行舉止，即令過去偉人，他也看不順眼。「家鄉人最好切腹自殺或上吊自盡，尤其是成年人。把城市全都留給稚齡幼孩。成年人竟然把一位最好的人放逐了，還說：『我們不要有最好的人在我們人群中，若有此種人，就讓他到別處與他人過活。』」他如生在蘇格拉底晚年，必更憤世嫉俗。他看不慣家鄉人趕走一位好人，名爲Hermodorus，此公似乎名不見經傳。但雅典人對於幾乎全球受過教育的人皆認識的大好人蘇格拉底，不只不放他一馬，還罰他飲毒鴆自盡。他若知此事，嚴重的憂鬱症必更加重病情。絕大多數的人都是凡人，庸劣不堪，只有英才才夠讓他看上眼。他的評審標準異於常人，連荷馬都被他視爲該被鞭打且予以除名。多聞不必然增加智慧。畢氏的數學成就高於他人，但卻竊取他人作品以爲是自己的智慧結晶，雖博學卻

是個騙子。

言簡意賅，精要又犀利：醫生向病人刀刻、火燒、刺戮、挖磨，還求取一些不該得的醫療費。

人被神喚為嬰孩，比不上大人者，稱之為兒童。

驢愛吃草，對金銀看不上眼。

人的性格決定了他的命運。

自然喜愛隱藏。

德爾菲神諭的精義，宣之以祕語記號，既不隱也不顯。第一次聽到時，似乎不明其意，卻猶如以前早已聽到一般。

(一)萬有都處在流動中

你不能伸腿兩次在同一河流中，因流水恒流。

柏拉圖引了他的話：「希拉克里特在某處曾說，萬有流逝，不曾留住，如同水流一般。他說，你不能伸腿兩次在同一個河流裡」。亞里斯多德又為他補上一句：「萬有都在動，無一靜止。」

世事多變，人生如浮萍，飄搖不定。1934年獲諾貝爾文學獎的義大利小說、戲劇家皮蘭德婁（Luigi Pirandello, 1867-1936），以生活是反覆無常的流動為題材，可能受此影響。

嚴格來說，不能兩次伸腿入同一河流，前後河流同，但前後河流所流的水必有別，腳的感受也異。若此說成立，則也不該說：兩次出國，因為每一次都是第一次，第二次一定與第一次不同。萬有都在變動中。此說與法國哲學家柏格森（Bergson）可互相比較。

(二) 變才是序，也是別

萬有的本源就是變動不止，以「變」作為殊中有一，一中有殊的最高原則。常人視變為亂序，因傷及「一」，對「合」有害。安納西曼達就是如此，一正一反的「戰」是不利的、不該的。希氏恰持相反意見，「一」的本質，就經常也必須處在衝突之中，彼此之間的緊張或不合，正是「合」的必然也必要現象。「爭執與衝突，是正當的，是義的表現」。他不悅於荷馬的祈求勿爭，若有不爭，萬有即不存，宇宙即消失。他有個比喻，如能將相左與相右的弦調和其音，緊或鬆的弓調到恰到好處，不是一樁樂事嗎？

勿歧視變與動。

(三) 火是一切的基源

棄水及氣而擇火，作為萬有的第一元素，似乎落入米利都三哲的窠臼。但選火，理由比先賢更值參考，不是任性或標新立異。依感官即可知，火燒盡一切，化為灰燼，火焰有高有低，高時火力大，低時則減弱火勢；後者轉為濕，然後成水，最後成土；相反的，土得濕氣而成水，海一蒸發，然後萬物森然存在。火才是一切的始。火有上有下，且也依此作評量的標準，向生生不息的火點燃或消失。以火當交換，如同金本位時，以金易物或以物易金一般，易來易去，金的總量始終不減也不增，穩定如一。

但一中有多，多中有一；同中有殊，殊中有同。火會蒸發，猶如人之呼吸。白天大放光明，晝即出；相反的則夜生。前者溫度上升，夏天即至；後者反是，冬季降臨。

在變動不拘的萬有中，由火來擺平，產生相對性的安穩狀態。宇宙以火作為萬有的調音師，如同一具可彈美妙音調的琴及善於發射的弓一般，衝突與協調，看你怎麼認定。火的升降永不消失，調和也絕不停止，否則萬有即不存。善與惡

亦然。

　　海是最純也是最髒的，魚可吃，吃了益於魚。人呢？海水不可喝，否則傷身命亡。

　　天鵝戲水於沼澤，家禽在塵土裡打滾。

　　所有基質中，火之值比水、土、氣更高。火之動態性大過於水及氣，土更比不上了。人身中，此三「物」皆存。火氣最多，也最純者，即是一流的智者。身心越乾越燥者最屬上乘，上智也上善，但人的心性卻欲濕，飲酒就能狂歡。水太多，人就死亡。

四、主不變的帕米尼德斯（Parmenides，5世紀B.C）及芝諾（Zeno, 489-430B.C.）

　　義大利南部的伊利（Elea）地方，出現了數位哲學家。伊利學派（Eleatic School）的創始者，從哲學角度言之，應當屬於該城居民的帕米尼德斯（451-449B.C.），在年屆65時，與年青的蘇格拉底在雅典坐以論道，爲故鄉立法。依羅馬政治家塞內加（Lucius Annaeus Seneca, 3B.C-65A.D）老師（名爲Sotion）之說法，帕氏先是畢氏派門徒，但其後自走自的路。

　　或許有人認爲伊利學派的創始人是塞諾芬尼（Xenophanes，6世紀B.C），後者曾有一詩敘及畢氏聞人打狗之事，前已述及。塞諾芬尼主張「一」（One），還駁人神共體觀念（anthropomorphic），人與神同，此理念荒謬至極。他說：「若牛及馬或獅子有手，也能以手作畫，如同人一般畫出一幅美術作品，則馬畫出的神就像馬，牛的神如牛，神的身子也展現在各式各樣的神身上。」西西里島（Sicily）的喜劇詩人埃比卡摩斯（Epicharmus, 530-440B.C.），作品大爲柏拉圖所欣賞，也說過：「狗似乎認爲狗之漂亮舉世無比，牛、驢、

豬也各稱是最極品的美麗動物。」塞諾芬尼強調一神，該神是萬神之神，形狀異於人，思想也與人有別；神的住處永世不變不動，並不東逛西晃，該神就是「一」。他所說的「一」，是「一元論者」（monist）的「一」，而非基督教其後所生的「一神論者」（monotheist）的「一」。基督教之前，出現此種「一神論」的一，在希臘是極其例外的，不太可能發生。

(一)帕米尼德斯

1. 帕米尼德斯說，認定「存有」（being）是「一」（one），「變」（becoming, change）是虛是幻，是不存在的。理由是：有之生，若不是源自有，就是源自無。源自有，則有早已存在，不必另生個有；若源自無，則無怎能生有呢？因之，有只是個一；多也是虛也是幻。此種想法，路人絕對不可能有。因此他分辯出「真理之道」（Way of Truth）及「信念或意見之道」（Way of Belief or Opinion）。前者本諸理性，在底層，後者則來之於感官，是表面，只有極少數的智者才能分辯出二者之區別。此種說法，為哲學的一大進步。

2. 「一」表示統合，不分，存在。一就是一，存在就是存在，It is，有之外皆無，有就是一切，有不加也不減，因加減之後也是有。動亦然，動之後的有，仍然是有，靜更不用說了。有又是無限的或無窮的（infinite）。他把前哲所言之基質，如水、氣、土、火當成是「存有」，此種「一」是物的，但知此「物」，不是靠感官，而是靠「想」及「思」。「一」既是「物」，所以是具體的，也是「實」（real）的。可知他在哲學史上的地位，恰介於前哲之「物主義」（materialism）與其後希臘三哲之「心主義」（idealism）之間。柏拉圖不把「一」當「物」看，但也把「一」當成「實」的，確實有該「有」存在，只是認識該存有，即「一」，是「心」的功能，此點與帕氏同。亞里斯多德進一步地把存有的「一」，也是帕氏所堅信的「一」，細分為二，一是潛能性，一是實現性，二者都在「一」中「存有」。

(二)芝諾

　　芝諾是帕氏門徒，帕氏甚是有緣也幸運地有這個頗爲機智的一流天才大辯論家爲其撐腰，舉實例來證明其師所言。存有是「不變」的，動是不可能的，這些話讓凡人聽了目瞪口呆，驚歎才華不如。但他並不以此自感滿足，卻另別有目的。不然，他就流於江湖郎中賣藝，淪爲以自娛而已的角色，擠不上哲學家之名。

　　存有是「一」，不是「多」，也不是「變」，更不是「動」。後者都受感官所騙才使然，眾人若不知，眞是愚蠢之至，卻反而還嘲笑帕氏學說。作爲弟子的芝諾，展現現代邏輯學者稱之爲「歸謬法」（reductiones ad absurdum）予以糾正，指出某項推理導致謬誤的結果，使眾人恍然大悟；雖有時不能服人之心，但卻能勝人之口。「持一」的觀點才是「正論」，持「多」者不能自圓其說。據言芝諾舉的例證多到四十種。綜合他的舉證，重點分成兩類，一是他反「多」，二是他反「動」。

　　「多」（pluralism）是畢氏學派說的，數目字不是只「一」而已，而是「多」。畢氏門人以爲「實體」（reality）是由「單位」或單元（units）組成，他駁之如下：

　　1. 單位之「大小」（magnitude）問題：單位若有大有小，則大單位可以細分成小單位，小單位再怎麼小，也可再細分，再如何細分，單位仍有大小。如一條線可裁成兩段、四段、八段……，一直不停。一條線如由這些細分的無窮盡小單位所成，則這條線勢必無窮的長（大）。

　　其次，若單位不能細分成小單位，則單位必甚小。宇宙如由此種極爲細小的小單位組成，則宇宙必甚爲細小，小到人眼看不到。

　　由此可知，大單位及小單位之假設皆屬「荒謬」，都不能成立。

　　2. 「多」有多「多」，「少」有多「少」問題：「多」有多「多」，至少是可數的；「少」有多「少」，少到無法「數」，則等於不存在。介於「多」與

「少」之間，有數不盡的單位。好比數目字，2到3之間，可無窮的細分為2.1，2.11，2.011等。持「多」者，必不可否認可細分。只有持「一」者，言不可細分，這種言才是正論。

3. 一袋米墜地，必有聲響：此事甚明，一粒米呢？或萬分之一的一粒呢？怎未有聲音？一袋米是由一粒米或萬分之一粒米所組成，為何前者墜地時有音，後者無呢？部分的米墜地無聲，全都的米墜地則有聲，此事何解？

4. 反「空間」（Space）：虛與空，是不存在的。不幸畢氏門人既支持單位，也主張有空間。前者被駁斥如上，後者也可以相同理由非之。

若「空」是「有」，則「有」占「滿」了空，又那有「空」？「空」變成「有」。若空間是「無」，則是無空間，怎又可說「無」空間就是「空間」呢？不是二者相互打臉嗎？

5. 反「動」（motion）：畢氏認為「數」是萬有之基，數由「點」而起。芝諾認為：

越過田徑場，要在一定時間內抵達，則須一小步一小步地前進。由於兩地之距離是由「數不盡」的小步所組成，那是「走」不完的。因之，一小步一小步的「動」，是不可能的，也是不存在的。

其次，大力士也是快跑健將阿其里斯（Achilles）若與烏龜賽跑，禮遇先讓烏龜起跑，則每當阿氏快追到烏龜之處時，龜已又向前邁了一段距離。此段距離如放大，則同樣的追趕照樣存在。阿氏再如何追趕，如何近及龜，但龜總是超前一些。此一例與第一例同。

至於飛矢不動。此一例，支那名家也提過，飛矢一抵空間之「點」時，該矢是「不動」的。

6. 下例困擾哲學史家，一來怪亞里斯多德引用時，用語晦澀。但可說明如下：若有三列車，A、B、C，各有八個車廂，所經位子如下圖：

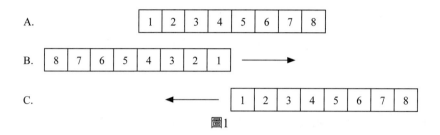

圖1

① A與B，若B不動，則A只要越過4車廂，A之第1車廂就與B之第8車廂相遇；若A不動，B往右移，則B之第1車廂遇A之第1車廂，也只須通過4車廂即可到達。

② 若A、B皆動，B往右移，A往左移，則A之第一車廂遇B之第一車廂，則只須通過2車廂即可。

③ 若A不動，B往右，C往左而行，兩車速度同，則生下列現象（結果）。此時，B車廂只要通過A的4個車廂，但C車廂卻要通過B的8個車廂。前車通過的車廂數，是後者的一半，B車廂也要通過所有的C車廂，則一半怎可說是全部呢？這不是荒謬無比嗎？

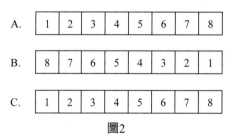

圖2

　　問題的關鍵是，時間或距離是連續性的，不是一點一點的累積。芝諾是帕米尼德斯之徒，深信動是幻影，也是不可能存在的。動的現象，如是一點一滴的累積，就有造成芝諾所作的推論後果。「動」是連續性的，因之也是整體性的，因

此也是不「動」的，不能分割的，就是「一」，而非「多」。

伊利學派否定多、變，與動；也否定感官作用，因爲那是表像的、層面的，而非眞實。只有「一」才是眞實。

五、綜合各說的恩貝多克（Empedocles, 490-438 B.C.）

西西里（Sicily）島上的公民恩貝多克參政，且爲民主黨員。傳說中所提及的這位學者會耍魔術，奇幻莫名。又有一說，因他「偷取」畢氏文章而被開除。爲了向人民證明他升天而視他爲神，乃跳入東部的火山爆發口，但不幸的是他留下一腳常穿的銅色拖鞋，當地人容易辯認。史家說他去希臘南部的大島伯羅奔尼撒（Peloponnesus）（斯巴達在該處）而行蹤成謎。

他綜合前人所述而未創新說，依此而言，這算是平庸者的作爲。變是一種不爭的事實，但那只是就部分而言，若依整體來說，是不變的；變來變去，跳不出「不變」的花樣。但他雖採折中論，似乎不遺漏任何一說，其實他中意於帕米尼德斯所說的「存有」（Being）之不變性。存有永在不消失，無始也無終，既不空虛（empty）也不實滿（full）。此種存有，不是先賢所稱的水、火、土、氣，而是四者全包。既然該基本元素是四者皆有，因之產生或消失其中之一或二、或三，都是自然現象。依此來解釋萬有，總比由水生土或氣或火等來得合理。四元素是萬物之「根」（the root of all）。四元素就是「基源」，由此來說明由四元素此種「基源」而生火、土、氣、水，更一清二楚了。基源不變，但生出的水、火、土、氣，就是一種變；前者一，後者多。

但恩氏學說有一較突出之處，即四元素所組成的基質，本身內在的蘊涵有一股力道，即協合（Harmony）及紛爭（Discord）。前者是一股吸力、引力、及合力，即「愛」（love）；後者則相反的是一股分力、離力，及斥力，即恨力（hate），由此而生變，萬物由此而成。「愛」、「恨」循環，繞圓圈，整個萬有及宇宙就是圓形狀態。愛之力道強，則四合一；恨之架勢大，則一分爲四。愛

處於圓中心，恨則在邊陲；愛恨循環不息。尼采引之而名爲「永恆的復生或循環不已」（Eternal Recurrence）。循環一起，氣最先從四基質中分出，其次是火，最後是土，水則被擠壓而噴出。比如說，眼睛是由水及火所組成，中間有個膜，阻止水之入火，但火卻可透水而出，由此可見萬物。

四基質都屬「物」，分分合合，仍以「物」（matter）解之，以「心」（mind）來說明分合現象，是下段要敘述的主角。

六、安那撒哥拉（Anaxagoras, 500-428）：「心」爲萬有之基

從「物」到「心」，這在哲學史上是一大突破，也是往上提升的進步。安那撒哥拉原是波斯人，後成爲希臘公民，在雅典定居。放棄豐厚家產，喜愛理論性的思考。大政治家貝里克（Pericles, 495?-429B.C.）是他的門生，但此一師徒關係，使他在貝里克於450B.C.失勢時受到牽累。貝里克的政敵控告他對神不敬，因爲安氏認爲太陽是塊赤熱的石頭，月亮是土作的，此種罪名是指桑罵槐，旨在使貝里克難堪。貝里克的另一師（名爲Damon）被放逐，安氏因之被定罪，還好貝里克出手營救而未入牢。安氏乃退隱，設帳授徒，居民立碑紀念他，以其去世日作爲學童假日。

安氏與恩氏的某些主張，幾乎都相同，唯一差異的，也是他在史上貢獻最大的，是他認爲分分合合，不是愛或恨，而是「心」。四基質是有形體的，形體再怎麼小，也可再細小，這是指「量」而言，但從「質」上說，大小則無別。金就是金，大塊的金是金，細小的金仍是金。有生命體的動植物，都有質性，細分之後，質就失，整條狗才算是狗，把狗切成兩半，兩半都已非狗。四基質在「量」上無別，在「質」上則差異甚大。量可分，質則不分。

四基質各自在「量」上，再如何細分或如何聚合，其質本身不變。但若四基質混而爲一，則並不一定彼此在量上皆平均分配，卻有某一基質的「量」較重或較輕，因之而形成千千萬萬的存在物。萬物皆由四基質所形成，四基質皆存在

於萬物中，彼此的「量」有別。純的水不能變成土，水之所以成土，必然水中有土，其他亦然。草之所以長肉（牛吃草，人就有牛肉可吃），乃因草中有肉的「量」（成分）在，但草停留在草時，草具有主控的份量，亞里斯多德採用此說，但換了說法，即草有「潛能」可生肉。二者都不是「截然」的二分，或彼此皆斷然的不生關係，或取「戰斧」（with a hatchet）就可以予以斷裂，或「奧坎剃刀」（Occam's Razor）就可以「一刀兩斷」，卻是藕斷但絲連。冷熱就是如此，沒有絕對的冷熱，冷熱是相對的，也是程度性的；冷中有熱，熱中有冷，且冷熱的人人感受各自有別。

絕對的無，不能生有；絕對的有，也不能生無；無中生有，那是無之中早有有在，只是有不明顯，無主控一切所造成。「生」或「變」之原動力，來之於「心」（mind）或「靈」（nous）；難怪黑格爾給他很大的評價，此光雖微弱未大放異采，但已如晨曦一般。心或魂才是旋轉一切的主要發動機，出現了乾濕、冷熱、明暗、生死、榮枯、盈虧、晝夜等現象。「心」或「靈」，此種萬有的主宰，是有別於萬有的，獨自自存，是萬有中最精，最純，最強有力，也最有智者。這些形容詞，乍看之下，似乎仍染有「物」意，那是語言文字有時而窮的無耐。其實，安氏清楚的表示，「物」在，是一種不爭的事實；形容物，以「人」的文字來說明，一清二楚；但「心」也在，且「心」之在，明顯性不亞於「物」；可惜人卻未發明或使用「心」的語言文字，只好仍用「物」的語文作媒介，因之造成誤會以爲安氏未脫離「物」境。物、文、字、語、言等，都是有形體的，但「心」、「靈」，卻無形體。

七、原子論者（Atomists）：劉西普（Leucippus, 5世紀 B.C.）及德莫克里特（Democritus, 460-370B.C.）

劉西普是芝諾門生，也是帕米尼德斯學派的一分子，與德莫克里特都是原子論的掌門人。兩人在這方面論點幾乎難分彼此，但因後者出生較晚，歸類爲蘇格

拉底之前的哲人，並不十分妥當，因此當他與普洛塔格拉斯（Protagoras）討論感官知覺（sense perception），以及人類行爲理論時，再度請他亮相。

原子論是順著恩貝多克（Empedocles, 440 B.C.）理論而來的，但進一步的純以機械說法，大反安那撒哥拉（Anaxagoras）之「心」或「靈」說，似乎又重新返回更早的「物」論。原子論認定宇宙萬有，乃由最小不能再細分的單位組成，把單位可細分到最不能細分時的「元素」，命名爲「原子」（atom），感官無法查覺，因爲太過渺小，萬倍的顯微鏡也無法「看出」。原子有大小與形狀，但無「質」，只有量及硬，無法被穿透。原子的量數不盡，都在虛空中游蕩，如同空氣在空中一般（空氣也由原子所組成），或如陽光下的微塵，向四處飛奔跳躍，無風時也如此。因之原子之碰撞在所難免，結果原子有可能集結在一起，漩渦即成，宇宙也就因之形成。如同粟子、小麥、大麥在搖動的篩子一般集結，或如海波沙灘上的現象一般，長石頭與長石頭合，圓石頭也與圓石頭聚在一起。先賢所言之火、水、土、氣四元素因之出現，但都肇因於原子之相互擊，不必另提動因，因原子本身就足以「自動」，且動不一定是規則有序。

從某一層面而言，原子論所提的原子，也約略等於「數」及「一」。純以似機械式或物理式的「原子」來釋萬物及萬有之起源，現代的科學種源於此。

小結

1. 希臘早期哲學家的心思，環繞在「一」與「多」之間：「一」與「多」，也就是「變」與「不變」的另一種敘述。哲學被定義爲「根本」之學，如同樹木一般，樹有根，也有枝葉；前者「一」，「不變」（不動），後者則「多」與「變」（動）。思及此者，就有資格入列爲哲學家之林。但還得說其「所以然」時，就眾說紛然了。解決此一問題，迄今仍困擾著思想界。吾人不能奢想兩千多年前的哲人，能夠「相對的」或「比較的」對此一問題提出眾人皆曰「可」的答案。以當時知識之範圍及深度而言，那是強他們之所難。但他們起了

個頭，後來者接棒，一部哲學史遂由此展開。

人是會思考的動物，挾此種本錢，以解決好奇心。好奇有兩大對象，一是「客體界」（objective）的物、自然、天、宇宙、萬有……；一是「主體界」（subjective）的「人」自己。被哲學史家拱爲最先鋒的哲人，通有的共同思考目標，皆爭先恐後地以「客體」爲標的，但答案不一，他們各憑稟賦或靈感，有點任性或突兀地提出好奇的解答，時人或後人反駁之，但卻也肯定他們各自之所言，部分可以接受，至少在經驗事實中可以「證明」他們所舉的「一」或「多」是可以成立的。強辭卻不必然奪理，但只要說之以理，即令只局部的理，則哲學心思已漸遠離神話、迷信、權威，這才是哲學本身的特色。

以客體爲學思對象者，稱爲「宇宙論者」（cosmologist），即宇宙由什麼所構成，萬有現象是一還是多，是單還是殊，是動還是靜，是序還是亂。有人如安納西梅尼（Anaximenes）以「濃」「縮」（condensation and rarefaction），來說明澎漲、稀釋、擴大、減少等「動」之原則，有人如帕米尼德斯（Parmenides）則對動及變不屑視之，以爲那是幻影且虛假；恩貝多克（Empedocles）既提倡四基質爲萬有之本源，乃以「愛」及「恨」或「衝」（love, hate, strife）爲「變」及「動」作解釋。這些爭論熱鬧無比，由於相持不下，解決此種棘手問題，留爲其後哲學家的作業。

就人的思想發展史上看，早期的第一批哲學家所思考的上述問題，其後由自然科學家接手，就不屬於哲學的地盤了；儘管答案不一，但提出答案者都是人。「人」是什麼，作爲「主體」而非「客體」的「人」本身，什麼是主宰「人」的第一因？此種「知」，如何而起，「知」的性質又是什麼？「客體」的「研究」頗重要，難道「主體」的「探索」，不更居優先。本章所提的哲學家，難得的只安那撒哥拉（Anaxagoras）提出「心」（Mind or Soul）一字，作爲萬綠叢中之一點紅，但也如蛹一般的，其後成蜂，且蔚爲哲學的一大主流。以蘇格拉底作爲分界線，在他之後，哲學思考由「客體」轉爲「主體」，極爲明確。就「史」（演變）而言，前爲後奠基，甚具「時間」（史）的特色。

2. 讀者不該把前後的哲學思考作簡單的截然「二分」（dichotomy）：上述已稍提過，主體及客體的思考，並非「非此即彼，非彼即此」（either...or, neither...nor），卻是「二者得兼」（both-and），二者之分野，是程度問題，非有無問題。本章所提的哲人，思及客體之比重尤大，但非百分百，他們也顧及到「人」這個「主體」之感官經驗，特別在困擾著「變」與「靜」，「一」與「多」時為然。因此，第一批哲學家的思考對象，什麼是構成為宇宙或萬有的第一「元素」時，此種領域，現在的哲學家已放棄了，而留給自然科學家（物理學者、生物學者……）去解決。但考慮到「一」與「多」時，就難免涉及「人」這個「主體」了；此層次，正是其後哲學界義不容辭的「業務」，且其後哲學界的大主幹說法，也隱約可以從本章所言之諸哲人中看出蛛絲馬跡。

主「一」或「不變」的帕米尼德斯（Parmenedes），輕視感官經驗，其後成為「心」論（idealism）。

主「靈」（Nous）的安那撒哥拉（Anaxagoras），其後發展為哲學有靈論（philosophical theism）。

原子論的劉西普及德莫克里特（Leucippus及Democritus），主張量變支配質變，其後成為「物論」（materialism）或「機械式哲學」（mechanistic philosophy）。

由此可見，蘇格拉底之前的哲學並非與蘇格拉底之後的哲學風馬牛不相及，而是有時間上的「沿續」性，及「不中斷性」；不悉前，就無法知其後。凡走過必有痕跡，船過水必會有痕，自然界都如此了，更不用說人的世界了。本章所言之內容或論點，非密不透風，更不是絕緣體。時代背景影響哲學家，即令大天才如希臘三哲，也「大」受環境所支配。要不是有本章的哲學家先出場亮相（雖在哲學家群相中，他們是小咖的），怎能有大明星露臉呢？

俗云，物極必反：物在不怎麼「極」時，也頗有可能「反」，更不用說「極」了。有一「正」，則有一「反」，此種「序」，也是本章所提哲學家的真情告白。「正」與「反」是平階的，價值不十分能分出高下。有聖人出，看

出正與反二者各有所偏，擬「崛起」（emergent）、「提升」（advance）、
「晉階」（promote）一級而「合」之。由 thesis（正）、antithesis（反）之後
synthesis（合），除了「理論」之外，也是樂觀的「史識」，但「史實」則不必
然如此。但願今後比較且快速的能如此。「合」不是平行或橫斷面的（horizon-
tal），而是「垂直或縱貫面的」（vertical），那才算是「進步」（progress）、
往上（upward）、朝前（forward），而非「向下沉淪」（downward）或「反
觀」（backward）了。

第二章

蘇格拉底時代的哲學

上章所提的哲人，廢寢忘食地聚焦於客體的「物」、大自然、天；第一位哲學家泰勒斯經常仰頭望天，卻不慎跌入水溝而被僕人取笑。他們解「客體」之「謎」，既人云亦云，眾說紛紜，則必然有人嘎然而止，中斷步入「此路不通」的死胡同，毅然決然地反方向而行，而思及「主體」。主體即「人」。希臘神諭不是提示過嗎？「知爾自己」（know thouself）乃是人之本務。不要好高騖遠，罔顧近在眼前，否則是會遭天譴的。人也真是個自尋煩惱的動物。「客體」之本既惘然，「主體」是什麼，難道就可迎刃而解嗎？「知」要「盡」要「全」，那是理想，但知多少就算多少，這也是一種該表揚的人生哲學。其次，能否獲得真正的答案，或許不是最為重要的，更該堅持的是為學運思務必真誠、坦白、熱心，且持之以恒，則「真理」就有可能在這種哲學心態者之前現身。「朝聞道（真理），夕死可矣！」人生已夠本了，奚又何為哉！

人生不滿百，常懷千歲憂。哲人則莫不把真理作為憂心如焚的學思對象。第一章的哲人在宇宙論上的真理觀破產了，因為沒有一種答案令他人心服口服。其次，懷疑論者出，卻深信有一定點不疑，即感官知覺是騙人的，是虛幻的；但果斷論者也是彼此彼此，雙方半斤八兩。既然客體界如此，學者乃另闢溪徑，在尋找別一主題時，雖非踏破鐵鞋無覓處，柳暗花明的另一村即現眼前，但神諭之警訊，猛然讓希臘人銘記在心。

第一批哲學家妄自尊大，以客體這種「大宇宙」（macrocosm）作巨觀，怎忽視了人這個「小宇宙」（microcosm）呢？扭轉或轉變此方向，就是蘇格拉底時代哲學家的思考特色，帶頭者是辯者（Sophists），他們是該登場了！

第一節　辯者（Sophists）

蘇格拉底時代的哲學家，史稱他們爲辯者。他們爲己說而辯，辯而能在史上留名，必佐以「智」及「知」，並且「口才便給」，能言善道。以力服人，是蠻野的作風；以文服人，才是文明的展現。人之天賦之一，是理性，若在講理之外又能動之以情，這必然爲衆人傾服。人生有如此的作爲，不是不亦快哉嗎？口才是天生，但後天的訓練也是要件。人群中善於言說者，如能以事實且充足的證據，又加上理性的推論，則必如衆星拱月般的被抬舉，尤其在貝里克（Pericles）當政時雅典盛行民主政治，言論自由，到處講學悉聽尊便；法院斷案前的訴訟期間，如能在萬人群聚的場合中，靠「辯」而把對方擊倒，光榮就勝過奧林匹克競賽中得冠的橄欖枝所有者了。

哲學家是否有「師」，此事成謎。但時間越早，有師之事就不必然。其實「師」之定義有明有隱，孔子不是說嗎？三人行則必有我師焉！在成長過程中，到處都有師在。民主社會裡，相異的言論充斥，又加上運動比賽，及海港都市貿易型的地區，各地不同的風俗習慣、觀念、想法，彼此相佐或有異者，比比皆是。「懷疑論」（scepticism）是自然現象。加上如克里特（Crete）島上的人之「謊言詭論」及芝諾之強辯，正是刺激雅典成爲哲學界能大放異釆的所在地之客觀因素。四面八方擁入的「怪人」必多，此種「哲學」溫床，一旦有天縱英明之士誕生，一流哲學家就順勢而出了！

一、何謂辯者

辯者（Sophists）有數種身分，除了上述所言之外，他們周遊各地，見聞廣博，因之客觀的事實可以提供他們辯論時的證據。辯而成名，條件必多；知多之外，智高人一等，能見人之所未見，且「言之成理，持之有故」。此外，他們不客氣地揚言以授人辯論作爲謀生工具，設帳教學，賺取學費。且如同支那孔子一般地公然要求「束脩」甚厚，一分錢一分貨，加上以實效作爲評量教學成績的最

後效標──在法庭辯論上使對方甘拜下風。因之，反傳統又不甘受不當權威所奴的貴族年輕人，趨之若鶩，結黨成群，奔相走告。出色的辯者必成為名師，其中之佼佼者，就是普洛塔格拉斯（Protagoras），他來自於「蠻邦」，但慕雅典之名欣然而至，變成腰纏萬貫的補習班名師。

以辯為名，這是一種流風。喜愛此道者，人品有高低，品質有優劣。他們一向以「後效」（consequent）為品頭論足的標準，非常具體而不空泛，更少言及形上或虛幻的理論。希臘三大悲劇作家之一的沙孚克勒斯（Sophocles, 496-406B.C.）在《安提格尼》[1]（Antigone）一劇中所說的：「奇跡祕妙在大自然中常常出現，但不如人之出現奇跡及祕妙。」

哲學史家都說，辯者是首次把人的學思從「客體」轉回「主體」者。其實，希臘在甚早之時，就有許多迄今流傳極為膾炙人口的神話，曲折的英雄故事，迴腸蕩氣的詩詞及美妙的音樂曲調，都與「人」這個主體有關。奧林匹克運動會上的各種比賽，也有戲劇展出，更有詩詞創作。如上引文沙氏之《安提格尼》，內容是指作為「主體」的「人」，一生當中最為不幸的遭遇，就是命運的掌控，不在「人」的力道之下。人生不如意事，不只十常八九，且幾乎是十中有

---

[1] 古希臘城邦底比斯（Thebes）一英雄名為伊底帕斯（Oedipus），通常出沒其間的獅身人面怪（Sphinx），向過路人出謎題，答錯者殺之。他解了。該謎是：先是四足，其後是二足，最後是三足走路，是何物？Oedipus說是「人」。人出生用爬的，後二足走路，老了佐以杖，故三足。Sphinx是「智」的象徵。Oedipus是底比斯王Laius及Jocasta之子，但在不知情之下誤殺了其父而與生母成婚，生了一女Antigone。俟知真相後生母Jocasta上吊自殺；Oedipus則精神錯亂而自挖雙眼，Antigone陪他流放至死。此種劇情，其後奧地利心理學家佛洛伊德（Sigmund Freud, 1856-1939）取之成為「戀母情結」（Oedipus Complex）。與此相似的「戀父情結」（Electra Complex），也來之於希臘古文學，故事中Hectra是Agamemnon及Clytennestra之女，慫恿其弟Orestes殺其母及母之情夫Aegisthus為父報仇──戀父情結。

十。辯者從各地的人生體驗中卻道出，「個人是萬物的尺度，是萬物爲是，也是非萬物爲非的尺度」（Man is the measure of all things, of things that are that they are, and of things that are not that they are not.）。

　　「人」雖受命運的宰制，但人對此種宰制所持的「態度」或「想法」，是人人可以自由掌控的；且每個人在這方面的「態度」皆不同。從此種殊異的態度中，可看出每個人的智慧。「個人」性的色彩甚濃，個別差異也明顯。辯者之主旨，不在於得出一個放諸四海皆準，俟之百世不惑的絕對眞理或理論。既受各地風俗習慣及思想觀念所影響，就有「時」、「空」及「個人」之間的差別，怎可能有「同」呢？這是「歸納法」（inductive）的特色，而非「演繹法」（deductive）的精神。在雅典民主式政治社會中，訴訟案件的當事人，若聘請辯者爲辯護，或當事人深受辯者之教學，必能深獲己心，處處爲己方著想，據己方之優點舌燦蓮花般地全盤托出，勝訴如探囊取物，易如反掌折枝。

　　「修辭」（rhetoric）之重要性就突顯了，用字遣詞，語氣音調，動作表情，語速之遲緩，都得講究。當然，如流於硬拗，強辭奪理（eristic），甚至顚倒是非，不明善惡，不分黑白，則流弊難免。其次，揚言收費教學，且收費高昂，令人眼紅；以金錢作爲教學條件，是令許多人不齒的，柏拉圖就批評辯者是「販賣精神食糧的零售商」（shopkeepers with spiritual wares）。柏拉圖心目中以老師蘇格拉底爲「至聖先師」，其他人包括辯者在內，樣樣都無法與之相比。至於吹毛求疵，雞蛋裡挑骨頭，只能勝人之口，不能服人之心，那就爲更等而下之的貨色了。

二、較出色的辯者

　　辯者人數不少，彼此意見相左者也多。哲學史上較著名的辯者有下述數人：

(一) 普洛塔格拉斯（Protagoras, 481-411B.C.）

異邦人，五世紀B.C.中抵雅典，獲政治家貝里克垂青，幫忙制訂一殖民地憲法（444B.C.）。431B.C.時史上發生重大戰爭的伯羅奔尼撒戰爭（Peloponnesian War），希臘兩大城邦的雅典與斯巴達，互爭領導權，雅典投降，從此希臘一蹶不振。430B.C.又生瘟疫，奪走了貝里克的兩個孩子之生命。普洛塔格拉斯受牽累，被貝里克政敵指斥。法院訴訟之前，他未發揮辯術幹才，突然逃之夭夭，橫渡西西里（Sicily）島時溺斃。他的著作在市場焚毀，但不少哲學史家對此事件存疑。

1. 「個（人）為萬物之尺度」，這是他的名言。此名言之闡釋，見仁見智。在柏拉圖的對話錄裡，蘇格拉底與普氏交換意見，蘇氏同意一現象（事實），當兩人同受風吹時，一覺涼，一覺不涼；一覺稍冷，一覺酷寒；則到底風是涼的、冷的，還是酷寒的，各人的感受不同。各人的冷熱感，由各人的感官所決定。下大雨時，由外跑入內者，覺得水是暖和的；但由溫室出外者則覺冷。各人之不同感受對各人而言，都屬正確。現代的「科學」用語，是不以「冷、熱、溫、涼」等字眼，而改以攝氏（Centigrade thermometer），或華氏（Fahrenheit）多少度，如此就不會有爭議。客觀的「事實」面（fact），如空氣的冷熱等，會因主觀的人之感受而有相異的答案。至於主觀的「價值面」（value）呢？冷熱此種「事實」面，是「相對的」，並無絕對的冷及絕對的熱，是「比較冷」或「比較熱」的「程度」問題；倫理或道德等價值層面更是如此，無絕對的善及惡，美及醜。對某一城邦較恰當的法規，不保證可安全的施行於他邦。因之，價值面可分析成「實用性」（useful）、「方便性」（expedient）、「穩當性」（sound）如此而已。

如此一來，問題即生。價值面如同事實面，單一的「個人」（individual），是決定事實（如冷熱）及價值（如有用或無用）的尺度。但若比較多的人所作的決定，與單一的個人之決定；二者不同呢？則取決於多數，還是少數，或仍是個人？

(1)若決定權仍在「個人」，則價值面及事實面的「相對性」必存在。

(2)即令是多數人而非少數人或單個人作決定，但「相對性」依存，因無絕對的事實及價值，更無絕對的多數人。較聰明的是單個人，少數人，還是多數人呢？有統一答案嗎？

即如上述，現在的科學，以溫度計上度數的多寡作爲溫度高下的「標準」，這是事實面的。至於價值面呢？有什麼高明的設計也可使價值面的紛爭獲得解決，此一議題，確實傷透了學者的腦筋！

2. 普氏遭傳統或政敵之控訴，原因是他在信仰上持相對論（relativism）或懷疑論（skepticism）而惹禍，他說：

> 若論及神，我實不知有神或無神。神的形像是什麼，我什麼都不知。此種知之不易獲得，因素頗多：一是該議題曖昧不明，一是人生苦短。

這對傳統的信仰太有殺傷力了，褻瀆神明的罪名立即附身。既持相對論，則也該尊重異於個人（己）的彼論，不必然認定有神或無神才是「絕對」的「眞正」信仰，傳統或衛道之士，的確也不必因此心虛。他的此一論點，與上述知識論上的「個人爲萬物的尺度」說法，二者一致。認知神，一來神是什麼，要先定義清楚。這就是其後蘇格拉底取之作爲最重要的爲學目標。至於人生苦短，那也是無可耐何之事！

(二) 普洛底卡（Prodicus）

普洛底卡生於愛琴海濱，居民向來悲觀消極，他也深受此風所染，曾說，死是不亦樂乎，因爲可以躲過人生之苦難，怕死是不理性的，一死萬事即了。他對宗教信仰之起源，倒有一種頗中肯又實際的說法。人一開始即拜能給人食物且有用的太陽、月亮、河流、湖泊、果樹等，埃及人對尼羅河的宗教情即如此。其後，製作工具儀器者，也爲人奉爲神，有農神（Demeter）、酒神（Dionysus）、火及冶神（Hephaestus）等，如同支那舊傳統中的神農、伏羲神一般。

在柏拉圖的對話錄裡，普洛底卡常被嘲弄，但蘇格拉底偶也送年輕人去他那裡請益。辯者精於語言技巧，普洛底卡亦不例外；蘇格拉底所送去的年輕人，到了普洛底卡處之後，就如同不孕的婦女懷胎了一般。蘇氏自比教學技巧不如他。

(三) 希匹亞（Hippias）

是普洛塔哥拉斯的晚輩，但多才多藝，百科學門皆有所悉。自豪可以自製衣服，形同支那春秋時的許行。他還把奧林匹克運動會上得獎名單列出，其後成為史家紀年的一大資料。柏拉圖提及他時曾說過：

> 法律是人的暴君，逼人作出許多違反自然之事。
>
> 立法者及司法者確實該謹記此句話在心。

(四) 哥寄亞（Gorgias, 483-375B.C.）

西西里島人，427B.C.時抵雅典當大使，央求雅典相助來反抗西拉庫斯（Syracuse）人之入侵。他旅行各地，宣揚希臘文化廣被於各地（Pan Hellenisms）。

先是恩貝多克（Empedocles）之徒，對自然科學感興趣，曾著《論光學》（Optics），卻大受芝諾（Zeno）懷疑論的影響，因而提出下述三種重要說法：

1. 無一存在。若有一存在，則此一不是永一，就是從永一而來。若此一是永一，則此永一必無處可容。無處可容的永一，即等於無一。因為永一的一，必極大、無窮、無限（infinite）；若是此一從永一而來，但如何從永一而來，吾人卻不知；換句話說，有若由有生，怎麼生法呢？有若從無而生，又是怎麼生法，無怎可能生出有？

2. 即令有此一，此一也無法為人所知。

3. 即令有此知，此知也無法傳授。好比說師所授的，生不必然「百分百」

完全等同於師之所授，中間必有間隔（gap），打了折扣，或誤解、扭曲、變形。「指」若是物，「指謂」則是言，語、文、字。好比說，指（或教）的是桌子（具體物），但「桌子」是文字，文字等於實物嗎？words與things（物）之間的差距何其之大。具體的物是眼看的，唸出「桌子」兩字時，是用耳朵聽的；二者相混，怎麼可能得知，甚至真知？因之，哲學如作此類探討，必屬無益，不如修辭之重要性。修辭的目的在於說服他人，此種心理研究，的確十分實用。悲劇常有淨瀉作用，一個遭逢困境及悲慘命運者，大哭一場，實有助於身心健康。悲劇之情帶有暗示性，虛構的，觀眾也易上當而受騙，卻有舒暢鬱積悶氣之功。哲學若對實際面無任何功能，則不如精於修辭，說話技巧之出神入化，反而對短暫又現實的人生之愉快有助益，不必妄想在真理或道德層次上能獲哲學思考的滿意答案。至於正義或公道（right），不也正是強人說了算，「強權出公理」（might is right）；辯論可以使人由弱轉強，公理即隨之附體。這是另一辯者Callicles說的。所謂的高貴，也只不過是一種虛假的詐術。人人都平等，法律之制訂，是要求人人皆受保障，在法律之下的權利，彼此皆可享有，自然法之前，該解放奴隸。眾生不分貴賤，文明或野蠻，差別不多。後天之習得性、訓練性、或教育性，極端重要。就口才便給而言，誰說富者優於貧者呢？只有辯才無礙，才是強者，強者之道就是正道，也是公義。這些說法，大體都循著哥寄亞的路線而來。「教育」在人生的重要性提升，透過辯者之遊學，希臘文化及教育之廣被四方，不侷限在雅典一城邦了。

　　但諸如強權出公理的論證，實在也令人咋舌，難怪蘇格拉底挺身而起，史上第一位名教育家及哲學家乃應運而生。

第二節　蘇格拉底（Socrates, 470-399B.C.）

一、生平

由蘇格拉底身世的傳言，可斷定希臘具有非出一流哲學不可的文化背景。想像力是人的官能（faculties，心智能力）中最具價值者之一。神話的離奇，可以使傑出學者不受傳統的拘束，這是提供曠世哲學家的必要養份。有史家言蘇氏之父是雕刻家，不管是眞是假，從古代就流傳一種神話，有一建築師兼雕刻家（名爲Daedalus）曾爲克里特（Crete）王建迷宮，失寵後用蠟將自己及孩子掛上翅膀和羽毛，飛逃至西西里島（Sicily），但因距日太近而被融化，墜入海中溺死。

年輕時雅典正處盛世，貝里克當政，擊敗外敵，雅典成爲希臘各城邦邦主。建長城，蓋雅典守護神「雅典那」（Athena）神殿（Parthenon），請畫家雕壁畫，儼然成爲海上大帝國。

喜愛杯中物的支那傳統士大夫樂聞蘇氏酒量奇大，肥胖又快活；走起路來大搖大擺如一隻水鳥（waterfowl），眼珠會轉動。毅力十足，能耐嚴寒，多夏都只有一襲同款式單衣。習慣於赤足走路，即令在當裝甲兵時亦然。飲食樸素又節制。從年輕時開始即常有一神祕聲音或警言傳入耳膜，讓他出神而無視於周遭狀況，集中注意，全神貫注，或許是上天傳達重要指令，交代他有什麼特殊任務；他靜立不動，有時整天整夜，即令在軍中也如此。心神的聚焦，是史上一流哲學家常有的經驗；靜思冥想，正是「心」的功能。蘇氏對先哲主張，深有所悉，尤對以「心」（mind）來解釋萬有的安那撒哥拉（Anaxagoras）情有獨鍾。但蘇氏認爲，安氏以「心」說明客體，不如也以「心」來描述主體更爲恰當。

希臘三大悲劇作家（Aeschylus, 525-456B.C. Sopholes, 496-406B.C.及Euripides, 480-406B.C.）幾乎與蘇氏屬同輩，悲劇的主角，就是「人」這個主體。蘇氏一生轉而醉心於「主體」，竟然仍以悲劇結束他的生理生命。一位蘇氏摯友向德爾菲乞求神諭（Delphic Oracle），就如同臺灣人到木柵仙公廟求神問卜一般，

請問世間有人比蘇氏更聰明的嗎？神諭斬釘截鐵言「否」。蘇氏一知此事，大惑不解，因為他自承無知。但神諭該不會騙人才對。因此，為了印證到底是他自己出錯還是神諭不實，遂生一種使命感，來判斷是非真假正誤。作為主體的人，嚴酷呈現的史實，是擬追求真相者，多半皆以悲劇收場。蘇氏不只不例外，且是最震撼人心的一幕哲學悲劇。

娶了個悍婦，也是蘇氏生平中頗為後人津津樂道的話題。蘇氏認為要是不悉如何對付此種家務中的「小事」，又那能生智來治「國」平「天下」？但評判蘇氏配偶為「悍」，或許是男人沙文主義（chauvinism）之作祟使然。試問單以蘇氏上述之個性，夫妻彼此之間不生勃谿（爭吵衝突）才怪？但恩愛之情也呈現在夫被判死刑時，妻赴囚房不捨離去的牽手之情，在全球哲學史上有此種景觀畫面者不多。不知孔子死時，其妻反應如何？

二、著述

與支那的孔子同，兩者皆無親筆著作，只「述」而已，而由門生輯其主張而成書。其中與哲學最直接有關的，是蘇氏大弟子柏拉圖（Plato）所記的《對話錄》（*Dialogues of Plato*）；生活點滴則由另一門生塞諾芬（Xenophon, 431-355B.C.）所編的《追思》（*Memorabilia*）及《饗宴》（*Symposium*），蘇氏再傳弟子也是柏拉圖學生的大哲學家亞里斯多德（Aristotle）之評述。四人對蘇氏之著重處，重點不一。另有喜劇作家阿里斯多芬尼（Aristophanes, 448-385B.C）在《雲》（*Clouds*）一劇中也將蘇氏列為主角。

「述」他人之「著」，難免憑述者本身之興趣作出發點，選擇性的為「文」。塞諾芬書中的蘇氏，十足的是個道德學家，但願世人日善日日善；柏拉圖眼中的蘇氏，則是高超的邏輯學及形上論者，對「理型」（Forms）（詳後述）之討論，花最多篇幅。亞里斯多德則相信，理型論是柏拉圖的學說，是柏拉圖藉蘇氏之口道出自己的看法。由於「述」蘇氏學說者本身的哲學造詣有高下，

理論性的部分較艱深難解，日常生活的瑣事則簡易能領會，此種現象，猶如當今不少哲學史書論及理論的部分不多、不詳、不明，卻對哲學家之生平大感興趣一般。

柏拉圖述其師時，哲學內容最為豐富；對話主角，若蘇氏出現次數多，則比較可證明其立論來之於蘇格拉底，而柏拉圖同意其師之說，否則不大可能「生」把「師」之論大張其鼓的評述。當然，生或許有可能加油添醋，認為其師之言不過癮而大談己論以發揚光大；尤其柏拉圖提及蘇格拉底的思想時，不少《對話錄》中的要角還活在人世；其次，當對話錄的主人翁已非蘇氏，或蘇氏變成配角時，則此種「述」已非述他人（即蘇氏）之論，而在展現己論了。

蘇格拉底在哲學史上占重要地位，大功勞該歸給他的弟子柏拉圖，予以「美化與活化」（beautified and rejuvenated），猶如支那孔子之被冠上萬世師表，至聖先師之美名一般，後繼者孟子及荀子都對他絕無負面的評價。有其師雖不「必」然有其徒，或「名師」也不盡然會出「高徒」，但哲學史上公認柏拉圖是第一位最具創見性的思想家，《柏拉圖對話錄》筆下的老師蘇格拉底，一言一行都足以作為其後哲學界持續不斷討論的話題。「希臘三哲」在史上大放異彩，這種衣缽相傳，實堪稱佳話！

三、蘇格拉底的哲學

亞里斯多德宣稱，蘇氏在為學成就上有兩大進步超過先賢，一是蘇氏利用歸納法（inductive），一是「正名主義」（universal definitions）。後者是任何概念，必要求有個普世公認的定義；「名」與「實」兩不分，名實合一；把「名」與「實」分為二，亞氏認為這不是蘇氏的主張，而是蘇氏的傳人之說法。蘇氏的直接傳人，就是柏拉圖。亞里斯多德此種說法，也正道出蘇氏的兩位弟子，觀念有殊。

(一)定義一定，即不許變動

定義具有永恆、普世、絕對性。辯者所謂的概念之相對性、變動性、局部性等，蘇氏並不以爲然。概念有共有殊，「共」是蘇氏所注意的，殊則較爲次要，價值也低。定義也就是標準。

1. 「人」的定義是什麼，什麼是衡量人的尺度？辯者認爲每個個人都可自相衡量，心中自有一把尺。因此人言言殊，莫衷一是；各人一把號，各吹各的調。蘇氏不滿此種說法，認定「人」必有放諸四海皆準，俟之百世不惑的「定義」。他的再傳學生亞里斯多德謹記太老師之提醒，提出「人是理性的動物」此種定義。凡是人，必是理性的動物；凡是理性的動物，必是人。因此「人」與「理性的動物」，二者之間是「充足兼必要條件」（sufficient and necessary condition）關係。「人」與「理性動物」，二者可劃上等號。此句話也可以說，凡不是人，必不是理性的動物；而凡非理性的動物，也必非人。

2. 感官世界或經驗世界，不可能生「共」的觀念：「共」的想法，是由「心」所生。感官或經驗世界只有「比較美」、「比較大」、「比較重」的觀念。但既有比較美，則必有「絕對美」，其他亦然。吾人畫線或圓，出現比較直，或比較圓。既有比較性，就有絕對性。「定義」就是要停止在絕對性上。

相同的，在道德倫理上，又有好有壞；但一定有「最好」或「絕對好」那種地步或境界。該境界或地步，不是依感官得知，卻是「心」知。

(二)歸納法

亞氏說他太老師之爲學方法，是在實際討論或對話中，尋求統一或共同的結論；如同蘇氏媽媽是助產士「助」產婦生子一般的，由內往外「引出」（elicit）嬰兒。此正與「教育」（education，英文法文，Erziehung德文，educare拉丁文）一字之字根（e）同義。

人人早就有（天生的）共同的定義，只是未引出而已。引可自引，也可他引；自引就是自「思」，他引只是靠他人助一臂之力，但最後仍然要靠自引。在

對話中，人人如同辯者一般的都各陳己見，但經過一番反覆辯論過程之後，最後的答案就會呈現，好比水落石就出一般。蘇氏自認無知，他與孔子同，「每事問」。他人自認有知，自信滿滿，就立即給予答案。如「勇」（Courage）或「義」（Justice）是什麼，他人既使用了「勇」或「義」，則必然有把握知這兩字的「正確」定義。他人不知死活就揚言或坦陳以告，蘇氏先是道謝一番，但立即請求釐清話中一些不清不楚之處，希望對方說清楚講明白。

如此的抽絲剝繭、層層雕刻，從早到晚對話全都記錄，卻經常出現最終無答案的狀況。蘇氏擅長於發問，問到緊要處或關鍵點，時常令對方啞口無言，甚至發現前後不一或自打嘴巴的尷尬局面。被問者當然大失顏面，尤其臉皮薄的達官顯要，一經過與蘇氏的對話後，頓感面子掛不住而憤怒不已，不只不承認自己的知是一種虛假，還嫁禍於問者。蘇氏的悲劇結局，是自己挖墳墓自己埋。從這點來說，蘇氏是否為「智」者，又另當別論了。

但「智」有暫時或相對性，也有絕對層，蘇氏追求的是後者。迄今甚至今後，凡是「理性的動物」者皆一致「共認」，蘇氏是絕對的智者，印證了德爾菲神諭，蘇氏是最聰明的。

把「殊」與「多」漸漸汰選，而達「一」與「同」，這就是歸納法。當然，永恆的結論並不一定可在當時得到，尤其是倫理規範上的，如虔誠（piety）、「節制」（temperance）、「友誼」等，在柏拉圖對話錄裡，都得「欲知後事如何，且待下回分解」，後繼者要接棒。這些議題，由於牽涉太複雜，憑當時人的智慧，沒有人那麼聰明絕頂的可以得到令大家皆可接受的答案。蘇氏經常會說，朋友啊！有些議題如公正、該、當等，我們已費時討論，太陽下西山了，夜幕上升，我們也餓了、累了，改天再談吧！換句話說，絕對的最後答案，不可能輕而易舉或不費吹灰之力，沒那麼簡單。「義」（justice）與「不義」（injustice）之議題，討論最多。「欺騙」（deceive）、「傷害」（injure）、「奴隸」（enslave）他人，可乎？合乎「義」嗎？「對友人如此，才算不義」嗎？「義」（justice）是名詞，當成形容詞時是「公正的」（just）或應該的

（ought）等，變化性殊多。難道騙敵人就「該」嗎？欺友不許，詐敵就是義行乎？義行是不許有例外的？向友人偷走一把劍，因友人正擬引劍自刎，人生陷入絕望之際，難道此種偷違反了「義」嗎？為了誘生病孩子吃藥，而使詐術技倆，「該」嗎？若心存善意之行才是善行（義行），心存惡意之行必是惡行，但善惡「意」是「內存」，他人又從何而知呢？誠實不可因人而異，對敵人也誠實，這才是定義式的誠實，即一視同仁。好比醫生救人一般，不問身分，即令是十惡不赦的大壞蛋，也不可藉機置之於死地，卻「該」盡全力營救，怎可有例外呢？

　　這不是既嚴肅又艱難的話題嗎？兵不厭詐，但使詐是不道德，也是不義的。誠實地向敵人報告我方軍情，不是讓我方死傷更慘重嗎？這可能涉及一項更深的問題，即詐中有詐，大家耍「智」，「仙拼仙」，詐中更有詐中手。要是實力足，不必玩詐術，也可以是勝方。靠旁門左道，只能逞強於一時，無法稱雄於永久，不是嗎？還是回歸到「義」的正道，才是光明磊落，堂堂正正之舉。

(三)哲學之見，非常識之見

　　由上述可知，人雖是「理性動物」，但充分運用理性者不多。理性運用的特色，是想得廣，思得深；不應只計眼前，或光看層面。人無遠慮，必有近樂可得，卻有遠憂；不可短視、近視，卻要睜開大眼。與蘇氏對話者，不乏不自量力、自誇自大、狂妄囂張、目空一切的吹牛傢伙，尤其那些掌有權勢者更是霸氣十足的欺凌成慣。但在蘇氏面前，最後都落得被囚被困而無法脫身的窘境。平時受盡他們欺侮者看到此種「報應」，內心中大為舒暢，蘇氏替他們洩了憤。

　　天地有正氣，有正道，有正理；但凡夫俗子卻走歪道，行歪理，缺正氣。真正的武林高手，尋遍大江南北，與人較量，當他一悉那位足堪與他比出高下的對手，不知何故得了重病，或中了毒，而奄奄一息時，絕不會深感痛快，以為天賦良機，讓他只需舉手之勞就可以擊斃而稱雄於世，反而會訪名醫求丹藥，運功助氣使之恢復健康。那時，才下帖召告各地好漢前來觀賞一場武林盛會。上述舉蘇格拉底之誠實為例，誠實是有借有還。還劍時發現劍主人發瘋或鬱卒擬早點結束

人生，此時還是不還？需知，如當事人心情不寧而想了卻一生時，有劍無劍都無法阻止他的自盡行為，還不還劍不是緊要之事，卻該發揮說服力，先改變劍主人的內心想法。此招不用，卻找藉口違背誠實原則，並非解決問題之妙方。當然，人類生活要抵達這種用智以配合品德的境界，還有待時日。所謂兵不厭詐，但那卻是等而下之的軍人勾當。

　　諸如這些困惑人生的事例，多得不勝枚舉。蘇氏與門生故舊的對話非常實際，認知這些幾乎與人生扣緊在一起的困惑行為，並尋求解套，非大智不可。蘇氏先坦率誠實地告知他人，他對此無知；其實，他早已心中有譜。經過眾人鍥而不捨地尋思，盡情又毫不畏懼地作真情告白，此種「過程」，就是一幅討論、發表申述、批判自由的畫面，這才真的符合「循循善誘」的教育準則。若一問一答即告終，那簡直形同「灌輸」（indoctrination），正是閉塞潛能的殺手，又哪能啓迪民智呢？蘇氏正面地肯定人人有能力自尋答案，因為「真理」早在心中。自思是為學祕訣！由常識之見（opinion）上抵真正的知識（knowledge），這正是蘇氏一生的最大願望與抱負。

(四) 知行合一

　　蘇氏把知的重點放在「主體」上。人這個「主體」，在群居生活中最重要的領域，就是倫理品德。知即要知德，或知善。在德或善上，有了「真知」，必保證一定可以立即「行」。因之知善者必行善，知惡者必遠離惡行。

　　此種功夫，顯現出人的高度理性及冷靜，不為情或欲所動。但經驗界卻儘多知而不行的案例：

　　1. 改變行為，先需改變觀念：觀念屬認知層次。知若已達「真知」，則信心十足，勇氣百倍，不履踐絕不罷手。戒菸或戒賭之所以成效不彰，是對於此二「惡行」之認知不足。但追根究底，是抽菸與賭博是百分百只弊而無利嗎？一種行為，若在「認知」上證明是純善或純惡，則保證知行一致，否則，知行必有不一致之情事發生。若無把握把行之善惡作絕然的二分，則無法徹底根除惡習。

「德行可教嗎？」（Can virtue be taught?）答案昭昭明甚，「德行可教。」在這方面，與辯者之主旨同，但辯者要「教」人，蘇氏則喜歡當學生，是個善習者。

2. 無知之行，不必負道德責任：俗云不知者不罪。一個無知之人，是不必負行為後果責任的。嬰兒、稚童或神智失常者之所為，因為處在「無知」中，因之不悉行為之意義，此種人不知善惡為何事，課以刑責，無濟於事。

但一個人「能知」，即有「知」的潛能或可能性，而自己不願去知，則又另當別論。

3. 一個正常的人，一「知」己行之非時，在反省之後必大感愧對於人與己，他將更加行善，以資彌補，這是「補償效用」（Compensation）。

若經自思及他教，皆無法把無知變成有知（程度性的），則這種人是無藥可救了。

善或價值，是抽象的，但有具體指標，即幸福、健康、人的尊嚴。這不是人最需要「知」的嗎？酗酒之所以惡，乃因酗酒者必體認到傷身、醜態百出、羞於見人。知道行為「後效」是衡量善惡的效標。支那古人說：同姓相婚，其族不繁。親上加親，不是更親嗎？但「亂倫」的結局，人種素質每下愈況，這是大自然給人類一種無情的警訊及處分。

4. 知善而不能行善，其中有一因，是當事者的自由意志被剝奪。一個處在恐嚇威脅、生命危險狀況之下，他無法為其所當為。因此，自由身受到保障，知行合一才比較有可能。一個人明知殺人是惡舉，但也殺了人，乃因他若不執行此惡舉，就有立即死亡之危。因此，排除外在因素，也是知行合一的必要措施。知醫術及醫學者才可當醫生，悉航行者才能駛船；同理，治國者必懂治國之方，但必須這些人都在自由意志之下，才能知行合一。處理公共事務的官員人選，若不考慮這種人是否知悉政事，只靠抽籤就決定，這便是兒戲了。當然，若他們也處在受外力操控之下，則良好的社會哪能存在？

5. 知善而不能行善，知惡卻也行惡，主因之一，是人並非完全受「理」所指揮，而由「意」、「欲」作主的時辰也多，這是亞里斯多德指正其太老師及業

師過於重「理」而特別指出者。明知惡行不可行，善行該行，但偏偏就反其道而行，這是十足的動情而失理了，人生百態更增一椿。

(五) 蘇氏遭審判而飲毒鴆終其一生

蘇氏的風格及教學行徑，種下了禍因。自認無知，卻難倒不少有頭有臉的達官顯要。後者平素作威作福，竟然在蘇氏面前啞口無言，讓一些早受盡凌辱的年輕人，內心中竊喜不已，但禍就因此惹身了。蘇氏在399B.C.左右被控罪名有二，一是他不信傳統的宗教，卻引入新的信仰；二是他敗壞年輕人。

1. 有關宗教信仰的指控，是告錯了人，該指辯者哥寄亞（Gorgias）才對。哥寄亞曾說，神是什麼，定義不明。蘇氏是有宗教信仰的，他不是虔敬如恆地遵守德爾菲的神諭嗎？

2. 敗壞青年才是蘇氏得罪他人的最大原因：就常「情」而言，眾人在參與蘇氏對話之後，必有種印象，素來習慣已成且自認是正確的舊理念，怎麼在稍聽蘇氏言談之後，疑心頓起，惑念立生，此種不安，必引發緊張。蘇氏的說法，太具批判性。

3. 反傳統作風甚明：尤其當控訴者同意蘇氏只要流亡他地即可保身，但他一反常人之所想，竟然甘願在法庭為己辯護，他不逃避，奮勇一搏。此種自負，使陪審團的多數成員擬挫一下他的銳氣，不容情地以280比220票通過死刑的判定。此外，蘇氏夫人偕子女在庭上求情哭訴，蘇氏卻要求他們離開，免得陪審團動情憐憫而不訴諸於理，此舉卻被釋為傲慢，第二次表決時不利於他的票數比前次更多（360比140）。第一次相差60，第二次則增減各為80（280+80=360，220-80=140），相差更為懸殊，等候死刑執行時，他又婉拒友人的逃亡安排；臨終之際還論及靈魂不朽議題。獄卒提來一杯毒鴆，他一飲而盡。遺言是：「我欠他人一隻雞，幫我賠吧！切勿疏忽啊！」「最公正又最聰明的人」，從此離開人世。

(六)蘇氏門徒——個人主義色彩更濃

接受蘇氏影響的門生一大夥，除了柏拉圖是最突出的哲學家之外，另有一群人廣受蘇氏觀念所左右。蘇氏特立獨行，不從眾，以求知覓智爲已足，其他皆冷漠視之。城市被劫奪了，他的門生之一卻認爲未有所失，因爲外力搶不走知或智。此種作爲趨一極端，即成犬儒學派（Cynic School），多數人之行徑，連狗都不如，狗還比許多人高貴。犬儒學者藐視一切，面對手握大權的皇帝亞力山大巡街而眾人迴避時，卻在桶內逍遙自在。當大帝問這位隱士戴奧眞尼斯（Diogenes, 412-323B.C.）有何效勞之處時，他不知死活地大膽回以：「請站開些，別擋住我陽光，就是幫我最大的忙！」有己見才是蘇氏哲學的最大標誌，此特色也表現在蘇氏門徒上。他的弟子不見得都如同孔門弟子顏回，對師之言皆「不違如愚」。犬儒學派創始者安提西尼（Antisthenes, 445-365B.C.），在自己墳墓邊有一尊石犬相伴；對蘇氏所言之共相理念（Ideas），強烈反對，曾這麼說過：「喔！柏拉圖，我看到一隻馬（a horse），卻未見馬本身（horseness）。」一物必有一名，並無共名，因爲無共物。「人就是人」，「善就是善」；主詞（subject）與「賓詞」（predicate）同，不可有異。「馬是白的」，這就錯了；「馬是馬」，「白是白」才正確。獨特（unique）——獨立又特別，才是人生最大的價值；此種人生也最具意義。擁有此條件者，自己就是主人，絕非他人或他物可以奴使之，不爲法律、傳統、習俗，輿論所動；尤其在不守法上，比蘇氏更進一步。

可見蘇氏門徒並非口徑一致，戴奧眞尼斯認爲安提西尼言行不一，譏他是「自吹自擂，除了自己聽到之外，其餘一無所聞」。他甘願許爲狗，以動物的生活，作爲人的典範；與尼采一般要重新估定一切價值（transvaluation of all values, recoining of values）。甚至主張共妻共夫，自由性愛，自認是世界人，我行我素，連私底下得隱祕進行的行爲，他都公然在光天化日之下進行。

有必要特別一提的是克拉特斯（Crates of Thebes，4世紀B.C），他是戴奧眞尼斯之徒，甘願放棄豐厚財產而過隱士生活。

　　蘇氏追求人生的幸福，行善施德乃是不二法門，此時最「樂」。樂的境界，正是蘇氏其他門生所注重的要項。樂有身樂及心樂兩種，心樂才是眞樂。樂與苦對立，無苦即樂，窒欲也是樂。其後成爲快樂說及苦行說兩派。免於災難及不憂不愁，乃是極樂。此種說法，導致許多聽衆走入自殺一途——脫離苦海。

　　知識可以保命防身，受過專業訓練的醫生，投身於疫癘橫行的災區，以醫人救人爲天職。明知山有虎，偏向虎山行，乃因有知識「絕技」；在烈火沖天的建築物內，以知識作爲絕緣體，即令因此身殉，在年歲已逾古稀時，已夠本了；肉體雖逝，精神卻不朽，後世人莫不以頂禮致敬。

　　犬儒之行爲，比起士成爲仕的漢儒，無官不貪，無吏不汙，二者間距，何能以道理計？犬還會顧主護人，仕卻只能凌民，二者之別，也如天與地，霄與壤了！

第三章

柏拉圖（Plato, 428-348B.C）

第一節　生平與著作

一、生平

　　蘇格拉底的死法，給他的大弟子柏拉圖一項無比重大的打擊，希臘悲劇多了一樁。以前的悲劇作家所描述的悲劇，大概都是神話傳說，或是諸神的離奇事蹟，但蘇氏是史上真有其人，如同上十字架的耶穌一般，都是時人常與之左右者。出身世家，由於身軀魁梧，改名為柏拉圖（Plato）。繼父是貝里克之友（死於429 B.C.），政治主張是高度不滿當時的民主政治淪為民粹，平庸的多數變成暴力，少數的精英如蘇格拉底，就如虎落平陽被犬欺一般。民主社會經常使領導人為了討好百姓，心智就向下降了。讓他痛心疾首的是老師遭受不公不義之審判，使他對「現實」政治大感失望。眼見航行的國家大船即將觸礁沉沒，己力無法挽回，此種令他捶胸頓足的事件，終生難以忘懷，但也在他心中孕育出曠世不朽的哲學思考。

　　他的時代，雅典文化昌盛。原子論的德莫克利特（Democritus, 460-370B.C.）曾說，文化的演進，是人對自然萬有的模仿。為了使人生活方便，有利於生存，人學蜘蛛結網技巧，而有紡紗織布行為；看了麻雀築巢，人乃得到建屋的靈感；聽到鳥叫，人就練習唱歌。但模仿只是人的官能中之一而已，感官知識並非是真知的唯一管道，否則人又與動物有何差別呢？多數人的官能，與動物差不了多少。德莫克利特雖持原子論，卻也認為人有自由意志，不受機械式的原子所左右，命運掌控在人手中。只是人不能離群索居，因之對國政之關心是不可或缺的。自由意志使人遠離動物層，社群生活也不可只仿蟻、蜂、鳥一般。人之「知」，除了五官感覺之外，必有更高一層的「智」，這也是雅典教育及文化異軍突起的特色。他自年輕時即與蘇格拉底為伍，蘇氏聆聽一種內在的聲音（inner voice），警告他勿從政，猶如臺灣人之諺語，「第一憨，選舉運動」一般。政治是無所不在的，隨時都有惹上政治麻煩的可能，柏拉圖是貴族之後裔，介入

政治之心難免蠢蠢欲動。雖然老師之厄運使他斷了仕途，但政治「哲學」之思考，一生都縈繞在他心中。

　　老師在審判庭上，他是目擊者，也參與一項援助行動，提出願意替老師支付罰金以取代坐牢，但在致命投票之日，柏拉圖卻由於生病而缺席。此一空前的厄運，使他痛不欲生，乃揮淚告別雅典，遠遊他地，甚至到埃及、義大利、西西里（有火山），時值40歲左右。對以數學及神祕爲主的畢氏學派作進一步的了解，而因緣際會受西拉庫斯（Syracuse，位於西西里島）專制君王（Tyrant）戴奧眞尼（Dionysius II, 500-367B.C.即位）之邀，國王之姊夫笛昂（Dion），與柏拉圖有私交，內心以爲能巧遇「哲學家皇帝」是天賜的最大禮物，良緣不可失。然而由於柏拉圖的直言直語，冒犯了今上，差點要步上老師同一命運。還好，王只下令把他販賣爲奴，倖經貴人相助，付出贖金而還了自由身。此一故事是否屬實，猶待史家考證。

　　伴君尤其是暴君，有如伴虎。柏拉圖如驚弓之鳥一般的返回故里雅典，於388年（B.C.）左右，設立了「學苑」（Academy）。希臘神話稱，宙斯（Zeus）的兒子們攻入以雅典爲中心的雅提卡（Attica）時，告訴他們宙斯女兒海倫（Helen）[1]藏身之處的英雄，名爲Academus，爲紀念此一英雄，一座神殿因之設立。柏拉圖選擇在該神殿附近講學，可以說是史上第一所比較接近今人所稱的大學。該學府以哲學爲首科，也旁及數學、天文及物理科學。師生共同祭拜掌理學問之女神繆斯（Muse），四面八方的學子蜂擁而入。該學府的特色，是爲學問而學問，不求其他，爲知識而知識。利放兩邊，眞知的探討放中間。眞才實學是最大的爲學宗旨，若因此而從政，必是走大道行公理的政治家，而非趨炎附勢或機會主義的政棍。

---

[1] 海倫（Helen）豔麗無比，史上無雙，爲斯巴達王后。被特洛伊（Troy，位於小亞細亞）王巴黎（Paris）拐走而引發了特洛伊戰爭，即世人稱爲木馬屠城戰（The Trojan War）。

柏拉圖親身授課，學生有筆記，可惜講義及筆記卻未見傳世。正式講學所用的教材，必較成體系，組織嚴明，論理清楚，前後連貫，左右銜接。今日流傳的柏拉圖哲學，只是依出版的「對話」（dialogues）而來。二者的對象不同，前者是為「正式」學生而寫的；後者則較大眾化、普及化、口語化。柏拉圖大弟子亞里斯多德於西元前367年入「學苑」，停留20年之久。亞氏留給世人的是他上課的講義，與學生或故舊話家常或談天說地的「對話」卻失傳，僅只片斷稍存而已。若據此歷史上的偶發或突然事件，來評論兩大哲的語言表達或文字流暢度之優劣、修辭之高下、信達雅之造詣，那就只知其一不悉其二了。況且柏拉圖曾說過，哲學一寫成書，則傷及記憶力，且有些觀念非文字語言可以窮及的，不如身歷其境，置身其間，從中可以燃起一股火花，噴出一道泉水；另外還謙虛地說，他只不過是將老師蘇格拉底的說法，予以修飾「美化」（beautified）一番，把他「復活」（rejuvenated）在眾人面前而已，好讓無法親灸其澤者，也能間接地盡享佳餚，品嘗良酒美食。看書是間接的，隔了一層，教育成效上是打折扣的；能直接在大師講學之下朝夕相處的，人數及時間必大受限制。倖而柏拉圖有見及此，他「確實」地「發表」（出版）了著作，嘉惠世人。由於學苑之聲名大噪，請益者多。西拉庫斯專制君王於367B.C.去世，繼位者還只「而立」之年（30歲），舅父又邀柏氏去講學，但過程並不順利。哲學家皇帝的願望，到頭來只是一場夢，也是空想。看來還是蘇格拉底看得較開，若與政治人物惹上一身腥，有時是難以洗淨的！

二、著作

柏拉圖自稱，他只是美化及活化其師之說法而已，似乎仍是「述」而不「作」，但「述」之中難免有「作」在。誠如哥寄亞這位辯者所言，別人之述，保證百分百都是「述」而已嗎？即令真誠的作客觀報導（report），難免也會有「扭曲」（distort）情事發生。設若生是師肚子裡的蛔蟲，也不能「如實」地把師之言作「真」情告白。生的述，就是《對話錄》（*Dialogues*），而他的

作，就是他在學苑的授課講義。前者留，後者失，確實是文化「財」中最大的「失」。其實，正式授課的講義，縱使未存手稿，也不盡然全部都是艱深得爲大眾所難以領會；已出版的對話錄，也不全部都是口語化到童叟皆悉的簡易。且對話錄書名之作者雖是柏拉圖，但經過專家考證，也非都是純正的出之於柏拉圖之手，部分是擬似、捏造、僞作的。

　　學界比較能接受的柏拉圖之「眞正」著作，按年歲分成蘇格拉底階段、轉型階段、成年階段及老年階段。大哲之思想，一生又超過70歲（76），說是一路走來，始終如一，但「今日之我已非昨日之我；明日之我更非今日之我」。同一個柏拉圖，思想之發展演變，猶如植物之生長一般，有長芽、枝葉、開花、結果、落葉、殘枝等，哲學心態之前後不一，也是常事。有些哲學家如康德，早歲之批判性（critiques）十足，晚年則獨斷性（dogmatic）顯著。柏拉圖年輕時，衝勁大，屬革命型（revolutionary）、大砲型，大開大闔；晚年則較保守，返顧性（backward）多，此中原因，大概與人的生理機能有關。年輕時躁進，「年少輕狂」，往前直奔，後座力大，因體力旺，精力強；年屆古稀時，則動作遲緩，思考之敏銳度大受阻礙。從爲學態度及哲學主張之激進與緩和，大概可以斷定屬於何種年歲的作品，生理年齡與心理年齡是可以相互呼應的。

　　一般而言，閱歷多，會影響一個人的判斷，閱歷多的人，大半都是年齡日增者。柏拉圖曾到各地遊歷，見聞必比年輕時廣。康德一生足不出戶，但他博覽群書，也可補正他免於孤陋寡聞之缺。此外，用字遣詞，也在無意識之中受時潮所支配。

　　柏拉圖的哲學本身並非定案式、封閉式的；相反的，卻屬於開展式的、持續式的。他的著作有如下兩大類：

(一) 以人名爲書名者，猶如支那之《孟子》、《荀子》、《韓非子》等

　　1. *Crito*：蘇氏友人Crito建議蘇氏逃亡，且錢已備好；但蘇氏堅守法律，寧願受罰。

　　2. *Laches*：蘇氏密友，也是雅典司令官Laches，論「勇」（courage，無結論）。

3. *Ion*：悲劇詩人Ion，蘇氏友人：反對詩人及遊吟者。

4. *Protagoras*：最出名的辯者Protagoras，論德可教，德即知，知即德。

5. *Charmides*：柏拉圖弟子Glaucon之子Charmides，論節制（無結論）。

6. *Lysis*：畢氏學派之一，論友誼（無結論）。

7. *Gorgias*：辯者Gorgias，駁強權出公理。

8. *Meno*：奴隸Meno，即令身分低，未受過教育，但也可循循善誘地導出「理型論」（Idea）這種高度抽象的哲理來。

9. *Euthydemus*：激情擁護蘇氏者Euthydemus，駁辯者。

10.*Hippias*：五世紀數學家也是辯者Hippias，論美，論為惡是故意的還是非存心的。

11.*Cratylus*：柏拉圖之師Cratylus，論語言。

12.*Phaedo*：蘇氏門生Phaedo（417-?B.C.）被販為奴，蘇氏友人為其贖回。論理型及不朽。

13.*Theaetetus*：名數學家Theaetetus，論知識不是感官經驗。

14.*Parmenides*：哲學家帕米尼德斯（Parmenides），為理型論力爭。

15.*Timaeus*：畢氏派學者Timaeus，論宇宙起源及自然科學。

16.*Critias*：蘇氏弟子，柏拉圖舅父Critias，提及「亞特蘭提斯」（Atlantis），農業國與海上霸權國之對比。

(二) 以內容為書名

1. *Apology*《辯解篇》：蘇氏為己辯護。

2. *Republic*《共和國》：論正義，論理想國。

3. *Symposium*《饗宴篇》：世俗之美只不過是真美的影子。

4. *Politicus*《政治論》：真正的治者是知者，治者等於知者。

5. *Laws*《法律》。

(三) 書信

第二節　知識論

　　知識論（Epistemology）討論知識的性質、起源、限度、眞理的標準，及知識是否可教。柏拉圖的知識論並不在任一《對話錄》中，作系統又完整的敘述；他的知識論又與本體論（Ontology）不分。本體論是討論「存有」（Being）之性質，存有到底是一還是多，是動還是靜，最基本的存有又是什麼，是可見的水、火、土、氣呢，還是不可見又不可分的原子？是「物」還是「心」？

一、知有等級：知有全面的知及片面的知

(一)由感官所獲得的知，不是眞知

　　感官之知是不穩定、常變、相對、虛幻、有時空性，且因人而異，那只是片面的知而已。眼見不足爲憑，正常的眼睛都難免有錯覺或幻覺了，更不用說感官有缺陷者了。知及德都要不動如山，不只四海皆準，且百世也不惑，不可依人的主觀判斷，卻要有個客觀的絕對標準。最高等級的知才是眞知，其餘都是假知。

　　「知是什麼」與「知什麼」，二者有別；前者才是知識論的本務。先解決「知是什麼」，才可以輕易地了解「知什麼」，換句話說，此種問題屬於「本體論」了。把「知」歸屬於宇宙萬有之一，知會變動嗎，還是永恆如一？把「知」的位階擺在如同原子、物、心……等等之列，那不是知識論與本體論合一的明證嗎？並且賴此種本體論上的「知」，就可擴及到一般知識論上所討論的「知什麼」，如知「悉」某人是蘇格拉底，或對幾何、臺北……等有了「知」。

　　本體論探討「起源」。染上本體論色彩的知識論，必要問知從何而起，感官嗎？這是辯者的說詞。果眞如此，則一目一見，十目十見；耳聽、鼻嗅、皮膚接觸、舌嚐，也就人人有異，不可能有「同嗜」焉，這是辯者之論。但辯者又憑什麼條件或資格足以教人且又收高額學費呢？人人皆可自以爲師，又何必拜服於辯者膝下呢？此外，若以爲「目見」（seeing）等於「知悉」（knowing），則又

如何解釋「忘」呢？「記不起來」，則又如何自圓其說呢？記得不記得，不是靠見不見。其實，知不一定要見，見也不一定就是知，「記」才是關鍵。就視覺來說，若眼見即知，不見即不知，這是不合乎「實」情的。

1. 有人「眼」見海市蜃樓（mirage），「事實」上那是假相，而非真相。

2. 數學尤其幾何之證明，不是感官作用的結果。

3. 斷定一個人的「品格」，依「看」或「聽」等「感覺」，就保證無誤嗎？

4. 山近月遠，就可斷定「月」小於「山」嗎？

5. 感官所得的印象，不是「知」的對象。感官所得的印象，都是「個別」的「物」。靠個人的感官對該物所得的印象，各人皆不同，皆「殊」；知則要「共」這才具價值。前者只是起步，且是膚淺、不牢靠、片面的；後者才是真正的「知」，全面性的知。

(二) 此種「知」，人能獲得嗎？

柏拉圖肯定地說「能」。且此種知，最「實」（real），穩定如常，恆久不變。辯者的「知」，是相對性的，都會因主體及客體之變而變。「這座山是高的」，此句話之具有知的意義，乃因「山」及「高」的定義，無時空性；「雅典憲政是好的」，人人所「知」的「雅典」（主詞）及「好」（述詞），不能因人人不同而不同。「雅典」、「憲政」、「好」等字或詞，都該有「固定」或「絕對」性，不隨感官、經驗或史實之不同而有殊義的解釋。以「好」為例，「知」的任務，就在於思考「好」的「性質」。既言「好」，則須知「好」的定義何在！這才是知最「實」之處。「好」在雅典或好在「憲政」，都不十分重要，最重要的是「好」的普遍性定義。若「好」的普遍性定義曖昧不明，則「……是好的」，就無意義了。可見「知」是「抽象」的，不是「具體」的；也非常的「實」而不「虛」；感官或經驗的，才虛。

1. 「知識」（Knowledge）與「俗見」（Opinion）有別：以「光」為例，光照物，必生影子，影子之下的光「度」較弱；真正無光時，「視」覺即失功

能。光經過空氣、水或硬體物如鏡子，或穿透過玻璃之後，已與本來的光，在性質上（亮度）前後有殊。知悉光有本來的（original）光，此種「知」，才是真知。看到折射的光、水中之光、由玻璃射過來的光，已非「真」光，不是本來的光。本來的光只「一」或單，真餘的光都是「殊」與「多」，變幻無窮。柏拉圖舉一個例，「床」只一而已，那是「概念上」的床，也是床本身；猶如馬也只一而已，那是「馬本身」（horseness）。感官或經驗的馬（horse）或「床」（bed），數目無窮。「床」本身是最完美者、最佳，個別的床都是「仿」（copy）「床」本身而生；再如何仿，都不能有百分百的仿，因之都有缺陷，都只仿部分而已。仿的結果，由於仿的部分有多寡，因此就有較好或較差的床（個別的床）出現，價格也因之而異。

知「床」本身或「馬」本身，此種「知」，才是真知，是最原本的「知」；其餘都是「俗見」，人言言殊不一致，甚至矛盾。

以畫家作畫為例，畫的魚再如何「真」，也不是真正的魚，只是魚的「抄本」。最原本的（original）魚，不是個別的魚，也不是人人可知、可買、可釣、可網、會泳、會跳的魚，卻是「魚本身」（Fishness）。感官可及的魚是第一層的「仿」（imitation），畫家取之作畫，而出現在畫作上的魚，是仿之仿（第二次仿）的魚。貓看了，以為是真魚，那是受騙了。畢業證書必有「真本」（orginal），真本只一；但可以影印（copy），量甚多；取影印的再影印，那是第二次影印，「真實」（reality）更差。以後者為「真」，不是如隔鞋搔癢嗎？

構成萬有的就是「原本」的（original），原本的「知」，才是真知。前者屬本體論（ontology），後者即「知識論」（epistemology）。二者合一，是柏拉圖哲學的特色之一。真「知」（Knolowedge），只一；俗見（Opinions），多得不勝枚舉。

把最高也最真的「知」，名之為「形」、「式」、或「觀念」（Form, Idea），仿之而居其下的就構成為一種「等級位階」（hierarchy）。如下述所示：

最高階：Idea, Form……（床本身）（Bed, bedness）

次高層：（工匠作的床）beds

畫家畫的床：shadow of bed　床的「影」子

臨畫家之床畫而畫出的床　床影子的影子

　　最上層的是最「高」、最「貴」、最可靠；最下層的則最「粗」、最「俗」，價也最「賤」，最不可信，也最醜。知識論不只與本體論有關，且也與價值哲學、美學、及道德哲學，息息相涉。

　　2. 從學科知識之「實」而言，邏輯的理念位階最高，也是知識的最高位階，其次則是數學。數學的點、線、面，都不在「經驗界」裡，性質與邏輯同。但數學之「演算」，有時需藉助感官界，如三角形之三內角和是180°。直角三角形斜邊的平方，等於另兩邊的平方和等；數學之下的就是自然學科，如物理、天文等；再等而下之的是社會學科如政治、法律學門；更下的就是人文學科，如教育、文學、美術、音樂……。殊異性的一與多，是鑑別階層高下的唯一標準。

　　$2 + 2 = 4$……一般性的算術。（two and two make four.）

　　$2 + 2 = 2$……去年得第二名，今年也得第二名，故兩年都「是」第二名。（twoness and twoness make twoness.）

　　「圓」的概念，是「最圓」的圓，此種最圓的圓，只是一種「理念」。最好的圓規（經驗界，感官界）「絕對」無法畫出最圓之圓。若有人堅稱他們「畫」的圓乃是最圓者，則吾人可取放大千倍的顯微鏡一瞧，一定會「看」出該圓很不圓！

　　3. 「洞穴」（cave）之比喻：有人從小就習於住在洞穴裡，一生看不到太陽。在洞的出口處有一把火，火與洞裡所住的人之間有一道矮牆，如同布簾一般，他們只能看到呈現在布簾上的影子。此種比喻，暗示大多數人的知識水平。他們只見虛幻不實的影子，或聽到回音，而非真實的聲。印象是被扭曲的、片面的、膚淺的、短暫的，或道聽塗說，或依自己的偏愛或情緒，天真得像幼童，

卻固執得像成人或老輩，且終生習以爲常，也不擬離洞而去，好比安於囚房一般。一旦眞的獲得自由身而到洞口一見太陽，必在強烈的亮光照耀之下，頓感目更盲，眼更瞎；由於瞳孔適應不良，因之還怪放他們出洞者；且深信過去之所「知」，才是「眞知」。不過，當他稍爲沉穩的過了一會兒，視力慢慢地恢復正常時，他之所「見」，是比過去在陰影之下之所見更爲清淅，則在心中起疑，到底哪種「知」，才是實實在在的。一旦他心神底定，眞假判斷已明時，若不自私，必生出「救世濟人」之決心，乃返回洞穴裡勸同伴該早點隨他走出洞口，面對陽光。此時，這個折回者極有可能被嘲笑爲瘋子，甚至被抓，並遭群眾打死。這不是在暗指或明講蘇格拉底的遭遇嗎？由洞穴底往上爬升，又朝下拯救他人，此種過程，絕非「坦途」，卻可能歷盡滄桑，這其中的「變數」太多，正道出了塵世凡人之百態。「教育」之重要性，以及政治人物之重責大任，已昭然若揭。柏拉圖的知識論，已染上了濃濃的教育哲學及政治哲學色彩了，甚至更與神學搭上邊，以太陽喻比上帝。柏拉圖的不少傳人，其後步上神祕主義路途，也是有跡可尋的。

　　絕大多數的人都是習慣的奴隸；擺脫情感的枷鎖，向偏見道別，這不是輕而易舉的行徑。由幻影到眞實，由假到眞，要克服的障礙，是柏拉圖認定最神聖的任務。老師楷模在先，弟子之哲學巨著也正獻給世人一盞明燈。但願後人不必再於洞穴中過活，趁早奮勇快速地喚醒俗人，讓陽光普照也普渡眾生。

第三節 「理」論（本體論）

「知」必有知的對象，知的對象是永恆不變的。因此，此種知一定不可由變化多端、主觀色彩甚濃、個人差別性又大的感官得來。知是絕對客觀的，非常的「實」，不虛也不幻。

此種知的對象，柏拉圖取名爲「idea」（漢譯爲理）。萬有、宇宙、天地都有則有序，這就是「理」。回歸到蘇格拉底之前的哲人忙於解決的宇宙論問題，什麼是構成爲宇宙的「第一因素」，不是水、火、土、氣等，或甚至是心，或數。柏拉圖認爲是「理」。水、火等都有水、火等之「理」，此種認知的層次最高，「理」統合一切。個別物都有各別的「形」（form），但「形」有「共形」（Form），猶如個別物都有各別的理，但理也有共理（Idea）。「理」與「形」，二字可互通。依此，眞善美也都有共眞、共善、及共美，即「普遍」性，此種普遍性永存，非常具體，也是絕對的「實」（real）。構成宇宙之「本」，就是「理」或「形」。

一、理或形的形上性

如同支那老子所說的，此理或形，「先」天地生，早就實實的存在，不是人所「制」造（creation），更不是人所發明（invention），而是努力去找，去「發現」（discover），或予以「開展」（unfolding），不要捲起來（folding）。好比孕婦子宮裡早有嬰孩，助產士（產婆）協助及產婦「努力」把嬰兒「引出」而已。因此，「知」是一種「回憶」（recollection），回憶功夫少，或時間短者，知就少；反之則多。當然，生產的一刹那，陣痛的苦太劇，忘得太多。但不要悲觀，忘是不會忘「光」的，不是0（零）。蘇格拉底屏息靜氣地冥思沉想，就是抓住機會，靈感不可多得，趕緊把早已存在的「理」恢復過來。「本體論」（ontology）討論的「眾」與「單」、「多」與「一」、「殊」與「共」等問題，在此已有明確答案。當然，「一」、「單」、或「共」，才屬正

確。「理」或「形」是至上的、絕頂的、超越的、無比的，以此來作爲「規範」（理）及型塑（形）萬有的一切。那是「形上學」（metaphysics），而非形下學（physics）。

二、形上與形下二者之關係

以形上來「規範」或「型塑」形下，前已言之。形上是「原本」（original），形下是「抄本」（copy）。仿形上（眞本）的結果，不可能百分百把形上悉數全盤照抄，因之完美的形上，一到形下，就有缺陷，有遺漏。形上是「全」（whole），形下是向形上「分受」（participation）而已，故有「部分」（part）性。

前述已提及的「回憶」（recollection）說，也表示形上與形下之關係。形或理早存，吾人之「知」，只是回憶早已存在的「理」或「形」；但再如何努力的回憶，吾人從此而知的「理」或「形」，不可能「完全」同於早已存在的「理」或「形」。

形上與形下，各有地盤，各占有「界」。但二者是隔離的（separated）的，還是二者「一體」？此一問題，變成柏拉圖及其大弟子亞里斯多德師生兩人哲學見解的最大區別處。依亞氏的評論，二者合一，不是分屬不同的「界」。柏拉圖則堅持原本是眞本，不同於抄本，二者是分離的。數學的點線面，只是一種建構數學學科的「理」，與感官所「知」的點線面，絕然不同；二者之異，是分屬不同的「種」或「類」，而非只是程度有差而已。換句話說，形上與形下是「質」上有高下，而非「量」上有多少。形上「界」不能以形下「界」去說明、解釋或敘述。「理」或「形」的「界」，非感官或經驗界可以用文字或語言來傳遞。吾人可以說，最完美的人（形上界），是身高或體重多少，臉型或膚色如何（形下界）嗎？這不是可笑至極之事？

三、理先「存」，知也先「在」，存在「何處？」

　　吾人不該感官式地以「時」（宙）「空」（宇）兩個「凡人」使用的字眼去解釋「理」或「形」。理或形，不占空也不據時，卻無處也無時不在。不「回憶」或不「尋覓」時，勿以為理或形不存在，其實是存在的；踏破鐵鞋無覓處，原來是「得來全不費功夫」。「全不費功夫」者，在苦思之後，知「理」或「形」者必多。

　　何種「力」促使形下界去尋覓或憶起形上界呢？柏拉圖說有一種「動力因」（Efficient cause），稱為Demiurge，幾乎等同於基督教之「上帝」。即令是凡人，也知道形下界是比較性的，如較好、較美、較真、較重……，此一「事實」，必然「引出」一種「理論」，即「最」的「理」或「形」。「最」是無居所的，也無時間性。此動力因方使形上與形下合在一起，形下界會消失，形上界則「不朽」（immortal）。肉體（body）會生長或腐朽，但必有一種永不朽之「物」存在，那就是心靈（mind, soul）。身與心有別，不管二元或一元，但心靈是不朽的。以「美」為例，連凡人都感受（經驗）到有較美及較醜在，難道哲人不會「憶起」（想起）有絕美及至醜此層次嗎？凡人看到的是肉體上的美，也「該」有心靈上的美吧！前者形下，後者形上。

　　永恆的，不是被生的，也不會被毀；不是限於加或減，也非部分美或部分醜，更不是此刻美，彼時醜了；尤非與此物比才美，與別物比就不美了；或此處好看，別處不忍卒睹；或有人評估為美，他人則以為變了樣。至美，不是如同有些人所想像的是一張迷人的漂亮臉孔，或美腿或其他部分身子之美……至美就是美本身，既單、又純、更是一的美（the monoeidic beautiful itself）。

　　美如此，真及善等「理念」也同。非常實在，一點都不虛幻。該「理」或「形」，由「心」所生。「心」與時、空無關，肉體才有時空性，是短暫的；心則永垂不朽。「實」就是「實」，而非實在那（何處）或實在何時，那是誤把形上喻為形下了。時與空是形下界的用詞，可惜，連哲人也得用形下的語文來描述

形上，難免產生誤解，這是無奈的困境。吾人該懂慎的是藉形下的語文來說明形上，扭曲難免。只有「睿智」（intellect），才能分辨出在田野上漂亮的花，與心中的絕美花，二者不可以等同看之。若把「理」或「形」喻爲「太陽」，也得注意，那只是一種「喻」，是as（似），但不是is（是）。太陽有位置，理或形則無。

　　凡人注意到過眼雲煙事，哲人則持一以貫之「道」或「理」或「形」。前者只見「表相或現象」（appearance, phenomena），後者則注意「本質」（noumenon, essence）。化繁爲簡，去多求一，探究根本，此種精神，是繼續前哲而來。「爲道日損」，這是支那老子的用語，「道」也是柏拉圖所言之「理」或「型」；損之又損，以至於「一」、或「無」或「空」，是極致，是最高的「一」（One），也是「善」、「美」、「眞」（Good, Beauty, Truth）。形下界凡人不明就理，以爲善就是福祿壽喜等，柏拉圖卻視「善」爲「一」。凡人一悉柏氏教人「善」，立即蜂擁而至，料想不到柏氏儘提數學、天文、數目字等，那才是抵達至極界的晉階。造物主，或「宇宙萬有之父」，確實難找，一旦知悉了或找到了，也無法用語文向眾人提及這位天父是什麼模樣。「理」或「形」（形也是型）只不過是一種符號，雖具體又十足的實，但凡人用形下語文是無法描述的。柏拉圖曾說，有些論題他是無法用文字寫出來的，其中之一，就是「一」（One），實在無法言宣。後人爲了滿足該神祕性的描述，放棄正面的用語，而只從否定性文字來稍窺一二。如造物主、天父、上帝「是」什麼，非人智可及，頂多只能用「不是」什麼，或「似」什麼來表述。

四、原本與抄本之間的關係，變成哲學界爭論的重要議題

　　「我」，有「本尊」及「分身」；本尊的我，才是眞正的我；分身的我，是「似」我而已，卻非我本人，好比鏡中之我非我一般。但若無我在，則必無鏡中之我。其次，原本與抄本之間的關係，柏拉圖用「仿」（imitation）或「分受」

（participation）來說明。「仿」或「分受」過的原本，不因抄本多而失去其本質。A、B兩師父武功同，A傳授了數名徒弟，B無門生，結果，A、B之武功，並不因此而有別。A、B兩人之學術力同，A收生數名，B無門徒，A、B兩人之學術力無差。

　　「仿」或「分」之際，技巧或條件之優劣，都會影響「仿」或「分」的品質。萬有都歸於「一」（One），由「一」而「分」成宇宙萬物。

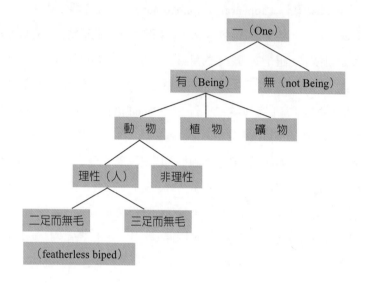

　　以上表為例：

　　1. 人是「二足而無毛」嗎？這是對「人」下定義時，柏拉圖的門生所討論後的部分答案。但這不是太過可笑嗎？也與「實」情不合。

　　2. 有「第三人之辯」（the third man argument）嗎？

　　完美的人，形上的人——形上界。

　　感官界的人，有缺陷的個別人——形下界。

　　「完美」與「缺陷」之間，到底「差」什麼，有第三者介入嗎？「分」或「仿」時，分或仿得不「全」，是否有其餘部分未由形下界的人所分或仿，該部

分由第三者分或仿去了嗎？更爲形下的人在「分」或「受」或「仿」時，情況亦然，仍有「第三人」在嗎？才使得「分」或「仿」時受阻。形上的「人」是所有人的通稱嗎？則有黃種人、白種人、男人、女人、小孩、老人、古代人、現代人……。如「動物」，包括有牛、馬、豬、人一般。人與牛都屬「動物」，但二者有別，有別才是人從「動物」分出或仿時最關緊要的關鍵。若人與牛之最大差別在於「理性」之多寡，則也可以說，人分受的「理性」，並非百分百，牛也分受了些理性。若說理性功能之一就是判斷，試問牛全「無」正確的判斷力嗎？牛也能分辨何種草可以吃何種草不能吃。人的判斷力當然較佳，但也無臻絕頂地步。可見分或仿時，確有第三者的份。上帝只造一床，即床本身；第二床是床匠作的，但不「完全」等同於第一床，因之必有第三床在。同理，上帝只創一人，即「人」本身，由「人」本身再「分受」於第二人，依此類推，故有第三人在。

五、理形論與數字關係

理、形（Idea, Form），作爲萬有之本體，此種說法，太過神祕。柏拉圖在《對話錄》裡，這方面常言之不詳，其實也頗難詳，尤其它與感官經驗世界之間的關係到底如何，也多半沒有答案。介於二者之間，柏拉圖倒以「數」作媒介，畢氏的數字觀念隱涵其中。數由「一」（One）及「一」的大或小（great and small one）所組成，英文大寫的One與小寫的one，意義不同，前者共，後者殊。畢氏則認定「一」（數）有可盡數（limit）及不可盡數（unlimited）兩種。把「數」（Numbers）看成似「形」（Form），旨在使後者之神祕性帶點說理性，或合理性，他人聽之，較能領會與理解「理或形」論（doctrines of Idea and Form）的要旨。

1. 數代表「則」或「序」（order），宇宙之構成就是如此：存有之狀態，合乎邏輯法則，自然界不是雜亂無章；相反的，其中有智、能與性靈，是依有個大規劃師所設計而來的。感官界的一切，都可以用幾何圖形釋其底細，猶如畢氏

所說，有天籟之音充斥宇宙一般，諧和之弦律，本身就是比例恰當的數目字。

2. 數有有理數及無理數之分，1或2是有理數，$\sqrt{2}$ 或 $\sqrt{3}$ 即無理數。

$2^2 = 1^2 + \sqrt{3}^2$；直角三角形，斜邊的平方等於另兩邊的平方和。

$4 = 1 + 3$

$\sqrt{2}^2 = 1^2 + 1^2$

$2 = 1 + 1$

有理數如1、2、3……代表感官界；比1大但比2小之 $\sqrt{2}$，是無理數，代表感官界之持續變化狀態，即由1「漸漸地」變成2，中間有個階段即 $\sqrt{2}$。同理 $\frac{1}{2}$ $+ \frac{1}{4} + \frac{1}{8}\cdots$，則「近」於1，但不「完全」等於1。

1是原本。

$\frac{1}{2} + \frac{1}{4} + \frac{1}{8} + \cdots$則是1的抄本，抄得更多，則逼近於原本，但再如何多，也不「完全」等同於1；抄得越少（如 $\frac{1}{2}$），則離原本更遠（1離1，與 $\frac{1}{2}$ 離1，二者差多了）。

3. 數是定形（型）的，也是一種符號，那是人智（intellect）的成果，也是運用「理性」（reason）把萬物予以「理性化」（rationalization）的表現，那是朝向至善至眞至美境界的必要途徑。由「理」而生的此種「念頭」，即「理念」（idea）與「理想」（ideal），二者即合而爲一。在學苑的教學中，常把「一」（One）與「善」（Good）不分。教學中常提算術及天文，箇中道理，已不言可喻了。二者之間不是風馬牛不相及的，帶有神祕性及宗教味，在所難免。

六、辯證（dialectic）是教學良方

1. 辯證是「心靈航行」（spiritual voyage）之「祕訣」：與對話者相互詰辯，其中有事實的舉證，這是歸納法（inductive）的要旨；若強調更多的心思推理，這是演繹法（deductive）的運用。前者是經驗世界的內容，後者則是理（idea）、「形」（form），及數（mathematical）的運作了。由個別的正義、

節制、勇敢，推到絕對理想的正義、節制、勇敢。這些都不是紙上談兵，卻頗具實用，因爲都在規範人的行爲。而個人的行爲不是如同原子一般的各自分離，個人都活在社會及國家裡，並在大自然界中往「至善」（Good）之境挺進。

眞善美三達德要抵「至」境，確實須要極大的心神力，語文時而有窮難以描述說明或辯證，亦有末路途窮之憾。因之「出神」（ecstasy）時而出現。一種擋不住的欲望愛（Eros），排除一切雜念，「敏以求之」。此種愛欲之有無，代表了「盈虧、足缺」（plenty and poverty）。如同回憶一般，知識及智慧之高下及多寡，也表現在此。

2. 辯證或對話的議題，難易度及簡繁度，從「理想」層面而言，絕不是前後平階的，或橫斷面的（horizontal），卻是有高下的，是縱貫面的（vertical），這才表示「進步」。此種造詣，柏拉圖把他之前的哲人學說分爲一「正」（thesis）一「反」（antithesis），最後以「合」（synthesis）而舉出「高見」，這才是把知識建立在「理」（reason）上而成的「理念」（idea）或「形式」（form），進而攀升爲「理想」（ideal）。而理想之最頂級，就是「一」（One）。

此「一」絕不在感官經驗中。「一」是標準，且是最高的標準，也是最嚴苛的標準。上臻此境，如同爬陡山登險崖，而非如履平地步坦途。柏拉圖的哲學過分重視此一境界，比較忽視變動不居的感官界。更以爲該理想境界早已存在，吾人絕不可死心而不擬發現它，且發現之後，更有使命感來超渡衆生。

3. 柏拉圖的辯證，有個基本前提他絕不起疑，即眞理、標準、理想都早存，他對此種「命題」（proposition），完全接受。不挑戰，也不視之爲可以提出的「批判問題」（critical problem）。換句話說，該種「理想」早存在於各人經驗之先，是「先驗的」（a priori）。驗早在人前即在，該標準或理想早存。問題是，該理想或標準（即「一」、「理」、「形」等），既「先天地」生，當然也比「人」先生。依此而言，柏拉圖所言之一、理、形，必形同是上帝了。

至於上帝與人或萬物，尤其與變動的塵俗界關係如何，這也困擾著柏拉圖及

其後的宗教家及哲學家。神祕學者或浪漫詩人對此都有詠懷辭句，但作爲哲學家的柏拉圖，都似以「理性」來予以理論化。他信心十足的認定，理想境界早已存在，該早點被發現以便作爲芸芸眾生的準則。此種心思與詩人或幻想家之「創」作不同。受盡冷酷世界折磨的詩人，擬在有瑕疵的眞實花園中，譜出完美花朵的詩句。現實世界即令一無所有，完美型式的眞實性，也不盡然在虛無之中，柏拉圖太盡情於理想界了。其實，「骰子一擲，絕不會破壞偶然性的」。柏拉圖不願下賭注，他不容任何變異或突發性存在，在心理潛意識上或許是個逃避主義者，卻是始終如一地尋覓他的理想世界，難怪尼采控訴柏拉圖是此一世界的敵人。其實，尼采之心態也如同柏拉圖，兩人都蔑視凡人，而一心一意以「超人」自居。兩人之不屑於現實界，是有跡可尋的。柏拉圖用心良苦，他希望在有生之年教育出一位哲學家國王，把雜亂無章的經驗界理成有條不紊的理想國。

數學上如1, 2, 3, 4的1，是恆久不變、固定的，感官世界則無永恆不變的1，是不穩定的；前者在彼一世界（There），由心智（intelligence, soul, mind）所生；後者是在此一世界（Here），由感官所引起。一粒蘋果與另一粒蘋果，絕對沒有百分百等同的。所以「一尺之棰，日取其半，萬世不竭」。支那名家此一名言，也等同於 $\frac{1}{2} + \frac{1}{4} + \frac{1}{8} + \cdots = （?）1$。經驗世界中，從無「一尺」存在，日取其半的「日」與「半」，及「萬世不竭」的「萬」、「世」及「竭」，語意都極其曖昧。此一尺與另一尺，「必」不可能「完全等同」。至於「1」之「理」、「形」、或「數」，那是絕對等同的。經驗（感官）的1，是連續性的，又哪有「恰恰好」的1或半呢？以「1」爲例，來作爲知識論及本體論的此番說明，正是柏拉圖哲學的最佳詮釋。其實，此番道「理」，也在他的心理學、道德論、政治學及美學，甚至物理科學中「一以貫之」。

4. 不只如此，理型論，以「理」（reason）及形（form）來「型塑」感官可及之「物」，宇宙萬物因之形成，這是柏拉圖的「物理學」（physics）。同樣地也取理型此種「理想」（Idea及Ideal），來說明他的美學理論（Theory of

arts）。

　　物之學，位階低於心之學。柏拉圖的《對話錄》（*Dialogues*）中，只一書論及自然科學，該書名爲*Timaeus*。寫作該書時，柏拉圖已年屆古稀。提麥奧斯（Timaeus）是畢氏學派者。一方面以人物之名作爲書名，一方面藉此來論述物質界之形成，人及動物之起源。一來他的「學苑」對科學的討論，聲勢日漲；二來他們本其初衷，認定自然科學仍只是倫理學及政治學的附庸。畢氏認定「數」等於萬有，柏拉圖則堅信萬有乃是「數」的抄本，是從「數」中「分受」而得者。數的概念，來自於「心智」（mind, soul, intelligence）。心主宰一切，心使萬有有則有序，心是不朽的，萬有則有生有滅，有生有成，有變有動；這種身心二元論，他是一以貫之的。人這個小宇宙（microcosm），由身心組成，萬有這個大宇宙（macrocosm）亦然。物質界皆仿心界而來，後者是理想的「形」或「式」（Form），物「仿」心；故心「是」（is），物則只「似」（as）或「像」（likely, likely account）而已，二者並不等同。

　　既然自然科學或物理學，只不過是一種「仿」，是心之抄本，故眞實性次之；只有「心」學才是「學」，價值最高，其餘都是「擬似」的學，價值不如心學珍貴。因之「物」之學（即物理科學），聽聽就好，只具「可能的眞」（probable, likely），不可能是必然的眞或絕對的眞，不是一門「精確的學」（exact science）。進一步地說，自然科學似幻似影，神祕性（Myth）甚濃；因之物的學，不可能有定論。由物而生的感官世界，即萬物之生成，就眾說紛紜，莫衷一是了。各種物的學說，都只「分受」眞「理」的一部分而已。

第四節　心理學及道德論

一、心理學說：身心二元論

　　柏拉圖的心理學說，是貨眞價實的「心」之學說。心是精神的，不能如同往哲一般地把心等同於水、火、土、氣或原子。心與物，是二元。心是人最珍貴的資產。外表的作爲，一定要完全符合內心的意旨。內心聰慧又節制者，才是最美的人，金銀財寶無法與之相比。心靈「自我啓動」（self-initiating motion），即自動自發，絕非如身之被動性，心是動之泉源。心在身之先，也優於身；心治身，而非身治心。心是五官看不到的，身則是五官的居所。心不是「附帶於身的」（epiphenomenon of the body），心自有，身不在或死亡時，心仍存，心（靈）是不朽的。

(一) 身與心，分屬兩個世界

　　身心彼此相互影響：鍛「身」可強「心」，這也是他的教育主張。他也承認，某些樂器之音會腐化心靈，某些體能訓練或惡習之養成，對心靈有害，心爲身的奴，無法解脫。肉體上有殘缺的遺傳，或環境之不良，都會危及心靈之健全發展；屆時，心走入邪途。身心之交會作用，事實明顯至極，無法否認。但身心如何互動，此種解釋，困難度極高，此一問題困擾著柏拉圖及其後的哲學家。

(二) 人的心性三分說

　　心性由理性、情性及欲性組成，三者都是「心」的「部分」「功能」，也是「形」或行動「原則」（「部分」，不可作占有空間解）。

　　1. 理性（reason）：理性是人性中最高貴者，不朽不滅。理性之功能，主要是由腦部所發動。身心之交會，也是理性的功能，只有人才有理性，其他的動物則無。

2. 情性（feeling）：發揮道德上的勇氣，居胸部，其他動物也有此性。

3. 欲性（desire）：在腹部，其他動物更有嗜欲性。理性之「欲」，是推理及眞相的探討，不同於情性之欲性（含有肉體成分），而動物之欲性幾乎無理性成分，卻多屬肉體之欲。好比駕馬車者（charioteer）以理性爲主，兩匹馬則分屬情性及欲性，情性的馬近於理性，願受理性的指揮，節制又不急躁，頗得主人之喜愛；欲性之馬則桀敖不馴，有必要挨馬鞭之罰。可見此種「心理學」，染上了頗爲濃厚的道德色彩。理性居主導權，情性及欲性位居其下。腦在頭部，頭是圓的，圓代表完美無疵，是「思」、「形」、「理」或「數」的主要樞鈕。情性及欲性皆是非理性的。若理性與非理性「衝突」，乃是人性的「本然」（必然），則行爲之道德性，就缺乏意義。可惜柏拉圖在此一領域並未深究。

(三) 心不朽

身滅但心不亡，心是不朽的。但身心分離後，心指揮身的力道即失。心不朽，證明如下：

1. 生與死，強與弱，睡與醒，是彼此相反的。生之後有死，死之後有生，是彼此繞圓圈的，如同車輪之轉動。

2. 知識是「找到的」，而非無中生有。知識早存在，此說已在知識論中提及。心靈也早已存在，此種存在，是永不消失的。

3. 人是身與心的合一體：身會死滅，心則否。身之存在，人人可見；但心是不可見的，既不可見，則無存滅問題。如同原本與抄本一般，抄本會消失，原本則永在。抄本再多，永不損及原本絲毫。賦予人生命的是「心」，心與身是不同「質」的，身死心不死。

4. 感官經驗界證實，「身」壞者身會死亡，但事實也證明「心」壞者，長命百歲者有之。心壞就是不正直、不節制、貪婪、無知、膽小。以身壞身就死，證明不出心壞心即朽。

5. 心是自動，也是動之源；因之，心恆動、不似物動或體動之彼動性。身

不動體也不動，即死亡象徵。但心不同於此，故心不朽。

　　總而言之，柏氏的心理學並非體系完整。但他的心理學說，卻可作爲道德學說的配件或基礎。

二、道德論

　　至善至福（eudaemonistic）是道德的頂尖（*the Summum Bonum*）境界。這種人生目標，既是道德的，也是理性的。前者是品格行爲，後者是知識。知行合一。

　　辯者說：「人是衡量萬物的尺度」；柏拉圖則說：「最善者才是衡量萬物的尺度。」最善即上帝，Good（至善）與God（上帝）等同。

(一)善與知

　　二者之間的關係：知即善，善即知。知是可教的，故善亦是可學的；可教的也是可改變的，把本不知或無知，改爲知；或把本自認是知的，改爲其實是不知，然後再改爲眞知。同理，也把本是惡的改爲善；或把本以爲是善其實是惡的，改爲「眞正」的知悉善惡之分。可見知與善之「改」，都經兩種過程。

　　1. 把本來以爲善其實卻是惡的，改爲承認此種「認知」屬錯誤，然後進一步再求善；

　　2. 把本來是惡的改爲善；

　　3. 把本來以爲知，其實卻是不知的，改爲承認此種「認知」屬錯誤，然後進一步再求知；

　　4. 把本來是不知的改爲知。

　　有不少支那人抱定「扶清滅洋」或「反清復明」，甚至臺灣人組成義勇軍，用竹篙及菜刀與日軍作戰，期望臺灣繼續接受大清統治；或孔明之鞠躬盡瘁，死而後已，一心無二志，忠心耿耿。或以作愛國裁判自豪，還大喊「愛國而

殺漢奸」，不只無罪，且該入忠烈祠接受表揚。或受騙而「甘願」入「歧途」，還信誓旦旦，絕不悔改。這些都是在「知」上出問題，才使此種人為惡。釜底抽薪之計，仍在於使人人能夠認知。道德哲學若未建立在知識論上，則此種道德，非常脆弱。也就是此種原因，支那的泛德主義，逼使知萎縮，或知識無用論。導致支那人兩千多年的「德風」甚為敗壞，只有可經得起知識的批判與檢驗的德，才能使人毅力十足地奉為終生不二的座右銘。

「知」要知底細，而不是只及層面：表面「好」，實質「壞」，這是「膚淺」（*sub specie boni*），「情」作祟使然；表面好，實質也好，這是「貨真價實」（*sub rationae boni*），那是「理」充分發揮的結果。一個人若能在「表」及「裡」上都能有「真知」，則在自由意志之下，無人會選惡或為惡。

(二)四基德（cardinal virtues）

最基本的德目有四，即智（wisdom）、勇（courage, fortitude）、節（temperance）、及義（justice），那是符應人性三分說的。

智是理性運作，勇是情性發揮，節是欲及情受制於理的現象，義即表示三德運行得恰到好處。

1. 善惡與苦樂無關：行惡而得樂，此種人之惡，大於行惡而受懲。此意也表示，暴君之行，惡大於受災受難者。

2. 辯者認為強權出公理（might is right），「義」、「當」、「該」的標準，是由「力」大者決定。力大者人數少，拳頭大，塊頭粗，虎背狼腰，出手如千斤錘，這種人必然也自然地成為大眾的喉舌，他說的話算話。當眾人遇到危險時，這種人一出頭，大家就安心，因為他夠力。此種人的話，當然帶有威權與勢力：若弱勢者阻擋之，甚至當道，這不是劣幣驅逐良幣嗎？但若弱者集結而萬眾一心，則力道又盛過形單影隻的強人了。強人多半是千山我獨行，但弱者成群結隊，屆時誰強誰弱呢？有萬夫莫敵的，但也有虎落平陽被犬欺的！「寡不敵眾」。人為與自然二分，強人多半不受束於習俗或傳統的人為。

　　強權出公理，只有一要件，即強人也是善人。若非如此，則強權者得勢，不保證人人會得福享樂。智力高人一等者，該啟迪平庸的眾生，使之領會出真正的知或安危，則智者說話的音量必高，也就變成意見領袖了。以心力而非體力來較高下，才是最穩固的品德標準。

　　社群生活中，擁有最大權的莫過於國王。若使國王成為哲學家，則是最理想的國邦，他提出的德目，必保證是真理的化身。強權置於哲學家兼皇帝手中，才是個人及群體最能享至善及至福的具體成果。

第五節　政治哲學

　　柏拉圖的政治哲學與他的倫理學密不可分。希臘人過的群居社會，就是城邦。只有在城邦過活，才能使人成為完美及善良的人。政府不只不是一種必要的惡，且是使個人更獲自由的「自然」機構。團體生活被視為個人生存所不可或缺者，個性與群性是合一的，私德與公德也合一。個人有人格，城邦也有城邦格；並且，兩種「格」的標準是一致的；個人要守道德約束，城邦也要遵循城邦規範，二者都會有「義」及「理」在其中。

　　「義」與「理」都具體呈現在個人及城邦中，但城邦的「義」與「理」，比個人的「義」與「理」更為一清二楚。以大看小，總比以小看大，較為「真」，因之說明了城邦之義與理，就足以解釋個人的義與理。義與理，都有絕對的理想境界，以此作準則，個人及國邦都得遵之而行。若城邦的治理者不懂此義或此理，則必是個政棍，而非政治家。政治家猶如走出洞穴而活在陽光裡獲得真知的智者，政棍則是受蒙蔽，視幻影為真實的劣等貨色。

　　柏拉圖的對話錄裡，共有三著作提及他的此番政治哲學。早年的《共和國》（*Republic*）、晚年的《法律》（*Laws*），及《政治家》（*Politicus, Statesman*）。

一、《共和國》（又名《理想國》）

(一) 人性三分，城邦也由三種人組成

　　城邦生活，不只使個人的自由不減反增，且更有機會彰顯公德，這才是真正的幸福與至善。群體生活彼此互濟有無，經濟的依持，乃是城邦之所以成立的基本要件。經濟上的分工合作，及各人的天分稟賦，更使英雄有用武之地。當一個人只施展他的特殊技巧時，則生產的品質必較精，數量也必較多。農耕所需的犁或鋤、簑笠、馬車等，農夫絕不可能樣樣自己來，而需仰仗他人。依此類推，城

邦生活，在經濟層面上，就需有百藝及百工。織布、製鞋、冶鐵、造船、牧羊、貿易買賣、零售、僱工等，缺一不可。但這只涉及物質生活層面而已。

1. 人是身心的合一體，光滿足身是不夠的。因之城邦也需樂師、琴匠、詩人、教師、護士、理髮者、廚師、糖果業者。此外，城邦必與外邦有交涉，甚至戰爭，這在《法律》一書中會提及。所以，外交官、軍人、騎士等，也必將出現。

言及此，至少在城邦中有兩種「專門」人員出現了：一是生產階級的農工商人物，一是捍衛城邦安全的軍人。前者即人性中的「欲性」展現者，後者即人性中之「情」性舒發者；二者若需有一清二楚的辨識，感官敏銳，精明地看出誰才是真正的敵邦或友邦，就必靠「智者」相助，在這方面，教育的功能就突顯了。教育目的及課程規劃，都以城邦的安危、城邦全民之幸福及至善為著眼點，因之全民的教育，要特別謹慎。在孩童印象最新鮮時刻，不能在他們的心靈裡烙下不義的痕跡。詩人像荷馬（Homer）或赫西奧德（Hesiod）所描述的神，是淫蕩的、傷風敗俗的，不守誓言，也視契約如糞土，這都是誤解了神的基本定義。神所代表的是，無惡只善。全體城邦公民皆需有此體認。

2. 除此之外，教育要啟迪眾民，不該以經濟生活的滿足為已足。人不只是經濟動物而已，否則與其他禽獸又有何分別。若連此種辨別也欠缺，就無資格作為人了。依「義」及「理」來企求幸福，才是最高目標，違反者，即令如何偉大的詩人或創作家，都不在表揚之列。勿為美妙的詩詞或動聽的曲調所迷，文若不載「道」（義及理），都不具教育作用，頂多只有糖衣效果而已；若追其底層，都是包著毒藥。光看表面，或只憑感官，是會誤事的。城邦當局有義務更有責任，來汰選教科書，以免誤導年輕人入歧途。靡靡之音或煽情的樂曲，都在禁止之列，色情小說更要禁絕。

音樂先，體育後：作為保邦衛城的軍人，必須在作戰上像運動好手，禁欲苦行，生活單純、節制。體育鍛練如同軍人受訓，「戰士般的運動家，該如同一隻警覺性頗強的狗，極靈敏於眼看及耳聞」。若反應遲鈍，「貪吃懶睡，一旦不健

身了，就染上危疾」。因之，體育形同音樂，在治身又治心上，都易生惡果或善果，節制與否，才是關鍵。就體育而言，不少運動名將，在天天嚴格操練之下，體型健美；一旦離開健身房之後，就又胖又腫，體型變樣了。軍人一退伍之後，也有類似的醜態。

「文以載道」，因此小說都要「演義」，這是支那千年以來傳統。文爲道所限，此議題頗值批判。就教育尤其是幼年期而論，需在「文化財」中取教材，但文化財不一定具有教育財（材）條件。孩童期可塑性高，理性未臻成熟階段，因之要「選擇」具教育意義者來作爲滋養學童身心的補品；俟年齡漸長，則教材就不局限於「善」、「美」、「眞」上，而准許且鼓勵師生盡情揮灑，甚至突破禁忌與成規；天空任鳥飛，海闊讓魚躍。柏拉圖認爲詩詞或美藝取作「教育」之用時，都以考慮是否與善及德有關，否則一律刪除。此種教育觀，實大有商榷餘地。

3. 人群中，欲性的農工商人物及情性的軍人衛士，雙雙各得其所，各發揮所長；至於城邦的治者人士，就只能在衛士群中甄選。此刻，他們的年齡已不輕，挑的標準是智力、體力，且以城邦利益福祉爲衷心最該惦記者。當己利與衆利不能得兼時，寧可捨棄己利而取衆利，衆利就是「大義」。治者是衛士軍人中之佼佼者，最後再從治者中，挑出一名最上乘的治者，成爲城邦的最高統帥，他就是城邦的王。這位王必是個道道地地又名符其實的哲學家。「哲學家皇帝」（philosopher-king）之名，因之而成。

城邦中的最高治者、衆多官員、軍人及生產人士，這三種身分各依天資及教育成果，而適得其所，安於其位。此種最恰當的安排，最合乎「義」及「理」的定義。最高的治者，無私產也不該有私產，絕不可以情及欲來害義及理。他的財產就是城邦的財產，也是城邦全民所共有；他不該有私下的子女，他的子女也是全城邦的資產。如此方能排除淨盡「情」及「欲」，一心一意本諸「理性」來治理城邦，這才是城邦人之福。他與全民共飲共食共住，既共產也共妻。治者如爲女人，她也要共夫。既不碰金也不觸銀，更不屑於錢幣財寶。一旦欲財，則暴君

之名必降臨其身。

　　「義」（Justice）是「善」（good）的別名。何謂「義」，在政治上是將人之三種天性作合理的安頓。此種設計，人人必皆大歡喜，也毫無怨言。把人的「理」、「情」、「欲」三性，恰恰好的分配其爲城邦的幸福著想，未有非分的企圖。

(二)城邦職責三分，無男女之別

　　1. 共產、共妻、共夫、共子也共女：柏拉圖難能可貴的是他高出支那孔子一等，不把女子視同與小人同類，只看先天能力而不問性別，男人可以成爲一城市之君，女人只要有形同「哲學家皇帝」之天賦，照樣也可當最高領導者。女人不該只留在家、只照顧小孩、只會烹飪或縫衣；她的教育過程，與男性無別。男女唯一的區別，只在於將懷胎及生產之事置於婦女身上。柏拉圖以爲女性較男性的體力稍弱，其實這也非普世的事實，先民中有男弱於女的種族。但他堅信男女「天賦」的「智能」（natural gifts）不必然男女有差，這倒眞正是鐵一般的事實。因之，男女無職業職責上的區分。甚至作戰爲城邦衛士，女性也有份；赴沙場殺敵，也該有裙釵。兩性平權，柏拉圖就有此主張，的確是眞知灼見。這方面勝過孔夫子許多，把支那的至聖比下去了。

　　2. 就優生學的立場而言，下一代之生或育，是城邦官員的重要職責。一代強過一代，才能品質保證，尤其是治者階層者。治理城邦的治者，把此項任務之重要性，視爲位居第一。至於第三階級的農工商，准許他們有私產，包括財務及子女。但第二及第一階級者，就不該享有如此的「自由」。爲了城邦著想，尤其治者層，不該有「家」，也不該有「己妻」或「己夫」、「己子」、「己女」，更不用說有己產了。婚姻的對象、性行爲及養育子女等措施，都該遵守最嚴格的規定，連時間都得經妥善（正當，義）的安排，若違反規定而生下了子女，屬非法行徑，必被逐出。純就理想層面而言，一位「理」性成分最高的男或女，兩相成配爲夫妻，依最理性的安排，於最妥適的時間進行性行爲，也在最理想的時間

分娩，且聘請最妥適的護士及教師，予以進行最理想的教育。則依理，可以造就出全城邦最理想的治者。由這些人生下的子女，越多越好，在數量上該占人口優勢。至於理性成分較少的「劣級」人物，最好是奪取其生殖能力，甚至殺嬰，以防劣幣貶值了良幣。如此，這種「城邦」或「國家」，進步將一日千里；不實施此制者與之相比，哪能望其項背。

這是純依「理」而言的必然結論，實在是離開人間世而高居天頂的「理想國」。人不是純「理」而已，相反的，人的意性及欲性，強烈度令人乍舌；其力道之強，理力不可擋。加上多元能力及多元文化觀念的萌芽，柏拉圖此種「願景」，只是美夢一場空而已。此外，光就生理學上的遺傳而言，優生學的變數甚多，誰敢保證，優與優結合，不會有突變？生物界尤其人的智力成就，後天的偶發因素太多，也太不可逆料。柏拉圖的此番理想，也變成空中樓閣了。

不過治者，尤其是最高的治者，處事該以「理」為準則，少受情及欲所束，這倒是基本原則。所以把錢財及色欲拋諸腦後，才是治國要方，這是天經地義。不過，那是程度問題，人世間大概找不到一位絕對用理而不動情也不為欲所惑者，此種人罕見。若要求「劣貨者」要絕子絕孫，此種不人道的法令，大概也徒法不足以自行。

(三)民主式政治之弊

善政必本諸知及智，人群中有知有智者屬少數。民主政治尤其實施於當時的雅典，竟然為官用抽籤（by lot），或憑口技，或能言善道者來決定政務。人間問題有比政治之公共事務（public affair）更為重要的嗎？一般人只停留在「意見」層而已，多數還等而下之，常視幻影為真實。臺語說，只看一個影，就生一個子；幼稚又可笑。眾人之事若掌在這群人手中，猶如航行的船，舵手不曉水性、不明方向，又無知於駕駛技巧一般的危險，乘客怎可放心安坐其間？柏拉圖支持其師之言，鞋壞了，總得找鞋「師」補修；難道治國此種更艱深的職責，竟然輕易的由城邦街上的人來作決定，或由眾多知少又在知上有大毛病者掌權。

風平浪靜時還不打緊，當狂風大浪侵襲時，則全船生命交在此種無知的船長身上，不是冒了極大的險嗎？

最高的治國者，一來年紀不可太小，五十歲是「恰當的」（合理的）。他若受過「哲學式的教育」，則可抬起心靈上的雙眼，目視照亮萬物的寰宇之光；兼持絕對的善，來治城邦及個人。一方面又把重心放在接班人的哲學教育上，然後就可放心地移交政權，告別離去，到「福島」（Islands of the Blest）安居。城邦人將置紀念碑予以致意，功成身退，頤養天年。

走筆至此，柏拉圖的理想國之政治規劃，不愧是個典型的書生論政。他本人未嚐過執政的滋味，未知政治權力欲之誘惑力，罕有人能擋。一來在位者努力栽培接班人，既令圓滿實現了，他會輕易地下台到「福島」？戀棧權位，此種人欲是常情。以政治史的實情而論，改朝換代是不忍卒睹的血淚史。刀光劍影，滿門抄斬的畫面，是歷史的真情告白。支那儒家一再奉勸，士要安貧樂道，一旦為仕呢？簡直判若兩人。下臺是經過「革命」的。政棍太多，政治家少見。

二、《政治家》（*The Statesman, Politicus*）

(一) 政治家等於哲學家

真正的政治家就是道地的哲學家。哲學為萬學之學，因此，政治學若等於哲學，也就是眾學之根，更是萬學中最高無上的學門。政治「術」，不同於軍人統御術或律師之雄辯技巧。因為戰術來之於戰略，先有戰略（政策），也是全盤的作戰技劃，那是方向（aim），然後才思及戰術（tactics），戰術是技巧或方法（means）。律師也得依「法」而行。政治學位居二者之上，是「心甘情願由二足動物所生且歡喜甘願來經營」（the voluntary management of voluntary bipeds）的。「二足而無毛」（featherless biped）之一，就是「人」；歡喜作，甘願受，尊嚴度最高，也是最頂級智慧所下的最無上的決定。

(二) 智者才是治者

　　人數上的量，不是治國良窳的標準。真正的最好治國者，人數少，猶如金字塔的頂端。精英人數一向都稀少，以多取勝，不是良方。最好的治國團隊，隊員不必多，甚至只有一人也可。「哲學家皇帝」（philosopher-king）是單數，不是多數。因此可稱為寡人或獨夫。

(三) 治者依法執法

　　柏拉圖認為法可變，且因時因地因人而有不同的法。只要狀況有異，就不可藉習俗、傳統、成規、迷信，而堅持不修不改。陳腐不堪的舊法，猶如一名醫生若有新又好的藥方，卻固執地開給病人原有的處方，一般的荒謬。最高的法，或許來之於上帝，或天；但人已定的成文法，如「以牙還牙，以眼還眼」（an eye for an eye, a tooth for a tooth）是要堅持的，違者甚至可以處死。

　　治理政事者，人數由一，少數，到多數。好的政府有下述三種：

　　1. 一人治的王權政治（monarchy）最佳，即「國王」一人為最高的治者。他是國王，也是哲學家，此種政體，前已述及，是柏拉圖心中的最愛。

　　2. 少數人治，次之，素質較差。

　　3. 多數人治，又次之，素質最差。

　　不好的政府也有如下三種：

　　1. 一人治最壞，大家都得聽他的。他「一個人」代表了全體；一人壞了，全體當然壞。

　　2. 少數人治，其次：少數人，量多於1人。少數人中有人好有人壞，不必然全壞。

　　3. 多數人治，又其次：害最少。多數人中，壞人之量不必然最多。

　　因此，就「好政府」而言，民主政治最劣。就壞政府而言，民主政治最優。多數人治時，政府不可能做大好事，也不可能作大壞事，因為政治力的效率減弱了。多數人纏著政事，你一言我一句，卻句句不同調，無法團結一致，無

「眾志」也無「成城」。離心離德，因此即令有壞政，也不會壞到那裡去。

從效率而言，一人治，效率最高。好人在位時，好政立即出現；壞人上台時，壞政也立現眼前；若是眾人治時，則七嘴八舌，消耗不少時間；即令有結論，但也優缺點並陳，實踐力大打折扣。

柏拉圖未思及民主式的眾人治，透過民主式的教育，溝通協調，最後形成共識，也幾乎是一人治了；則一來保證此種治，壞政的可能性較少，好政的可能性提高，雖費時，但此種代價卻換來了摩擦與衝突的減少，且大家彼此心平氣和，溫馨氣氛濃厚。

4. 政棍（Politicians）也就是黨棍（Partisans），二者皆無知於大局，盲於整體的考慮，心中崇拜偶像，以蠡測海，坐井觀天，循一黨之私（部分而已）。黨（party），有「部分」（part）意。或只知仿或耍把戲，騙人才是他們的絕招。支那人無知於此，竟漢譯為「政客」，用字十分不當。

(三)《法律》（*The Laws*）

《法律》一書是柏拉圖晚年的作品，多多少少受親自體驗的影響，認為一部理想的國邦法，最好是由一位開明的政治家，碰到一位也是開明且仁慈胸懷的治者，後者憑在位優勢，將理想付諸實際。此處所言之個人經驗，一是作為雅典公民的他，對雅典的歷史並無好印象；他心目中的理想城邦，是農耕式的，而非貿易的商城，生產為主，而不仰賴舶來品。他甚至還以為「以海為伴，雖有樂趣之處，但卻染有鹽味」；商人滿街走，商店四佈，居民不老實，心常不穩定，導致城邦政府對外邦不友善也不忠誠，連對己民也不例外。此種觀察是否符合實情，有待考證。另一親身體驗的是到西拉庫斯（Syracuse）輔佐心中寄望的哲學家皇帝，但事與願違。

1. 理想的政體為全民著想，不為個人或黨派之利益而分心：賢與能是治者要件，與出生之人種、財富之有無，或性別無關。治者依法行政，法的位階最高，此種治者才能為眾民帶來福祉，且往善的方向邁進。治者該關心人民之心靈

改善，這才是爲政的首要職責。因之品德操守之提升，是爲政要務，金銀財寶無法與之相比。

2. 城邦或國之疆域不應太大，人口不要太多，總戶數5040戶即夠。戰時兵源足，和平時也可安居樂業；自給自足，稅收不虞匱乏，錢幣可在邦內四下流通，外幣則不准使用於本邦。人人有家有產，這是指人性中第三層的農工商階級而言，治者尤其最高的治者，則行《共和國》一書中所提的共產制。

3. 具體的討論官員之資格及職責：

(1)執法者共37人，年歲不得低於50，最高可達70。

(2)特別指出負責音樂及體育的官員，首先須是學教育的，年齡最少要50歲。

(3)組一婦女委員會，處理婦女婚後十年所發生的問題，婚後十年未有生子女者，該離婚。男人適婚年齡爲30-35歲，女人則爲16-20歲（或18歲）；不守夫婦之道者，理該譴責。男人在20-60歲時有服役義務，女人則在子女養育長大之後，50歲之前也得入伍。入仕爲官，男人不得低於30歲，女人則不得低於40歲。國家權力介入男婚女嫁事宜，在柏拉圖心目中，絕頂重要；因爲婚後男女雙方必須體認，有責任義務增產報國——爲國生下最佳的下一代。

有關年齡的說法，可惜未見柏氏提出理由。

4. 教育之重要性及教學方法之改善，從懷胎開始一直到年老告終，都得注意。嬰孩處在搖椅裡，可以使心靈安穩平靜，3-6歲的男女幼童，共玩於廟宇，由年長婦女照料之；6歲之後，男女分開接受教導，兩性教育機會平等，都在體育及音樂學校接受教育。城邦設立學校，聘請教師；課程除了音樂及體育外，另有算術及天文等。

5. 城邦天天行宗教儀式的祭典，拜神，重在德行之提升。操守不良者，受刑法的制裁；囚犯之心理感受，不可忽視。民法及刑法之寬嚴是有別的，前者是告訴乃論；城邦人民彼此之間的糾紛，屬私人事宜，可以私底下和解。刑法則

因破壞城邦社會秩序，政府有義務主動提起公訴，刑也重。無神論（atheism）及異端（heresy），理該受罰。凡主張萬有之動，源於物質或肉體界，而非本於心智界，則屬無神論者。柏拉圖深信，動必有源頭，皆本諸於「自動」（self-moving）；心或靈，就是「自動」的發動機，也是萬有宇宙之一切動源所在。至於「異端」，柏拉圖的定義是：凡主張神不操心（介意）人間事者皆屬之。他的剖析是：

(1) 神連小事也洞悉一切，人勿以為行小「惡」可躲過神的耳目。人要知道，「勿以惡小而為之」。神通廣大的神，是會連小惡也算帳的。

(2) 神不會貪懶，或大而化之而不計較細節：連技師都會注意細節了，難道神差於人嗎？

(3) 神（Providence）之旨意，不會「干擾」人世間之「法」。人之「法」，有可能是善未有善報，惡也未有惡報；但需知，「不是不報，只是時間未到」。終有善人出頭天，壞人惡貫滿盈之時。

(4) 最可惡的「異端」，是認為神收紅包，取賄賂；因之惡者反而受獎，善者反而苦難一生。柏拉圖認為，神不是像舵手一般的因飲酒過度而疏忽職責，導致全船蒙難；或如同賽車者被收買，而寧輸不贏；或如牧羊者甘願眼睜睜地看羊群被劫奪，而無動於衷，因內心中喜出望外，可與劫奪者分享贓品。這種行徑，是太褻瀆神明了。支那人及臺灣人祭拜時，要燒代表金錢的銀紙，不是直接表明向神送紅包嗎？這些舉動以及此等言論，柏拉圖都要求刑法的制裁。

(5) 屬道德上的異端，但還不十分冒犯或具攻擊性者，處於至少5年的囚刑，關在「懲戒室」（House of Correction）中；「夜間委員會」（Nocturnal Council）成員蒞臨，與之詳談其錯誤的理由，再犯者處以死刑。若異端者藉他人之迷信，「販賣」且從中取利，則懲以無期徒刑，因於最荒野之處，任其自生自滅，不予埋葬，其家人也受到城邦的監視。柏拉圖提醒執法者，在判定犯人屬對神不忠不敬者時，須考慮當事人到底是悉心

全力，還是從小就養成的一種輕浮氣所造成。

6. 有關奴隸及自由民之行爲，該書第十一及十二冊有如下的規定：

(1) 品德端莊的奴隸或自由民，在一個「秩序守法還算可以的都市或政府中」，竟然落到極端貧窮的地步，這是極爲嚴重的事。法令規定不許行乞，以求食爲業者送到外地，「本邦不該有此類的動物」。

(2) 訟案或與訟者擬從中牟利，或試圖使法庭作出不公不義之判決者，處以死刑。

(3) 挪用公款或公財者，死罪。若此種公民從小到大，都接受過城邦教育，則是無可救藥者了；若犯者是外邦人或奴隸，則法庭所處的刑責，該銘記的是該犯者或許還未至無可拯救的地步。

(4) 「夜間委員會」，在清晨前時召開；組成成員深悉，一中有多，多中有一。受過數學及天文訓練，品德操守是始終如一的，也知悉理性運作於萬有中。

(5) 爲避免混亂、新穎且不眠不休的改變，若未獲城邦允許，任何人皆不得出外旅行；獲准者年歲必過40歲，但軍隊演習或作戰時除外。旅外後回抵國門時，須教育年青人：「外邦之憲政不如我們」。不過，城邦也該派「觀察者」（spectators），仔細瞧瞧，是否有可攻錯的他山之石可以引介；觀察者年歲不得低於50歲，但也不得超過60歲，返國後必向夜間委員會呈報。外邦人擬入本邦者，也該過濾審核。純擬作生意者，不鼓勵他們與本邦居民混在一起；若由外邦政府遣派來本邦者，則以城邦之客予以禮遇之。

(6) 奴隸制度可以存在：奴隸是主人的資產，該資產也是可以讓渡的。當時雅典的習俗，認定若一女奴與一自由民結婚，其子女視同自由民。但柏拉圖卻認爲，如此婚生的子女，皆歸爲女奴之主人，不管該女奴是與自由民（freeman）結婚，還是與「解放後獲自由的男人」（freedman）結婚。媽媽若是奴隸，她是屬於主人的（自由民）的財產，她的子女也是

主人的財產，因此也必是奴隸。柏拉圖的主張，似乎比雅典時下的作風較爲嚴厲。他不喜雅典民主時代的奴隸，那種無大無小的言行。不過，他也反對以殘酷手段對付奴隸。

奴隸該罰則罰，不該視同自由民一般地訓誡或勸勉；不然，他們會趾高氣揚，自命不凡了。

對奴隸說話，要用命令式的，不管男奴或女奴，勿戲謔他們。

對待奴隸，千萬要小心翼翼，不只出之於照顧，更重要的是我們要有自尊心。正確的對待奴隸，是不可苛刻，或虐待他們。與他們有所接觸時，要儘可能的公正，比我們對待自由民更爲公正。一個人若是天生又眞正地敬重公正，也恨不公不義者，可以從他如何對待一位奴隸中得知。一般人之對待奴隸，是較不公義的。

柏拉圖坦然接受當時的奴隸制度，但不喜雅典人對待奴隸太鬆，也不認同斯巴達人對待奴隸太嚴。

此外，即令是奴隸，若能在法庭上提供訊息告訴法官，他的主人觸犯了法條，若因此而被主人殺了，則柏拉圖認爲該主人殺了奴隸，罪行形同殺了自由人一般。

「正義」（justice）的論題，在此有了深一層的哲學意涵。二十一世紀的今天，該議題仍極爲熱門。其中一種層次，是正義具有時間（史）內容；奴隸「早」就處於不公不平的地位，受自由民之歧視甚至虐待；爲平反此種不正義之舉，有必要主動地對奴隸伸出援手，甚至減少該得的罪刑，增加該得的獎賞，以彌補迄今爲止的缺失，如此才是「公平」意。若還秉持「一視同仁」，則失去了「正義」的歷史性意義了。試問奴隸過去所遭受的不平待遇，又向誰去追討？這也是美國最高法院作成「兩性平權」（Affirmative Action）的哲學立場，體現了兩千多年前柏拉圖的哲學先見。

至於主人對奴隸的用語，是「命令式」的，似乎在此又與「平權」論有點相左。

7. 戰爭：《法律》一書的第一冊，提出立法的首要考慮，就是戰爭。人與人，城與城，邦與邦，國與國，二者之間的衝突或戰爭難免。戰不只有內戰，也有外戰。禍起於蕭牆者多得不勝枚舉。立戰爭法是爲了引燃戰火呢，還是導向和平？戰爭的藉口很多，最自相矛盾的弔詭說詞，就是以戰止戰；即爲了和平，不惜一戰。和平人人愛，但和平是假面具，原形卻是戰爭，不少人熱愛且歌頌戰爭的價值。當國際間大國領袖頻頻厲聲呼籲「和平」兩字時，正表示戰火一觸即發的前兆。臺灣街頭運動時，鎮暴警察荷槍實彈且持警棍盾牌現身時，常聽抗議的群衆高喊「和平，和平」之際，卻見一幕手打腳踢，甚至頭破血流，以及催淚彈齊射的畫面，立現眼前。以戰能止戰嗎？一將功成萬骨枯。柏拉圖指出，戰爭的勝利者自殺者多，因爲深受良心的責罰。正本清源之道，是「教育」；「教育者從不會有自殺之事」。恨意滿腹的黷武主義者，柏拉圖是絕不寄予同情的。戰爭源於「無知」，教育才是帶來永世和平最好的方法。城邦或國家必須主動地、積極地、正面地負擔起邁向至福、及至善地步的責任，這是柏拉圖政治哲學的要旨。他的政治哲學，正以教育爲重點。政府是要有所作爲的。此種政治哲學觀，其後有學者大唱反調，如鼓吹「自由放任」（*laissez faire*）。

8. 美藝：爲國家及城邦的至高福祉著想，善位居首位，美及眞居次。詩人及戲劇小說家，雕刻家及美術家，若作品不能含有潛移默化的德育功能，則不必特別予以表揚讚美，能否「載道」是最重要的考慮；煽情又誘色，大多數人爲其所迷，卻是往下沉淪的表徵；習於市儈或利益取向的流風，正是俗見充斥而眞見受蒙的症侯，只顧現實而不慮理想了。

美本身（本尊）最美。美的分身，分受於美本尊，故有缺陷。眞正的床只一，即床本身。床本身最美，床匠依此理想的美，作出無數的床，就「美」而言，是較不美的，作畫亦然。問題是作畫或作床，分兩種層次，一是主觀上的仿，一是客觀上的仿；後者之最「眞」，莫如「照相」。照的相，一定不是相本身；但主觀的仿，則含有仿者的心思及想像（imagination）在內，不單只是照相式的再造（photographic reproduction）而已。美若帶來樂趣，也該著眼於心樂之

靈趣，而非身爽體悅而已。

小結　柏拉圖的影響

1. 柏拉圖以身作則，是哲人的最佳示範。一生奉獻於眞理，追求終久不變又穩固不移的絕對性知識，知行合一。取其師蘇格拉底爲榜樣，全憑眞理的指示，這是他沉思冥想作理論性探討的行徑。另一方面，他也對實務大費功夫，寄望將理想與實際打成一片，如此才算是獲得眞正幸福的人生目的。公德與私德，私事與公事，二者兼顧。抨擊機會主義者及膚淺者，尤其是政棍及學閥，更爲他所不齒。

2. 及門弟子亞里斯多德，雖不全然接受他的學說，卻對他的道德性及幸福說，佩服備至。「批評者的狗嘴是長不出象牙的」，又哪有資格對他說三道四。德行如此崇高者，邪惡者怎能與之相比？

最大的缺憾，莫過於這位頂尖哲學家的哲學思想，後人只能從他的《對話錄》中取材，而他在學苑講學所輯的較成系統之理論及較深的講義，卻無影無蹤。他的爲學精神，確實令人肅然起敬。

3. 柏拉圖去世後，學苑之講學氣氛發生變化；哲學「強人」已逝，獨斷式的（dogmatic）及魅力式的（charisma）已成過去，懷疑風漸起，折衷派勢力也萌出。但最突出的是柏拉圖的及門弟子亞里斯多德。希臘三哲之名，從此享譽環球，迄今不衰。

第四章

亞里斯多德（Aristotle, 384-322B.C）

第一節　生平與著作

　　三哲之中只有亞里斯多德不是雅典人。其父是馬其頓王（Macedonian King）之宮廷御醫，17歲抵文風頂盛大城雅典求學，成為柏拉圖學苑一分子（368B.C.），且與大師盤膝論學20年之久，直到柏拉圖去世（348B.C.）為止。時柏拉圖已近黃昏之年，在宗教情越濃之際，亞氏卻轉頭對經驗科學頗感興趣，師生雖對研究對象之口味有異，但二者之分道揚鑣並不明顯，尤其是當師還活在人世時為然。若師徒兩人見解是南轅北轍，水火不容，相信必不能常相左右；且在師辭世時，還如同支那孔丘門生之讚美其師一般。傳言他在學苑時，被視為如肉中刺，此傳言多半不實。亦師亦友的關係，頗為親密；且對柏拉圖禮敬有加。雖其後之步陽關道或走獨木橋較為明顯，但亞氏仍對形上學及宗教理論未敢或忘。

　　就學科而言，柏拉圖甲意於數學，因之對抽象、理論、絕對、不變等情有獨鍾；亞里斯多德則喜愛生物學，因之對經驗科學之生成變化，較為注意。就研究方法來說，柏拉圖以演繹（deductive）為優先，亞氏則有歸納（inductive）傾向。此種心態上的彼此有別，又加上柏拉圖去世後，學苑由柏拉圖之侄兒領軍，一山容不了二虎，亞氏寧為雞頭，不為牛後，乃另闢蹊徑；且娶名門閨秀為妻，岳父大權在握，又受亞氏哲學影響，雖受詐被捕，更忍受拷打凌遲，臨終卻也說：「告訴我的友人及伴侶，我未辱及哲學」。亞氏一悉，發表一詩詠唸不已。哲學尤其是道德，以勵志為主。亞氏可能默記他兩位先師的抱負，且以之教人。他的岳父言行如一，該在哲學史書中留下一筆。

一、三哲中唯有柏拉圖獨身未娶

　　公元前343年左右，亞氏年屆40歲，是支那孔子所言「不動心」之年，被馬其頓王腓力普（Philip）邀約去教導其子年約13歲的亞力山大（Alexander），使亞氏眼界大開。馬其頓王國勢力之大，以及他的門生亞力山大以後成為橫跨歐亞非

三洲版圖的大帝（Alexander the Great），絕非小國寡民式雅典城邦可以比擬。徒一旦登基（336B.C.），師即告「老」（年逾50）還故鄉；徒為報師恩，乃重建師之家園。但一來亞氏對童年時的雅典生活經驗仍惦記不忘，因之政治主張或憲政擬訂，仍存留城邦影子；二來他不贊成大帝把希臘人及「蠻邦人」一視同仁，加上327年時亞里斯多德推薦侄兒到宮廷服務，卻被疑有政變陰謀而被殺。從此，師生之關係形同陌路。三哲中只柏拉圖未婚，自無夫妻生活上的點滴記載，但亞氏與蘇格拉底都有妻子，卻也未有如他太老師一般的對太太的評述。

公元前335年左右，逾半百年歲的「老翁」赴雅典，自辦一校。校址在雅典城東北方，是希臘人普遍認為預言最為靈驗的阿波羅（Apollo）神殿附近的「逍遙地」（the Lyceum）。「學園」之名，遂與柏拉圖的「學苑」併立，互放學術光輝。「學園」之教學，採討論方式；師生或學友在迴廊下，邊談邊走；該處也是祭拜詩神（Muses）的所在。更具特色的是，該「校」擁有圖書館以及博物館，亞力山大大帝謝師恩的一種具體作為，就是下令他的部隊，趁東征西討及南征北伐之際，為其師搜集奇花異草，稀有動物，或化石，以供其師作經驗科學的研究素材。

大帝於323B.C.崩殂，享壽33歲而已。時雅典已亡於馬其頓鐵蹄之下多年。雅典人對亞里斯多德的反感情，日益高漲，不滿於他父親及他本人與馬其頓王朝之親密關係。在有感於迫害哲學家的日子又將降臨，亞氏不似他的太老師一般的坦然面對，他不讓俗見的後知後覺者，有機會再次肇禍於先知先覺者，乃逃至亡母的居所，但也沒享高齡，於322B.C.，60歲初頭謝世。

二、著作：亞氏一生的著作，與他的生平密不可分

一來他與大師柏拉圖是師徒關係；二來大師過世後，他「自創品牌」，「學園」（亞里斯多德）與「學苑」（柏拉圖）彼此呼應。著作格調也如同其師一般，一是專門授徒用的上課講義（lectures），有系統、有條理，把詳細說明

置於課堂講解上。故一般未親領教誨者，多半無法體會，遂給讀者枯燥乏味又艱澀無比的印象。更加上未有文學式的文字修飾，純以理說理。後人讀來甚覺痛苦。中世紀有同爲哲學家者，坦承唸了亞氏的「形上學」（*Metaphysics*）四十遍，而不知所云。哲學史上給有志於哲學者吃苦頭，亞氏搶了頭香。讀支那古書而「輒唯恐臥」的梁啓超，也可自我安慰了。

其次，在學園內逍遙講學論道，類似柏拉圖的對話性質的著作，可惜卻失傳。前者的著作，大半保留迄今；但後者卻只存斷簡殘篇，與正式授課所發的講義，風格大異其趣；不只舉具體實例多，且文字優美，修辭講究，大爲其後的大文豪西塞洛（Marcus T. Cicero, 106-43B.C.）所稱頌不已。

兩大哲的哲學作品皆分成兩種，一種是專爲行家所寫的，一種是爲眾生或入門新生作始階之用的。前者當然程度較深，且言簡意賅，不夾雜贅語，更常有「跳躍式」思考，如同邏輯之「省略式」（enthymeme）推理，反正上課時可充分闡釋，因之不必費辭予以詳述；後者則較口語化。由於歷史上的此種偶然，兩種不同性質的寫作格調，發生在兩大哲身上的恰好相反。柏拉圖留給後世的，是筆尖常帶情感的《對話錄》，但學苑的嚴謹講義卻失傳。亞里斯多德留下的著作，與此恰好相反，實在十足有趣。

就思想內容而言，兩大哲本是師徒關係，若彼此似圓鑿方柄，也就盡失師徒情誼了。哲學史上有此種事實，但不發生在兩大哲身上。其次，若亞里斯多德只是「傳」而已，而無「創」，則地位必不高，也不需在哲學史書上浪費筆墨。一般說來，早年的亞里斯多德，腦子裡仍以其師之理念或理型論爲基石；年齒日增之後，開始有己見，其中有不少批判性的論點指向其師而來。

亞氏的著作範圍，是上窮碧落下黃泉，無所不包，的確有「百科」架勢。與其師最大的不同點，是對經驗科學的研究上，不認爲感官界只是幻影，也不視之爲次等知識，甚至不具「知識」資格。其次，在「形」（Form）或「理」（Idea）的討論上，認爲形上與形下，不是絕然的二分，卻是連續不斷而無間隔的歷程。把柏拉圖認爲的最高「形」，當成是「實現性」（actualization）；而

把最底層之感官物，視爲「潛能性」（potentialities）。表面上看來，似乎兩大哲是對立的，其實卻互補。柏拉圖學說是一「論題」（thesis），亞里斯多德的主張與之有別，形成「反論題」（antithesis）；其後，「新柏拉圖主義」（Neo-Platonism）予以綜合之，但位階更高，形成「合」（synthesis）。中世紀的教父們稟持「合」的精神，雖尊稱亞氏爲「哲學大師」（the Philosopher），但並不完全與柏拉圖絕裂，或一刀切割，兩不相連；而仰仗柏拉圖者，仍與亞氏學說藕斷絲連。兩大哲的學說，都以形上著作爲金字塔的頂尖。德國戲劇大師歌德（Johann Wolfgang von Gothe, 1749-1832），對兩大哲的比較，有最傳神的說辭，認爲柏拉圖學說像方尖碑（obelisk），一飛衝天，高聳入雲，雲端甚爲渺然，人眼幾乎不可見；或猶如火舌飛速竄向太空，瞬間即離地在太空盤旋。亞里斯多德理論，則像基座既博又廣的金字塔（Pyramid）。二者有同有異，各放異彩，實是人類哲學史之盛事，也提供哲學界兩道享用不盡的哲學食品！

第二節　邏輯

在全球哲學的業績競賽場合裡，亞里斯多德這一高手出現，立即為希臘平填了許多積分，邏輯是他的拿手。作為哲學思考最不可或缺的「工具」之邏輯，亞氏用力最多，成就更非同小可，為歐美哲學界增光，也使歐美以外的哲學黯然失色。廣義的邏輯，在於分類、解析、批判、及推理，這是「知識」論（epistemology）所需的最不可或缺之心智官能。支那人卻尤重記憶，相形之下，確實識見太淺。使「人」異於禽獸的理性力，怎能把記憶安放在第一把交椅上呢？

一、哲學的分類：亞氏把哲學予以三分

(一) 理論性哲學（Theoretical Philosophy）

視知識為知識，知識研究本身就是知識，為知而知，這才最能讓學者心滿意足。知之外的利或益，只是其次，位階甚低。理論性的知識，學門如下，旨在尋覓「真」。

1. 物理學或自然哲學（Physics or Natural Philosophy），研究物及物之動。
2. 數學：探討不動、不分、不離的形、式、或理。
3. 形上學：無形的、抽象的、非感官或器物界的、超越於經驗之上的。

(二) 實用性哲學（Practical Philosophy）

以政治學（Political Science）為主，包括政策（Strategy）、經濟（Economics）、及修辭（Rhetoric）。目標放在「善」。

(三) 美藝詩詞哲學（Poetical Philosophy）

「美」是唯一指標。

二、分析性邏輯或「形式邏輯」（formal logic）

史上有名的亞氏邏輯之「形式」（form），就是「三段論式」（syllogism）。

凡人必死……大前提（major premise）（all men are mortal.）

蘇格拉底是人……小前提（minor premise）（Socrates is a man.）

蘇格拉底必死……結論（conclusion）（Socrates is mortal.）

邏輯探討「前提」與「結論」二者之間是否有「必然」的邏輯關聯，如有，則該「推論」是「有效的」（valid），即可以成立；否則，就是「無效的」（invalid）。

(一) 亞氏的三段論式共有三段

三段即「大前提」、「小前提」及「結論」；也共有三「詞」，即「大詞」（major term）、小詞（minor term）、及中詞（middle term）。

此處要謹記在心的是，三段論式的任何一段，都可在經驗界證實。蘇格拉底、人及死，都是經驗事實，不是憑空捏造。此種意境，與支那名家之言「火不熱」大為不同。「火不熱」，那純是因「名」，而非因「實」；超出經驗界之外的邏輯（Transcendental Logic），那是其後康德（Immanuel Kant, 1724-1804）的哲學見解，也正是支那名家的主張，究「名」而不及於「實」。蘇格拉底是人，蘇格拉底死，這都是不可否認的事實。至於「凡人必死」，英文是「all men are mortal」，mortal之意是「會死的」。人是有生命的，生命有始必有終，有生必有死；但證明「全部的人」（all men）都是會死的，在經驗界上是辦不到的。「全部的人」，理論上要包括過去的、現在的、及未來的人，此地的人，與彼地的人。但未來的人怎知「必死」呢？那就涉及字詞的定義了（definition）。「人」的定義頗多，其中一項事實，即是「會死的」。今後的人再如何長壽，也「必」難免一死。因之，有批評家認為，三段論式的結論，早已全在前提中，故

了無「新」意！只能增強舊知，無助於新知之發現。新知的發現是「歸納法」（inductive）的功勞。難怪亞氏的邏輯備受培根的指責，這是後事，屆時詳談。

(二) 範疇（categories）

邏輯用詞，既限於「實」而不究「名」，則宇宙萬有之「實」境，範疇領域（categories）共有十項。此種說法，也是亞氏頗為獨到的新鮮之見。

1. 本質（substance）：如馬或人……本有性（essential）

2. 量（quantities）：如三尺長

3. 質（qualities）：如白

4. 關係（relation）：如兩倍

5. 空間（space）：如市場

6. 時間（time）：如去年 ……偶有性（accidentals）

7. 位置（position）：如躺或臥

8. 狀態（state）：如帶武器，穿鞋

9. 動（act）：如割

10. 被動（acted）：如被割

「範疇」之「量」共十項，這並不十分確定：有時則言八項。萬有萬物本有「則」，經過人「心」或「靈」的運作，予以歸類，使之有則有序。上述之範疇，也可粗分為二，一是「本有性」（essential），一是偶有性（accidentals）。本有性即存在之「本質」，「偶有性」即存有之特殊狀態，如同「車禍」（accidents）一般，是偶有的、屬於經驗世界領域或形下界的。本有性則是形上界了。偶有性都由本有性所分出。本有性直如柏拉圖的「理」或「形」，是原本，偶有性則是抄本了。本有性的底蘊，人的知無法抵達，偶有性則可。本有性是共同的、一般的、普遍的，如「色」或「動物」等。偶有性則是個別的、特殊的、局部的，如色有白、有黃、有綠，人則有蘇格拉底、柏拉圖、亞里斯多德等。

本有性及偶有性之關係，二者密不可分，形上與形下兩不分離。如言天鵝這

種存有「物」之「本有性」，則必涉及天鵝的顏色；若言及顏色這「本有性」，則又「必」言及色之濃、疏、深、淺及延伸度（extension）。此外，天鵝不是單獨存在的。存有，一定與別的存有物有關。

對存有的認知下，「本有性的定義」（essential definition）是最上策，也是最眞實的定義（real definition）。主詞（subject）與「述詞」（predicate），完全等同。現在的邏輯符號就是 ↔，A ↔ A，A就是A。此種「知」，才屬眞知。

如：雲起自何處？答：雲起自起處。（雲必有起處，雲必起自起處）。此種「知」，是「套套言」（tautology），漢譯爲「同語反覆」，此種命題之眞假值是「必眞」。

其次，位階較低的是偶有性的定義（accidental definition），那也是描述性的定義（descriptive definition）。如蘇格拉底是什麼？答：蘇格拉底是雅典人，或取蘇格拉底的身高、體重、面貌、表情……予以定義。

新店溪發源於何處？答：新店溪發源於發源處（本質性的回答）；新店溪發源於坪林（偶有性的回答）。

一切河流都有起處，所有河流的起處皆不同，但「皆有起處」則同。其次，「眼看」水中筷子歪了，此種「見」是正常的，是「眞」的；但若因此「判斷」此筷子是歪的，則是判斷上缺了「折光」的科學知識了。

(三) 演繹法（deductive）與歸納法（inductive）

河起於何處？知「河」及知「處」，都屬於感官經驗界上的知；「先」悉知各河之起處，而「後」得知任一河的起處，這屬於歸納法所得的知；「先」知眾多河之起處，「後」歸納之，而成「河起自起處」。演繹法則「先」確定「河必起自起處」，後才確知到底某一河起於某處。但「盡」悉河之起處，理論上可作此種要求，實際上卻困難重重。因此，由歸納法所得的知，只具「概然性」（probability）而已，逼近於「眞」，但不完全等同於眞。演繹法的結論則保證可靠（有效），且絕無一誤。其中，數學演算式的推論，是最典型的演繹法。

　　亞氏一清二楚地提到，演繹法的前提，必須先證明爲眞；但若每個前提皆得先證明爲眞，則將使「證明」永無止境（*processus in infinitum*），結果導致一無所獲。但有些前提是「不證自明」（self-evident）的，那是最終、最後、最上的原則或原理，也是大家共認的「公設」（axioms）。這就是有名的邏輯推論所依據的「三律」：

1. 矛盾律（principle of contradiction）

　　A & –A，「必」假。此種「假」，不只是經驗界的假，且是邏輯上的假。經驗界之假只具「可能性」，邏輯上之假是「必然性」。如：

　　今天是星期二，「且」今天不是星期二。

　　上述「複合命題」（compound proposition），即敘述二個（或二個以上）事實的語句，由「今天是星期二」與「今天不是星期二」這兩個原子語句（atomic proposition）所組成。主詞與述詞之間的「聯詞」（connectives），是用「和」。因此，不管「今天是星期二」或「今天不是星期二」，在經驗上的眞假如何，卻可斬釘截鐵地斷定，「今天是星期二和今天不是星期二」，「必」假。

2. 同一律（principle of identity）

　　A是A，「必」眞。前A與後A完全等同，A ↔ A。當A爲T（眞）時，A ↔ A必眞；當A爲⊥（假）時，A ↔ A也必眞。

3. 排中律（principle of excluded middle）

　　當「是A或是B」時，若非A，則「一定」是B。

　　如「此案件不是A幹的，就是B幹的；現在證明不是A幹的，則必是B幹的」。邏輯是一種爲學工具，也是哲學的先修科。希臘諸賢早已在說理上下了不少工夫，但只有亞氏才把它整理成一部較具系統的思考方法，更明確的以《工具》（*Organon*）爲書名。亞氏的邏輯，大部分還用文字敘述；現代的邏輯，則

幾乎以符號代之。以符號代替文字，較少由文字而滋生的「話外意」，而干擾推論的有效性，演算起來更精準無誤。只是完全以符號來取代思考過程中所表現的文字或語言，二者之間的翻譯，確實大費周章。

第三節　形上學與形下學

　　亞里斯多德把萬有（being）分成兩世界，一屬形上而成形上學（metaphysics），一屬形下學（physics），即現稱爲物學或物理學（physics）。形體界是物，形體界之背後（meta），是無形體的。他與柏拉圖同，都認爲該層世界頗爲「實」在（real），反而形體界因變動不居，虛幻無窮。亞氏在形上學的著作，由於在描述該最實但常人卻無法領會的境界，導致中世紀名哲學家艾維斯納（Avicenna, 980-1037）都自承，唸了四十篇而不知所云，應驗了柏拉圖所說，衆人之見只是「常識」（opinion），而非眞知（knowledge）。柏、亞兩哲皆認爲，只有形上學才是「知識」，形下的物理學則不眞也不實。亞氏著作甚多，在寫了形下的物理學（physics）之後，才著手撰述形下之「後」的學門，因此名爲《後物理學》」（metaphysics），卻目之爲萬有的最高也是第一原則。形上與形下的兩本著作，得一起併看，不該孤離，才較能領會亞氏要旨。形上指的是抽象界，形下則指具體界；後者由感官的運作就可知，前者則需心靈的功能才可悉，身心二合一的知，才是「全知」。

　　形下是表面的，如生病；形上則是底層的，如因發熱才導致身體不舒服。但「因」有深淺，「追根究柢」，才是「釜底抽薪」的要務，而非「揚湯止沸」，只在滾燙的水上用力搖扇，不是減低溫度的好方法。不釜底抽薪，則事倍功不及半。一般人只顧及「利」及「功」，只看眼前，卻無遠慮。有花堪折就立即折，下棋能抽車就喜之不勝，卻不知大樂之後，死棋已臨。

　　思索萬有背後的因或原則，就是形上學的基本性質。形上學及形下學，構成爲亞氏的知識論。

一、知的性質及四因說

　　知起於疑（doubt），始於妙或奇（wonder）。人心總覺得萬有之「奇」無窮，如無解，則人生也了無意義。若能知悉其中之奧祕，則不亦快哉！此種知，

純只在於滿足求知欲。人之心抵達此層，人的尊嚴就擁有了。此時，人自認才算是個人；不爲其他目的所束，是個自由人，也是最優雅自在的（liberal, free），是解放的（liberated）。具此種身分者，已有了「智慧」（wisdom），才夠資格稱爲「哲學家」（philosopher）。

此種知是普遍的、永恆的、絕對的，也是獨斷式的，是頂級的，更是「至學」的所在；與感官形下物，距離最爲遙遠。最堅實也最硬，困難度也非同小可。

但此種最抽象的知，卻可由最簡、最易、最具體的形下界之「物」得出。形下「物」世界的探討所成的《物理學》，指示萬有共有四「因」：

1. 本因：the substance or essence of a thing
2. 質因：the matter or subject
3. 動因：the source of motion or the efficient cause
4. 終因：the final cause or good

亞氏還把四因套在他之前的哲學家之學說。四因說囊括了所有哲學見解。以「質」料的水、火、土、氣，或四合一，來闡釋萬有的本源（質因）；以愛、恨或心，作爲萬有之合或分之因（動因）。柏拉圖提到「形」（Form）或「理」（Idea），則已含了上述四因之1及4，既是本因（始因）也是終因；終因也是以「善」來總括萬有。

以柏拉圖所舉的「床」爲例，床的「本」是什麼（本因），床由什麼所作成（質因），誰作了床（動因），床之目的何在（終因）。

但四因皆有高下的階梯，如同金字塔由下疊起，最高的就是第一因（First Cause）。第一因也是自因（*cause qua cause*），這就是研究形上學的份內任務。上述十大範疇的第一範疇（本質）（substance），就是形上學的對象；形下學（物理學）才把其餘九種範疇列爲研究內容。換句話說，形上學研究本有的，形下學則探討偶有的。

二、形上對形下的關係

亞里斯多德在此的主張，就與他的老師之說法，有了出入。柏拉圖以形或理為最終、最高、最絕，與形下之器或形體物，二者之關係，用「分受」（participation）或「仿」（imitation）敘述之。既然形上與形下兩分離，則形下如何抵形上，形上又如何支配形下，柏拉圖認為那是「突變」，中間是斷的；亞氏則認為「漸變」，無中也無間。柏拉圖認為二者是1或0。亞氏則說，那是介於1與0之間，中間是連續的。點之所以成線，點與線之性質不同，這是柏氏說法。亞氏則認為，點與線之間難以區分，二者有時視之為點，有時則可視之如線；常人之眼睛以為是點的，在放大鏡之下，又哪是點呢！延積（extension）成線或圓了。

(一)第三人辯（the third man argument）問題

形上的及理想的人（Ideal Man），與形下的蘇格拉底（Socrates），若依仿或分受而來，則必有個第三人作為範本。形上與形下必有共同成分。蘇格拉底在經驗（形下）世界是真有其人，他是萬民之表率，是最理想的人。他與形上理想的人，都「仿自」或「分受」於「第三人」；這個「第三人」，為形上的理想人與形下的蘇格拉底所「共」。形上的理或形，必然屬最高級，否則就含有偶有性了，即欠缺理或形，形下更不用說了。二者皆仿自第三人，但第三人也相較性地較合乎或較欠缺人的理或形。依此類推，至無止境。由知可知，有「第三人辯」，也必有「第四人辯」。

(二)形上學才是真正的「學」，形下學則否。

形上學探討「共相」（universal），最為實在。「共相」不只主觀的存在於人之心中，且也具體最真實的存在於個別的物（形下）。把各個個別的物，「理」出其共相來，這才是學術研究的旨趣。「殊相」不能成為「學」，共相才夠資格。若「學」只針對個別物，則毫無價值可言，卻必須將個別的物，「理」出與其他個別物之相關性，以之獲得「共相」，使形下與形上建立密切關係。金

礦家不在於找一個別的金礦，卻要在個別的金礦中，找出該一金礦的金與其他金礦的金之殊與共；又將殊或共理出通則，如此才有爲「學」的意義，否則不是雜亂無章嗎？在這方面，蘇格拉底開了先河，他要求「定義」。定義即通則，是一種名，且是共名。名在「共」上存有，名才最實，因爲名永不消失，個別物則或存或亡。定義必也是共相，適用於一切。亞氏由此肯定地說：「名與實，共與殊，形上與形下，不分。」柏拉圖卻認爲二者是疏離，亞氏則看出二者之親密關係，你儂我儂；知識當然指的是共相的知識，否則就是瑣碎了。床本身、床的理，或形，共相的床……這些都是心的主觀概念（形上）。心的主觀概念之床，提供給個別的床（形下）去「仿」，有了床的形式，因之可納入床的「類」中。形下的床，也是殊相的床，會消失或存在；但共相的床，卻永在。

　　只有透過形下床的「知」，才能有形上床的「知」，在先後的「知」上，形下的「知」先於形上的知，這是亞氏堅持的，他的老師則異於是。這是二大哲在知識論上的最大差異。但若只有或停止在形下的知，則頂多是柏拉圖所言的「意見」而已，不符合「知」的定義，也不是「學」的意義所在。以形下作爲形上的「說明」或「敘述」，對形上之領會將更爲紮實。形上的共相，是「名」；形下的殊相，是「實」。前者是定義，後者則是對定義的描繪（如：舉個「實」例說明）。此外，柏拉圖堅信形上（理、形）「先存」（preexistent），亞氏則不以爲然，反而認爲形下的經驗界，才是知的起源。

　　形上屬於定義，且是共相式的定義（universal definition）；形下則在描述（description）特殊的現象。若一共相的定義，無法窮盡的包括所有的殊相，則只好歸類在另一名之下。如「理性的動物」無法將牛、馬等含在其中時，則只好將牛馬等，「名」之爲「非理性的動物」。當眞有外星人抵地球時，則地球人就針對外星人的「描述」，另予以歸類。

(三)形上是實現性（Actualities），形下則具潛能性（potentialities）

　　1. 橡樹的種子屬形下，具有長成橡樹的潛能。長大成橡樹，則是形上的展

現，實現了橡樹之所以爲橡樹的定義。二者之間的過程，有連續性的漸變，也有突變。種子萌芽，這是突變；芽越長越高，這是漸變；若結果開花，則又是一種突變。潛能性限制了實現性。偶發性或意外性，則限制、阻礙或助長二者之間的關係。偶發性如水分、土壤、濕度、陽光、肥料、外物的侵襲等，造成形上與形下之間各種千變萬化的殊相。

潛能性即本性，本性所潛藏的一切可能性，皆含在其中。但在往實現性的過程中，遭遇許多偶發性的因素，導致潛能性（本性）無法完全與實現性百分百吻合。亞氏以此來說明柏拉圖的原本及抄本說法，二者之間除了本性的「料」（matter）與實現性的「形」（form）外，另有「權宜」（exigency）或「欠缺」（privation）性。以橡樹爲例，因生長環境關係，它的樹形必是獨一無二的，由於因地制宜（權宜），故本有的料就無法充分發展，這就是欠缺。名爲「人」，柏拉圖或蘇格拉底在本質的「科」上皆同；兩人之所以有異，不在本質的料（潛能性），而在「形」上有分殊。可知柏、亞兩氏對「形」的定義上有分歧，且完全相反。

亞氏又舉一例，一位有潛力造屋者，不能因他現在或在何處（時空）上未建屋（欠缺造屋條件），而說他無能力建屋。一個人入睡或昏昏沉沉時，是無「思」的；但作爲人，就有思的潛能性；如果作爲石頭，則未實際上有思，潛能上也不能思。

2. 至於潛能性與實現性的「先後」問論，猶如雞與蛋何者「先」一樣的麻煩。就時間順序（temporally）而言，實現性是「終」，潛能性是「始」；就邏輯上（logically）來說，也是如此。不過，如果實踐性代表的是眞正確實的實踐性（actual actuality），則已臻最完善、最圓滿、最頂級的地步，潛能性據此爲準，則實現性就先於潛能性了。亞氏舉例：人「先」是小孩，「後」是成人；但眞正的成人，卻是回歸小孩的榜樣；也就是柏拉圖所說的，範本先於抄本。眞正確實的實踐性，就是其後基督教哲學所特別注重的「上帝」觀念，上帝才是一切萬有之「始」，但卻也是一切萬有之「終」。

以潛能性及實踐性來辯解「變」，先哲（如Parmenides）早堅信，變是不可能的。因為，火不能變為氣，氣就是氣，不是火。亞氏則回以：確實火就是火，不是氣；但火之可以成為氣，乃因火非完全是火，而是火中有氣的潛能。氣是火的一種「實現」。火的本質中，若因偶有性因素而被剝奪了它作為火的潛能，「火」就有些「欠缺」，氣就產生了。換句話說，火有十足的火，也有不十足的火（有所欠缺的火）；後者之中潛存有「氣」。火之成為氣，依潛能性及實現性予以解之。但潛能性在「限制」實現性時，實現性頂多只能把潛能性實現到極致之處，大部分的實現性比起潛能性來，都有「欠缺」（privation），而不能有所加（addition）。一塊石頭裂開了，已與原先完整的石頭，在潛能性及實現性上有別。裂開的石頭可作許多用途，造屋、築牆、建橋、雕刻等；石的潛能可表現在實現性上。

三、終因，目的因

形上學探討最終、最初、最後等項目。亞氏認為，形下的萬有，都事出有因；而因之前還有因，所以必有個最後也是最終因。四因中，只有此因未為前哲所探討。他對此特費口舌，且自認是他的先見。草生，羊就有食物可吃，這是外（external）因；或如蘋果樹使人可品嚐甜美果實。但草及果樹本身，也該有「內」（internal）或「自」（immanent）因。外因是附屬的；內因是本有的，展現其特有的「形」（form）。所以「形」因，也是「終」因（formal cause＝final cause）。馬把馬該有的「形」（潛能的），充分開展出來，必彰顯出馬的獨特性，非馬絕無此特性。個別的馬（偶有的），不必然全有此種具真正馬形的馬；個別的馬，奮力使自己「最像」馬。依此，則動力因（efficient），形因（形式因）（formal cause），及最後（目的）因（final cause），三者等同，卻都源於質料因（material cause），即馬這種「料」（質料）。亞氏甚至把四因化簡為二，即「形」因（formal cause）及「料」因（material cause）。換句

話說，也就是潛能性（料）及實現性（形）二者。

　　宇宙萬有，不是純自然的存在，卻是有意、有旨、有趣的，是有目的的。表面上看，似是機械式的（mechanical），是徒勞的（in vain），或累贅多餘的（superfluous），四因都匯集於終因。終因是核心，是樞紐，其他三因都朝向終因而運轉、而動、而變、而成、而化。此種「動」，都向終因而「動」。最後的動因本身，也是終因，這才叫做「第一動者」（First Mover）。此種「動」，未嘗靜止，是恆動的，未有時間性。恆動及恆靜，二者皆無「時間」上的指涉。既恆動，使靜生動，或使動止動，都需動。此種說法，與其後基督教神家所言之上帝就不同了，也因之造成有段長時間，亞氏學說在這方面不見容於教會。上帝是「無中生有」的創者，上帝創了宇宙萬有，包括時間及動。上帝之前無時間、無動；上帝之前也無萬有。亞氏的終因觀念若說是上帝，他的上帝先是從中生有，動中生動；把無方向、無目的、無意義動的動，都變爲有目的動，這才是眞正的終因。

　　其他三因都「朝」終因而動，此一動者是第一動者（First Mover），是自動而非被動。一推動之後，萬有就不只恆動，且朝向最終極、最完美方向而動。因之這終因是最純的形，也是最完美的實現性（actuality），此刻，本身無潛能性（potentiality）了。亞氏說過，自然與上帝都不會徒勞無功，任何作爲都指向著善，且是至善，這才是終因。

　　任何人觀天看地，視海見山，都會覺得大自然眞美；大地大天，都是神的傑作。有美則有較美，因之必有最美。

　　美有階梯有層次（hierarchy）。較差，在形下界有；最美，則屬形上，那是神境。絕對的美，「分受」一些美給次美，依次類推。

四、形下的自然哲學（Philosophy of Nature）

(一) 自然的性質 —— 動

在《物理學》（*Physics*）一書中，亞氏明示：自然（Nature）是指會變動者。人造的成品，如床，本身不能自動；床不能生床。床之所以成為床，必有外因外力。其實，主動或被動，都是相對的。如深鍋底被破了個洞，則鍋內水自然就往下滴；看似水自流，其實，水之下流，也是被動的。其次，動物找東西吃，若物不能引發動物之食欲，則動物也不會有吃的動作。

動的分類有三：因動而生變，變有三種變：

1. 質變：（qualitative movement, change）：由好變壞，由壞變好

2. 量變：（quantitative movement, change）：由少變多，由多變少

3. 空間變：（local movement, change）：因地點變，因時間變，空間是動的限制。船在湍急的水流中航行，船本身的位置（空）及時間都變，但河本身不變。若無變，則無「時間」觀念。時間與變，都是連續性的（*a continuum*），而非「點」的累積（discrete points）。

此外，永動或不動，都與時間無涉。

(二) 物之動，都是有旨趣的

目的觀（teleological view of nature）是亞氏的主張，而非機械式的（mechanical）。即令物中出現怪物（monsters），也不影響此觀點；一來怪物少之又少，二來即令有怪物出現，也可因之作為陪襯，可突顯非怪物之可貴。物的目的觀，使亞氏認為，萬有的形下界與形上界有階梯、有層次，秩序井然。大自然是有則的，最底層是無生物體、無機的，即礦物；其次是有機體，即生物；生物先是植物，後是動物。有機物都有靈（soul）在，表示生與活；靈或魂是生命體的主要因素。

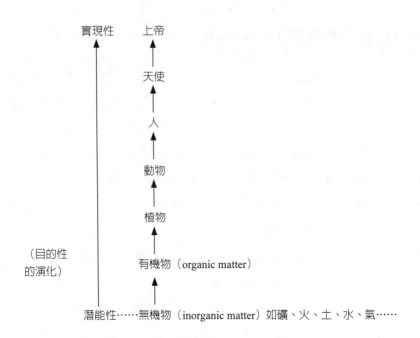

1. 植物的靈（soul）有三，表現在感官知覺（sense perception）、欲（desire）及空間的動（local motion）上；如含羞草、光合作用、向陽性等。

2. 動物的靈，更擴大了植物的靈：在空間的動上，非植物之動可比，且又加上了想像（imagination）、記憶（memory）、判斷（judgment）、辨別（differentiation）。

3. 人之靈，追求知及智，包括實用性及理論性的，不只把知當工具，且把知當目的。

五、心理學

由心靈論而引出的心理學（psychology），亞氏與柏拉圖說法相同，但有不同的敘述方式。柏拉圖的人性三分說，亞氏則提出人性四分說。人有礦物性、植物性、動物性及人性，四者兼而有之。在身心方面，柏拉圖持二元論，身與心分

家，身朽心不朽。亞氏則視身不但不是心之墳墓，且身心合一，對心非但無害反而有益；因為只有如此，心才能仗身而發揮心的官能。身無心，不算活；心無身，等於死亡。身不是只具心的「附隨地位」（epiphenomenalistic position），可有也可無；相反的，身是心所以存在的「必要條件」（necessary condition），無身必無心。

第四節　道德哲學

　　亞氏的道德哲學，本諸雅典聖殿德爾菲神諭（Delphi Oracle）中之第二句，「nothing too much」──不多也不少，即恰恰好；持中（mean）是行為的「金律」（Golden Mean）。「中」之名，因此名傳千古。神諭首句是「Know Thyself（Yourself）」，「知爾自己」，也就是「認同」（identity），那是蘇格拉底及柏拉圖一生的哲學奮鬥目標。亞氏的道德學說，秉持他哲學的目的論（teleology）的一貫之道，行為是有目的、有旨趣的，不是任性的、隨便的，都朝向「善」前進。最後與支那古人所稱的「止於至善」同其口吻。

一、行德先於知德

　　知與行中，行之重要性位居第一；而行，當然要「善行」，也是「義行」，或「該行」，反之即無行，也是敗行。一切技藝及任何思辨探究，萬有行為及選擇，都指向著某些善，善是一切之歸趨。

　　善猶如共相，但共中有殊；因之也滋生由殊德而有的殊行（如技藝或學門）。醫生之醫技，目的是健康；行船人旨在航行安全，作生意目的在賺取財富，這些殊異的目的，是有高下位階的。某些藥物導致病人入睡，這是立即性的目的，但須導向最後病人之健康，才是「該」的行為；給戰馬裝勒加韁，此種技藝，若非能使戰馬在出師時發揮更大的作戰力，則屬「不該」。該有最高層的該，就是該本身；善有最頂級的善，即善本身。亞氏的道德哲學，就是在這善本身上著力。

　　研究此種善的學門，亞氏稱為政治學或社會學。個人與群體的善皆同，但群善或眾善，大於個人的小善，也比較高貴，這呼應了其師的主張。理想的國邦，重要性大於理想的個人；群性凌駕於個性之上。倫理學（ethics）是政治學或社會學中的一支。此處，他與其師相異的是，先從個人之善下手，以小（個人）視大（國）；柏拉圖則以大視小。

(一)「善」的定義

研究善，無法如數學演算一般有個精確的答案。數學可從通則即公設或公理始，然後得一結論；倫理學則須從結論始。換句話說，數學可用演繹法，倫理學則要行使歸納法，從個人的道德判斷開始，然後與他人之道德判斷比較一番之後，才得通則。亞氏的倫理學，所談的幾乎是人人所經驗的。「善」占「價值」領域中的重要部分。與數學不同，數學說一就是一；倫理學的一，或是至善，是如同尼采（Friedrich Nietzsche）所說的，要「重新估定一切價值」（revaluation of all values）；且此歷程，永無止境。

希臘人的「福」（happiness），是人生最高旨趣，亞氏從之；以福來釋善，比較具體。但「福」之定義，人言言殊。有人以「樂」（pleasure）、「富」（wealth）、「譽」（honour）代之，支那人又加上「祿」、「壽」兩字。此外，個人境遇有異，對善的理解也分殊，如病人以健康才是福。在三餐不繼時，則認為財才能致福。有德者才能享福嗎？亞氏很平實地回說「不」，因為德行端莊者，逢厄運遭殘害者多，災難頻頻，反而不公不義者享長壽、樂滿懷，還受他人禮遇甚至敬畏。

定義善，必先從善行始。只有人才是萬行善惡的尺度，可見善惡純是人所專有，非其他動物、植物，甚至礦物的地盤。人與非人的「殊」性何在，即理性。依理性而行的人之行為，分成兩類：一是知識上的知德（intellectual virtue），一是行為上的行德（moral virtue）；知德與行德合一者，才是真正幸福者，也是真正的「善」。換句話說，有力行德者，才能得福。因之，享福者必有不少身外好處（external goods）。他反對刻苦窒慾的苦行派（Cynicisms）。德一定要訴諸於行，那是福的「本因」（essential elements），也是「必不可少的要件」（indispensable conditions）。若無本事濟弱扶傾，光只說說，這種人怎夠資格享福？知「濟弱扶傾」是美德一椿，這是德也是福不可或缺之「基本要素」（essential elements）。但這種人也要有足夠的錢財，才符合德及福的要件。知德屬

形上，行德則形下了。

(二)由行德中知德

亞氏認為人之具有德性或「德品」（goodness of character），是在行中看出真章，且只有有德者才能有德行，此種說法，似乎二者在繞圓圈。先把德行變成習慣，不必先經過德之知，卻先就本然式也本能式的在行德。孩子聽父母言，不可說謊；孩子先不必要領會，誠實是否具有什麼內在的善，卻堅持反正不可說謊才是正道，把說眞話或不要騙人，立即實踐，馬上去行，不猶豫、不遲疑地養成習慣，這是孩童期的教育方式。不必對幼童說出什麼德方面的大道理，俟孩子漸漸長大成人，自然就體會到誠實本身就是美德，是該行也應行的。亞氏此種說法，其後的康德十分贊同。康德把道德教育分成三階段，童年時養成德行，習慣於德行；青少年期（中學階段），取史上不少德行典範故事增強之；成年期（大學階段）則以「理」來論斷或評論道德學說。

二、持「中」（mean）之德

在行為上趨於兩極端者，偏離德最多。「過」（Excess）與「不及」（Deficiency），皆不妥也不該，不是善（Goodness）本身。

善的性質，是有點「比例性的」、或排序性的（proportion or order）。比例及序，恰好在「中」，這是最高的善；往「過」或「不及」的比例尺或序上移動，則離「善」而往「惡」了。「中」猶如天秤之平衡一般，極為不穩，因之，要經常能持中，實屬不易。支那的孔子以「仁」為至德，能三月不違仁，就是大聖的品德操守了。

(一)過與不及，都是平面位階的或橫貫面的（horizontal）

有時可以量計，如飲食之「德」，是吃到「恰恰」好就是最「善」；太飽或太餓，就是「過」與「不及」。亞氏認為具品行上的美德（moral virtue）者，

是在兩極端中作明智的抉擇，有利於身心之發展（個人），也對全民之福祉（群體）有益。

德在兩極端之間要持中，不偏不倚，就不只是常人所見的量上之中而已，且是質上的中，位階較高，是縱貫面的（vertical）。除了量的面向（ontological dimension）之外，還須在質的面向（axiological dimension）上下功夫。

1. 「中」不單是以算術爲基準：吾人總不能說，在考試成績的分數上，100分是過，而0分是不及；過與不及既皆不好也不該，則中是50，似乎鐵板一塊地不能變更。純依數學的量來計算而作此考慮者，絕非明智者，也不是持「中」該有的定義，反而是庸者的作爲了。「平庸」兩字所言，在此更見顯明。

2. 德是有個別差異性的，這就涉及到德的「質」了，誠如上例，一生考多少分才是他的「才質」上恰到好處之處。就個別學生而言，一生之考0分、50分或100分，只能就該個別學生予以考慮。一個「該」考100分者眞的考了100分，這是該生在這方面的作爲（品德）上的最佳表現，也是最該有的表現。若該生「該」考50分，實際上也只考50分，這也是他最該得的分，則他也最堪表揚；考0分者亦然。但不需擔心，考0分的考生，或許在別的行爲「面向」上，「該」考100，也實考100，則不也是最「善」嗎？

3. 德行的持「中」說，個別差異以及多元性極爲明顯：常人吃兩碗飯就足夠飽了。兩碗飯對一般人而言，如果是恰恰好的話，對大力士卻是不足；但對食慾不振者，則是太過。蘇格拉底甘願接受法庭的判決，飲一杯毒鳩（hemlock）自盡；亞氏則決定逃亡，二者皆各自認爲作了「明智的決定」（intelligent decision）。亞氏舉的例是：食物兩碗太少，十碗太多，六碗才是中嗎？不，健身教練吃六碗太少，初學者則太多。

4. 以亞氏之子爲倫理學書名（*Nicomachean Ethics*），旨在期望其子也能在行爲中「持中」。吝嗇（illiberality）與奢侈（prodigality），在金錢的花費上是兩極，前者爲不及，後者爲過；秉慷慨（liberality）之德——該花的就花，不該花的就省下來。勇敢（courage）介於魯莽（rashness）及懦弱（cowardice）之

間，「恰恰好」（exactly）才是「中」（mean）。依此而言，一生就其眞正實力或本事，考上80分者，就是他該得的分，竟然考了100分，這是超乎他實力之外，也是意外，不是好現象；就如一個健康的常人，一頓吃兩碗飯才是「恰恰好」，竟然吃了5碗，這一種不尋常的現象，是不健康的表示，是變態的（abnormal）一般。至於一生「恰恰好」的得分究竟是多少分，這就有勞「智慧」的判定了。

5. 量變引發質變：過與不及都是「惡」（vice），善介於其中，積兩惡怎能成一善或德（virtue）呢？別忘了這不是量的問題，而是質。離善則趨惡。吃兩口是恰恰好，吃三口或只吃一口就與善較遠了。

(二)道德行爲的善惡獎懲或後果責任，自由意志是關鍵

自由意志之欠缺，有兩因：一是外力逼迫，二是無知；無知爲內因，逼迫爲外因。

1. 被逼：行爲之善惡，不只是基於理性，且情性力不可輕侮。受外力壓迫，心生恐懼；但在自願（voluntarily）之下，力大無窮，雖死也不退縮。

2. 無知：憤怒或醉酒時，「知」已少，「行」就失常；但憤怒或醉酒之後深表歉疚者，即表示當事人在憤怒及醉酒之際，非基於自由意志，因之可以寬諒。無知若有因，因除則無知即成有知。但無知之「源」若可清除或避免，當事者竟然不清除也不避免，且次數多，則也該負行爲的後果責任。

蘇格拉底及柏拉圖之強調知，以之作爲德之基。因知之不足而生之惡德，其例甚夥。若「知」在盛怒之下，極可能作出過與不及之惡行，則必極力養成習慣以防止盛怒或醉酒之事發生，這也是一種極富善德的修行。

3. 知善必行善，這種蘇格拉底的主張，是純依「理」者的作爲。亞氏修正此觀點，認爲人常依情來斷事，也把「意」（will）高抬於理之上。明知不該，卻偏偏去行，這在「眞知」的狀況下都難免發生，更何況對「眞知」有疑時！此外，知善者有必行善的義務（duty, obligation）嗎？如同康德所言，知善者必下

達「無上命令」（imperative category），保證必行善，但亞氏是持保留態度的。知善與行善，不盡然可劃上等號，之所以打許多折扣，乃因人除了理之外，情、意、欲，都在作祟，且其力足以撼動理之主宰地位。人依情、意、理行事，三合一者絕少，且理之力道，不是意或情之對手。知善必有行善的義務，此種負擔太過沉重。義務感除源於理之外，意及情之因素也大，三者之組合排列太多，不能孤立來看。

4. 善因與善果之關係：善何自起，起於知；一知善，即生行善的動機（motivation），也是「前提」（antecedent）；由「理、意、欲」而訴諸於行，期望獲善果，這是「後效」（consequent）。

以目的論起家的亞氏，在知與行的銜接上，是有程序的：手段（means）與目的（aims），二者之關係若隱若現。以「福」作為人生旨趣而言，獲致此項最高目的的方法有多種。例示如下，即由抽象的形上，下抵具體的形下。如：

福──健康──散步

目的與手段之「必然」邏輯關聯，上述三者或許極為脆弱。

德行之要件有二，一是本諸自由意志（voluntary），一是自我抉擇（choice）。既言「自由」又及「意志」，則「理」的成分就降低了不少。而抉擇時，理也多半降為次等角色。為善如登，為惡如崩。人性的脆弱，極為明顯，毅力（意力）十足來挺理者不多見，自願又自擇要散步以強身者有之，但因之必能保身體健康，又因之必能得福，則都是大有疑問的。勿以為可能性就是必然性。道德論之變數多，這是常識之見解，不必贅言；因人而異，極為明顯。因與果、獎與懲，二者不必然是對稱性或相等性。亞氏知悉當時希臘風尚是有「大人物」（greatsouled）及「自尊者」（self-respecting man）造福於眾人；但羞於收取感恩禮，或置己於卑下之列，反而常大方饋贈於親友，但願（意欲）自己是貸方，他人則都是欠債者。還描述施恩但不圖報者走路緩緩的、說話低沉的、聲音平靜的，這才富有美的品味。他是指誰，蘇格拉底吧！

5. 德以「意」為基，非由「理」：亞氏舉的德，因情意（feeling）所生：

情而生怕、樂、怒、羞等。

(1) 就苦樂之情而言，給錢或收錢，大方（Magnificence）是善，小器（Meanness，不足）及揮霍（Vulgarity，過）都屬惡。

(2) 社交中的言行，自吹自擂的吹法螺（吹牛皮）（buffoonery）是「過」，拘謹呆板（boorishness）則是「不足」，詼諧（wittiness）才是「中」。

(3) 羞恥（shame）而生的行爲（action），過是無地自容（bashfulnes），不及則是臉皮太厚（shamelessness），謙虛（modesty）才是中。

(4) 因他人之運而生的苦樂，嫉妒（envy）是過，怨恨（malevolence）是不及，憤慨（righteous indignation）才是中。

(5) 因怕而生之行爲，懦弱（cowardice）是過（怕得太厲害），魯莽（rashness）是不足。英勇（courage）才是中。

三、義（Justice）

亞氏認爲義有二，一是合法的（lawful），一是公正（fair）且平等的（equal）。

(一) 義是「中」

「過」是對待他人不公不義，不及是受別人不公不義的對待。亞氏之此種解釋，是延續他的道德金律（Golden Mean）而來。

義（justice）是什麼，也就是有「義」行（just）。蘇格拉底在對話中，如對話者提出有義行的人，則他就要請教，什麼叫做義；因對話者提及「義行的人」，則必知「義」是什麼？但亞氏則只說，提及義行的人，不必然知悉「義」是什麼？「義」是共相，「義行」則是殊相；justice是共相，just則是殊相；前者是名詞，後者是形容詞。justice這名詞的形容詞，有許多，其中之一就是just（公正）、fair（公平）、equal（平等）等。

justice——共相

just, fair, equal——殊相

商人在販賣東西時，給客人該給的貨，也收取該得的錢款，這叫做義。若他給的，比該給的多或少；或他收的，比該收的多或少，都非「義」（正當）。至於該給多少，該收多少，若法有明文規定，守法即可。其次，若商人給多收少，則並非惡行，反而是善舉。亞氏不也說雅典有「大人物」（great souled man）嗎？施捨也是美德之一。「大人物」是該給多收少的。

(二) 樂、苦與義之關係

1. 樂不是壞事，也非惡，但卻也不盡然是善；因為樂乃因行為不受阻而生的自然伴隨現象，不是行為本身。只有行為本身到底要幹什麼，這才有善惡可言；伴隨行為的自然現象，都與善惡無涉，某些行為一旦行了之時或之後，也不一定有樂苦相隨。其次，樂並不全然都常給行樂者有光榮感，或有一股衝動或欲望，擬繼續享受該樂；相反的，有些樂是羞於見人的。當然，不是全部的樂皆屬此類。亞氏說，羞於見人之樂，不是真正的樂，猶如弱眼看不清顏色一般，以為無白色在，其實卻有白色。他的此種觀察，說服力並不怎麼強。閨房內私自享受的樂趣，不是不亦快哉嗎？卻不便也不宜於言宣。

較具說服力的是他認為樂本身，是人人所欲求的，但要合乎「義」；更具說服力的是，樂本身可與行為切開。

2. 樂與苦，不能以過與不及來解之：人之自然狀態處於「盈」（replenishment）時，樂（pleasure）即來；「虧」（falling-short或exhaustion）時，則苦（pain）即現。這只是常理之見。尤其是苦後之樂，其樂更非尋常之樂可比。筋疲力竭雖無樂趣可言，卻也不全然就等於苦。而「研究數學之樂趣，或感官上視覺、味覺、聽覺之樂趣，都有持續不斷的引誘力，帶來希望，留在記憶裡。此種樂，並無苦在。」

3. 樂有正面性，苦有負面性，二者會影響吾人官能之運作：合乎義的行為

而生的樂，才是眞樂。好人的行爲該作爲指標，樂也只能從善行中獲得。敗德者之樂，只是部分樂，且是假樂，也是劣等之樂。樂自成一格，雖與苦有關，但亞氏也不趨極端地認爲樂就是善，苦就是惡。

(三)友誼（friendship）

亞氏認爲友誼是德的一種，至少，友誼必含德，且是生命中很基本的需要品。友誼必連上愛，此種友誼觀，是以自我爲出發點。自愛（egoism, self-loving）及利他（altruism）合一。某些自愛者儘可能地愛更多的錢、榮譽或肉體之樂，卻非基於「義」；但某高貴又有德之自愛，則不該受責；這些人還願棄己之錢財，使友人能解脫困頓貧窮。可見這些人視錢不是頂重要的。謀職求官，追名逐譽，亦然。視友人爲第二個我。我可以延伸擴展到他人，把友人之喜樂苦痛，猶如自己本身。愛他人即令不被他人愛，此種愛已非自我本位的愛了。

愛有等級，高下有別。

1. 以「利害」爲考慮的友誼（friendship of utility）：此種友誼，位階最低；占對方便宜，只損人而已，作爲經濟取向的人必然是如此。因爲人在經濟生活上是無法獨立生存的，增己利乃是重要的考慮，商業界的交友一向如此。

2. 以樂取向的友誼（friendship of pleasure）：這是年輕人的友誼，他們以「情」爲主，眼光只注視當前的樂。

3. 以善爲主的友誼（friendship of the good）：此種友誼最爲永固，不若上述兩種之變動不居。只有依德才能持續不輟，以「德」作爲航向德行之舵（rudder）。只有道義之交，才能永浴愛河，陪伴此種友誼之愛，對心靈之增長最有幫助，也對睿智此種心靈功能之運作最有功，這正是哲學活動的具體象徵。眞正的德與眞正的幸福，在以善爲主的友誼中呈現。

與柏拉圖同，二哲皆堅信「理性」乃是人之官能中位階最高者，而理性運作時的最頂點作爲，就是沉思默想（contemplation）。此種「心」動，時間長於「身」動。故哲學活動才是人生最大、也最高、更最樂者，哲學家是最能自足

的。當然，哲學家與常人同，皆需物質生活，但卻最能單獨過活。視哲學為友者，友人必多，勿以為這種人有孤僻，其實陪伴在他左右的友人不可勝數。常人無友則憂鬱症或離群感頓生，無聊或單調感緊隨而至，哲人卻有高朋滿座。

以善為主的友誼，就是哲學式的友誼。此種人得的福，是優遊自在，閒暇得有意義，不會忙於政事，尤其窮於應付戰爭，這都只是實際性的行動；若由此而獲的幸福，絕無法與理論性的思考活動而得的樂相比。因之，取數學及形上學為友而作為理論性活動，此種樂趣及幸福最高。若在自然的形下器物中擇取含有較具永恆性或不朽性而非偶有性或局部性者，則仍可作為求福之方。

此種愛，愛及上帝嗎？真正的哲學之愛，是只問己之愛而不必謀求對己有對價關係的。己愛即可，對方是否有回饋，是不在考慮之內的。即使上帝未有回應的也予以愛人，人不必考慮這些。為愛而愛（for love's sake）之真諦，不就在此嗎？

總而言之，神論之「勿過分」（nothing too much）是德行及德的準則，也隱含有「勿太少」（nothing too less）之意。太多及太少，就是「過」與「不及」。以打球為例，用力太強，球過界了；用力太弱，球未過網，二者都不能「得分」（nothing）。

第五節　政治學及美學論

　　善是一切的歸趨，政治活動或政治制度亦然，美學也不例外。

一、城邦，尤其是希臘城邦，以營善爲宗旨

　　人是政治的動物，所以人只能過群居生活才能眞正過著善的生活。辯者說，城邦的社群生活是人爲的產物（convention），是大錯特錯的；相反的，城邦是天然的，也是必然的（a creature of nature）。一來人會說話，說話爲社交所必須，獨居則不說話也無妨，語言甚至文字之產生，正表示人「必」過社群生活的明證。其次，個人獨居所享的自由，少於城邦生活；個人生命的保障或生存之所需，確要他人之協助。群居必然有法律或規章來約束個人之言行，但若合「義」、「理」之限制，也是必然性或自然性的限制，人的自由不少反多；該限制是爲了保障個人安全，猶如吊橋上兩邊有圍欄一般，橋上的人可以「緊靠」欄邊行走；若無欄，則險象環生；過橋的人勢必往中間靠，空間少了許多。亞氏甚至認爲，人若不能過或無需過政經生活，則該人必不可算是人；這種人「高於人或低於人」，那不是「神或禽獸」，又是什麼呢？

　　群居生活的組織結構是家、村莊、城邦，只有在城邦才是最完美的群居生活，家或村莊是比不上城邦的。城邦在使人幸福、至善、行義，最能自足，不假他求。此種城邦觀念，其後由基督教的「教會」（Church）所取代。

　　城邦由「家」所組成。

(一)家

　　亞氏所討論的家，重點放在主人與奴隸的關係，以及財富的累積。

　　主奴關係：奴作爲主人之工具，尤其是生存工具，純屬「天然」（nature）。一出生，某些人就注定是治於人者，某些人是治人者。

　　有些人天性是自由的，有些人則當奴僕，此事最清楚不過。一方面是權宜之

計，一方面也是正當的。

　　現代人一聆亞氏此言，必無法苟同。但亞氏堅信，人的天生稟賦，在這種由自然所給的禮物上，如智力及體力，「本」就有別；依此而分工，不是順理成義也成章的安排嗎？

　　亞氏此說，後世人譴責的多。把社會階級作二分，非主人即奴僕，非奴僕即主人，這是太過粗率了。若說自由民有主人性，奴僕有奴性（slave-nature），那就更爲不堪一擊的說法了。不過他也說，主人不可濫用權，因爲主僕利益是一致的，且也說，所有的奴僕都期望獲得解放。還批評其師一種看法，主僕之間不該聊天對話。下述觀點，頗見價值。

　　1. 僕者之子女，不必然也爲僕。

　　2. 把戰俘視爲僕，不合理。因力強者不必然在其他方面都勝過敗方，且不少戰爭非基於義戰。

　　3. 主僕之分，純依能力（ability）及適應力（adaptability），只如此才是合理的，此觀點就與其師同了。分工但也合作，最合理也最理想的社會，莫過於此。只是世人常把「主」與「僕」甚至「奴」，作字面性的褒貶意，予以作標籤。

(二) 財富

　　獲取財富之途徑有二，一是自然，一是人爲。

　　1. 自然財富：爲生存而致財，如狩獵、農耕、放牧。

　　2. 人爲財富：借貸生息，把錢當工具。本來以物當物，現在卻以錢代之。亞氏說法受限於當時希臘的貿易作爲，認爲零售是不該的，自由民是不作生意的，更不宜也不該淪爲買賣階級。若以錢生錢，又放高利貸（usury），更該指斥。錢只當作易物之用，不可使錢只因錢而錢多。

　　放高利貸，則借方必吃大虧，甚至置借方於死地。牛、羊、鵝或果樹等，可以「自然」地增多，但錢不可。錢除了作爲交易用之外，是不許作別種用途的。

貸方不費力就可賺利息，這是不合理也不道德的。其後的經濟理論，已揚棄了亞氏此種「幼稚」說法。當然高利貸仍有某些限制；但存錢生息，目前已成事實，且理所當然。

亞氏的道德「金律」是「不多也不少」或「恰到好處」，在理論及實際上易生若干問題。就以捐錢此種施捨之「善行」而言，若只捐到「恰如其分」的程度，可能不會引起他人之肅然起敬；如再舉洗澡水之溫度「適中」為例，也非健身要件；「免疫系統」（immune system）之增強，是要忍受風寒，是要鍛練（discipline）的。

3. 介於上述二者之中的致富方式，是以物易物（barter）。物的自然（本有）功能（proper use）傷失，卻作為交易用，在錢幣這種人為物未使用之前，物之流通有無，就直接以物易物，因之也算是「自然」增資擴財的一種。

亞氏此種說法，其實也並不十分準確。支那人說「有土斯有財」，土是自然物，有了田地，就可以致富。在鬧市如有一塊地，則價值連城；但在窮鄉僻壤，則無人問津；其次，若光有土地而無「人為」的加工、施肥、灌溉、除蟲……則土成為荒地。此外，果樹有自然增產的，但如鳳梨不加電土，木瓜不加鐵釘，則無法有甜美又豐碩的果實。

二、國

(一)反共產

柏拉圖的政治學說在「國」一層面的極端看法，亞氏並不支持。「理想國」（Republic）是烏托邦（Utopia），即天底下無該種城邦；即令可行（feasible），也但願不要實施（not desirable）。治者階級的共產等於無產，共夫等於無夫，其他亦然。

寧可作個真正的堂兄弟（real cousin），也不願成為柏拉圖兒子（a Platonic son）。

1. 即令共產制一形成，亞氏頗具慧眼地指出人性的弱點，即生產效率必減弱。擁有私人財富，是人生大樂趣之一。治者一生若無此樂趣，以大愛取代私愛，這種人是少之又少。柏拉圖為少之又少者說話，亞氏則為大眾平民發聲，兩人出發點不同。

2. 自由民人人參政，有出席議會及執法之權利，直接民權而非代議式。雅典之時政，亞氏肯定之。官員抽籤，輪流執政，人人有機會，但奴僕或技工除外。只有自由民才能有閒暇過問政事。此外，勞動有礙於心靈的解脫，頗不利於德行。

(二) 政府類型

營公益的政府是好政府，顧私利的政府就是壞政府。壞政府時革命容易產生，革命之因，來之於不公不義的對待。民主政體（democracy）認為人人平等，故人人之財富也要相同；財閥政治（oligarchy）相信人人在財富上並不完全相等，故其他一切也要人人有別。二者都趨極端，不合乎「持中」的金律。

1. 理想國邦，享有能自存的疆域即可。亞氏一定不認同其門生亞力山大所建的大帝國。橫跨亞非歐的版圖，行政效率一定差，頗不實際；國土之大小，得考慮是否足夠提供閒暇時光，因為文化建設是政治要務。

2. 文教第一，與柏拉圖同：亞氏認為教育是政府首要職責。人是身心二合一的，身教先於心教；肉體活動始，心靈活動後。但身教是作為心教之基，故品德教育最不可或缺。自由民不必靠肉體勞動過活，卻要勞心；意志堅定，毅力十足，只有自由民才可充當軍人及官員。主要業務是，產前照顧及孩童遊玩等，負責教育的官員必須妥善處理，向他們說的故事必具心靈陶冶意義。嘎嘎作響的玩具（rattle），嬰孩喜愛不置，而樂器演奏對較大孩子來說，就等於是嘎嘎作響的玩具。

這是亞氏在《政治學》一書所提的教學部分。由於該書並不完整，故科學及哲學學門等高等教育學科的教學未提。但一清二楚的是，柏、亞師徒兩人，皆一

致認為教育是為政者應承擔的嚴肅又高貴的工作，以培養理想的國家公民，把技藝及功利取向的學門放一邊，勿以為個人是群體的齒輪而已。未有健全的公民，也就不可能有完美的國家；國家之興隆或穩定，必仰賴公民的良好品德操守。

3. 非戰：國家的任務，絕不在於窮兵黷武，宣揚國威。戰爭至上，絕非國家的目標，和平才是要旨。好戰的國家只在用兵一致對外時，內部才有表面上的相安無事，其實卻浪濤洶湧。一旦大帝國之名得逞，就如鐵已生銹一般的衰亡了。

三、美學論（Aesthetics）

文教活動以優雅為尚，這是真正的心靈活動的呈現，也是「美」的意境之最佳注解。

(一) 美與樂有別

樂與欲有關，性欲最爽，由性器官的接觸而生，這是等而下之的。只有心靈美才是真美，也只有心靈樂才是真樂。亞氏甚至認為，數學之研究與美的相關度頗高。若樂是善的，此種樂，才可與美同位階。

但善要訴諸於行動，美則不盡然，靜物也有美的層次。心靈的冥思沉想，正是一幅享受美的極致畫面。

1. 美的意義是均勻有序（order and symmetry），且明確（definiteness）：就人體而言，體形大小適中，四肢勻稱諧和，含有藝術之美工，運用雙手，替自然完成其美的任務。有些自然物本身就美，人手繪藝的美術作品，只不過在「仿」自然。「仿」（imitation）在柏亞師生二人心目中，地位大有高下。亞氏說，人的美工，旨在「仿」自然，且仿之又仿；柏拉圖認定此種仿，必失真。但亞氏則不以為然，甚至認為美工可以使自然更接近真實，即完美。

2. 藝品（fine art）：包括繪畫、雕刻、工藝、建築等，透過人的「術」而

更「美」。文藝創作也屬此類。悲劇（Tragedy）使主角更使人憐、愛、敬，操守比本尊更佳，喜劇則反之。依此而言，荷馬史詩中的「歷史」人物，都比本尊為佳。柏拉圖則對此不只無一美言，且譴責有加。康德其後也說，把本為醜或看起來不賞心悅目者，描為美且對己有好感者，這才彰顯美藝的真正本事，也是善舉；相反的，若把本來美的畫成醜的，那不是惡搞嗎？

自然有美的，令人快活，則仿自然的美而成的藝品，本身就是美；自然缺美的，經過藝的工夫，也把看起來似乎不怎麼好看的變成好看，那是心靈的懷思結果。如蘇格拉底的長相，在哲人的心目中是完美無瑕的。

(二)詩與史

亞氏認為詩比史更具哲思性、更莊重、更具意涵；因詩所述者是共相，抽象性高，形上性顯。史則較有具體性、殊相性、實際面，形下面較著；史「實」第一。詩人是把心中之主觀意識表達出來，史「觀」成分高；不只對過去已發生之事有「獨見」（這點與史家稍同），且對未來將發生之事也具遠見；包括可能發生或必然發生之事。事實部分的陳述，並非詩詞的要素。史實所記的是已發生過的事，已發生的事已成過去，該事之發生，若為人所取材，必把該事發生序列之可能性，包括量的可能性（probable）即概率（probability，如百分比）及質的可能性（possible），安排就緒（order），則這個人必是個不打折扣道道地地的詩人。詩的共相性，由下述一句話可以看得出來：

從量上可算出可能發生（probable）但在質上卻不發生（impossible）；與可能在質上有可能發生（possible）但卻在量上無發生的概率（improbable）；二者兩相比較，前者的詩人優於後者。

比如說，確有個拿破崙在「史」上出現。但史家只能就此一事實在「量」及「質」上的可能性上作評價，詩人則不受此限，評價的範圍比史家更為擴大。

1. 史家是持橫貫面或平面的（horizontal），所述都是事實。就已發生的事而言（這是史家筆耕的首要工作），該事發生的機率（概率，probability）是百分百。但詩人是評價史實的。若已發生的事，如實發生了，則寄望未來也「必然」發生，使發生的概率也100%；若否，則概率為0。因之，詩人的層面是縱貫面的（vertical）、垂直的、超越的、有高度的，「創」新的，把「質」上的不可能（impossible），也能有機率上的可能（probable），以創造新時代，重新寫「史」，使今後不等同於過去。一流詩人是有高度想像力的，不為現實所束，也不套牢於現成。換句話說，若無史實，則必無史家；但無史實，也可以有詩作，詩人的揮灑空間，非史家可比。

2. 悲劇具發洩功能（catharsis）：亞氏此說，引發後世學者極大的興趣。發洩等於淨化（purification）。對「懼」（fear）及「憐憫」（pity）之情緒，也有移除（elimination）作用。劇中英雄之受苦受難，嘗盡各種折磨，觀眾心生不忍之心，藉悲劇情結而獲得紓解，如同腹瀉（diarrhoea）一般的舒暢，或像解大小便一般的，身子頓覺方「便」不少；激動的情，也恢復平靜。

第五章

羅馬哲學

　　柏拉圖及亞里斯多德，不只是希臘最偉大的哲學家，且也是舉世公認的最傑出哲學家中排行數一數二的。兩人是師徒關係，且朝夕相處，長達20年之久。因此在哲學觀點上，二大哲持相同主張者乃勢所必然。但要是以為亞氏的說法只不過都是柏氏的口吻，則亞氏存在的價值與意義，也將大為遜色，甚至可以說在哲學史上不必予以理會。二大哲之所以揚名立萬，都有極其輝煌的業績；不只在哲學史上是異軍突起，各領風騷；且在學術造詣上，都坐擁山頭，相互較勁。追根究柢，大概源頭來之於不同的人格物質。柏拉圖一生醉心於數學，純粹理性的運作，是他的最愛；在形上世界裡，視理念（Idea）或形式（Form）為最實（real）；形下的感官世界皆虛，屬幻影；在實際的政治學說中，遂標舉「理想國」為目標，揚棄塵俗之世，一飛沖天。亞氏難免也受此影響，但他未排斥經驗科學，卻從生物學起家，認為生長的最後或終極，也得從種子開始，然後漸漸地持續不斷生長，前後上下並非斷裂關係。柏氏主張，1與0之關係，是非此即彼，非彼即此（either...or, neither...nor）；亞氏則認為，1與0之間，彼此兩不離，1中有0，0中有1（both...and）。換句話說，柏拉圖「比較」注重恆久不變者，亞里斯多德則認定生成變化是真實的。

　　上述的異同，是「大體」而言，且是「比較」性的，也是「程度」性的。形上與形下之間，是有隙有縫呢，還是綿延不斷？亞氏偏向後者，因之，無形上與形下如何連續問題。但柏拉圖則強調二者之間，必有「突創」性，二者之變，是鉅變也大變，上下階層之別極為明顯；亞氏則反是，他以潛能性及實現性二詞說明之。以生物學起家的他，取動植物之生長，就極容易一清二楚地了解。比如說人，兒童期與青年期的人是有別的，但可以截然二分，且「田無溝，水無流」嗎？數學符號是形式科學（symbolic and formal science），生物學則是經驗科學（empirical science），二者有同的部分，但異的部分更多。亞氏除了保存不少其師觀點之外，還另闢蹊徑，且蔚成學風；又仿其師設帳教學，這才是亞氏在柏氏之後，可以與其師並駕其驅地貢獻他開拓為學的新領域。兩大哲有唱同調的，但彼此也異音常現。二者如何調和，遂成為其後哲學家的努力目標。

　　時代齒輪轉到亞里斯多德時，希臘城邦已亡，其後的政治發展，是羅馬君臨天下，羅馬時代的哲學，是柏、亞兩大哲的餘暉。羅馬人重實際，因之在法律、政治、建築上光芒萬丈，但在哲學的成績單上則不如希臘多。哲學的實用部分，即道德，羅馬學者在這方面，著力較多。苦行派及快樂派學說，一一出世。亞氏學生亞力山大大帝稱雄時，希臘各城邦已無法獨立自主，都納入帝國版圖之內。幸運的，希臘文化的頂尖水準，也藉此機會向「蠻邦」（barbarian）傳播，泛希臘化（Hellenistic）時代來臨。其後，羅馬又取代了為時短暫的馬其頓王朝，且羅馬帝國之名，在史上為時超過千年以上，泛希臘化的哲學風遂飄至歐洲各地。

　　柏、亞兩大哲咸信，自由民才是公民，優雅地在城邦過政治生活，並從事哲學沉思。由於大環境已變，結果，兩種截然不同的主張出世，一是維持舊觀的個人主義（individualism），另一則是抱著大同思想（cosmopolitanism），世界公民的說法出來了。反應此種思潮的，分別由伊比鳩魯主義（Epicureanism）──個人，及斯多噶主義（Stoicism）──大同，所代表，這兩大派的主要關心點，都朝向「行為」。至於形上或後物理學等，都附屬其下，且似乎哲學時光倒流，他們在形上或客體的說法，大抵都回歸到蘇格拉底之前的主張。大同主義派的斯多噶，取希拉克里特（Heraclitus）說法；個人主義的伊比鳩魯主義，則宗原子論（Atoism）的德莫克里特（Democritus）之主張。在倫理學說上，也有此趨勢；小我的個人主義，人生以快樂為主的立論，在蘇格拉底時已出現；而大我的大同主義派，則仿蘇格拉底時的犬儒（the Cynics）學說，視天地與我為一。

　　羅馬人之重德，猶如支那人一般。人在大海中總須有舵，以免迷航浮沉。倫範及道德，為人人所必需。哲學也因之大眾化、普及化及平民化，把行為規範予以哲學化。希臘哲學家早有一大批人喜愛此道，因之，羅馬哲學的希臘味非常濃厚。其後，基督教勢力日漸擴大時，道德且與宗教合流。

第一節　斯多噶主義（Stoicism）

斯多噶主義（派）源遠流長，長達五世紀之久，從公元前三世紀沿續到公元後二世紀。

一、早期的斯多噶主義

雅典除了柏拉圖設「學苑」（Academy）及亞里斯多德興建「學園」（Lyceum）之外，齊諾（Zeno, 336-264B.C.與辯者的Zeno不同人，相差一世紀）於300年（B.C.）左右，在柱廊（Stoa）之下講學，非常敬佩蘇格拉底之行徑。知己就須自足（self-sufficiency），甚至自足到「冷然以對」（apathy）地步。富貴對我如浮雲，無人能搶奪知識或智慧。旅遊雅典者可去參觀1950年重建的柱廊，確是壯觀。他的門生眾多，不亞於柏、亞兩大哲。

(一) 知是德之基

知是人生最能自足的至上資產。由於邏輯是知的第一要素，斯多噶派因之在亞里斯多德所獨到的三段論式之古典邏輯中，有如下的明示：

1. 若x則y，此一命題在真值表（truth table）上的真假值如下：

x	y	$x \rightarrow y$
$\top$	$\top$	$\top$
$\top$	$\bot$	$\bot$
$\bot$	$\top$	$\top$
$\bot$	$\bot$	$\top$

這是必然的，絕不遲疑。根據此「知」，必應產生「德行」或「義舉」，如蘇格拉底一般。

2. 其次，上式皆可例舉，絕無例外，是放諸四海皆準，俟之百世不惑的

「絕對眞理」。例舉必從經驗，也就是感官經驗。柏拉圖說只有「馬本身」或「馬理念」才「實」，但齊諾門人不認帳。相反的，人人所看到的，不是明明的有一隻馬（a horse）嗎？又那有「馬本身」（horseness）呢？心靈原本是塊「白板」（tabula rasa），但感官知覺的結果，就五彩繽紛了，理性功能也由此而生。感官知覺是外在的，客觀的；理性則是內心的，主觀的。二者相合，才是眞理的效標。

3. 取以「火」爲萬物之源的希拉克里特（Heraclitus）學說，又進一步指出萬物也終於火，這是一種普遍而無處不在的大火論（universal conflagration）。浴火重生，也死在火葬裡。這是一種命，且是宿命（Fate），人人不可逃，無一例外。不過較特別的是，人對此命運的反應所持的判斷（judgment），卻掌控在人的手中。從此一角度言之，人也是自由的。

(二) 命的好壞，要視人如何對待

斯多噶派認爲上蒼是有旨意的，因善而使萬有存在，人該樂觀，沒有悲觀的權利，更不可怨天尤人。一切的缺點，也都向著完美前進，往終極目的著想，是無惡的。事實上，惡的價值甚高，存在的意義也甚大。若無惡，又那能顯出善的珍貴？善與惡並存，是「善事一樁」。無善則無惡，無惡也無善。苦樂的感覺也正是如此，禍福不也是這樣嗎？大自然、天或上帝之讓惡、苦、痛等存在，是用心良苦，人千萬別貶低「負面」而走入消極、頹唐、悲劇的人生觀。好在有牙痛，才使人警覺要去看牙醫以療痛止傷；若無牙痛，則牙早就掉光了。飢餓亦然。人得趕緊吃東西，補營養。人身肌體結構，如此奧妙與神祕，不是「天意」存好意或善意嗎？

1. 肉體的痛或苦，如不算壞事，則心靈上或道德上的惡呢？斯多噶派認爲，行爲本身不是惡，倒是行爲的「動機」或「心意」，才使行分出善行或惡行，與行本身無關。如「死」，在物理上或肉體上，死就是死。但死之因，若是由於參加義戰，或被謀殺，二者就大異其趣了。其次，心存善意，但由於不可抗

力的因素或無知，而有了出乎己意之外的惡行，則當事人就「少」負法律上（形式上）的責任。

2. 果眞有惡行，則可以更進一步地說，「惡行」本身也自帶有「善意」。好比肉體的苦，在對比之下，更顯出樂的眞樂。相同的，勇者該感謝有儒弱者，義舉者也因有不義者在，要是舉世之人皆是勇者，皆是有義者，則天底下又那有勇者及義者呢？在自由意志之下，人既可選善，也可選惡。與人若根本無自由意志，行惡或行善，人都作不了主；二者兩相比較，前者較佳，後者則把人淪爲動物層了。善有惡陪襯，使人更追求善。臺灣人說，呷魚呷肉，也需荣相夾；道理是一樣的。

(三) 倫範本諸「天」，即大自然

斯多噶派的哲學，集中在品德。行爲的操守中，人生以幸福爲旨趣，是異口同聲的。幸福存於德中，「依天而活」（Live according to nature）。天有則有序，不是雜亂無章。天與人都有主宰，人之主宰即理性，天之主宰即上蒼（providence）。天人是合一的，大自然與人一般，「把人視爲小宇宙」（anthropological point of view）。

1. 依大自然或大「天」的法則而行：犬儒學者尤其是戴奧眞尼斯（Diogenes）之舉動，幾乎恢復到最原始也最本能的生活，嘲弄傳統習俗，何必以衣蔽體？我行我素，不理會他人之評論。斯多噶派的倫理觀，認爲人之天性或本性，是理性；理也才是人異於禽獸之處，作爲若不依理性，簡直可以說不是人該有的行爲準則。因此，理性才是德性，依天等於是遵理；人的理性，賦予人一種自由抉擇及判斷性，人就不會如同其他動植物般的純屬機械式的過活。無自由，則不必談責任。無責任的行爲，毫無德行的意義可言。比較下述兩句：

人依自然過活──人、動物、植物皆然

人依理性過活──只有人才如此

若別無選擇，人又那來「自由」呢？但理性內藏著自由意志。「態度」（attitude）決定一切，這才是人之尊嚴所在；且只有人才「知」大自然是有則有序的，知其然又只知其所以然。其他的生命體（牛、羊或花、草）都只是「盲目」地過自然生活而已。人的這種知，是「特權」（privilege），也是專利（patent）。只有人才會有意地配合自然的意旨，知天、順天、利用天；其他生命體，頂多是順天而已，人在這方面是技高一籌的。萬物皆受制於天，大自然之天所向無敵，但只有人才會稍作修正（modification），也只有在「修正」上，才具道德意義。不如此，光是行為本身，則人的行為與動物的行為，無任何差異可言。齊諾甚至說，亂倫（incest）、「食人肉」（cannibalism）或「同性戀」（homosexuality），就行為本身來說，無善惡或該不該問題；純就身體動作來說，又哪涉及德行呢？「意欲」（will）及「動機」（intention）才最關緊要，這是天特別給人下的「天命」（Destiny）。支那先賢說，天命是人須「畏」的，王安石變法時竟然敢向天借膽地說：「天命不足畏」，真褻瀆了「天」。逆天則大自然必採取報復，其他動植物只有順天一途，人卻有順天及逆天兩選項。交由人的心靈態度決定吧！並且人也會把順天或逆天作價值高低的評量，兩害相權取其輕，兩利相衡取其重，這才是明智之舉。

2. 依理或不依理而行，本身才有善惡可言；如還考慮行為的後效，則德行已不純。若擔心來世的獎懲而變更了行為，這是可笑的。不少德行的後效，非在行為者的掌控中。依此來論定行為「責任」，顯然不恰當。

理的運作是思考、分析、比較、判斷，善惡的位階有高下，且有優先順序。

(1)該行，也想行，因順天

(2)不該行，也不願行，因逆天

(3)與「願不願」無涉，純以「該」「不該」為考慮。

樂與苦（pleasure and pain）是「願」「不願」的原動力，但那是行為的伴隨現象，「預期」或「依先前經驗」可知，但不必然完全吻合。有些行為，本以

爲會樂極無窮，或痛苦連連，但不保證都能「如所料」。

3. 主德（Cardinal Virtues），是「道德洞察力」（Moral Insight），即有所「見」（Vision）。主德有三，即「勇」（Courage）、「自治」（Self-Control或Temperance）及「義」（Justice）。三合一，密不可分，有一就有其二，「責任」或義務（duty）心油然而生。無法履踐者，不少人選擇自殺以求解脫，如此才能心安理得。如此說成立，則善無程度之分，善就是百分百的善；在踐履善之途上，百尺竿頭，未抵最高頂點者，不能稱爲善人，也無緣是享福者。故年輕人是不夠資格稱爲有德者的，如同支那孔子所言，年屆古稀，才到了「隨心所欲而不踰矩」的地步。人之一生所走過的路，是邪惡不良的，至少，大部分皆是如此。若在德上有所進境，也是暮年，時日已近黃昏。

早期的斯多噶派對德的修行，要求標準甚嚴又甚高，其後則修正爲只要有進境即可，好比在求知上有遲速一般。先是愚笨，後漸漸地轉爲聰明；善與德亦如此。

4. 運理去情，甚至懲忿制欲：樂、憂、悶、欲、懼，都是行德路上的絆腳石，都是非理性也是反自然的表現。與其想盡辦法予以節制之，束勒之，不如一刀兩斷地予以切割，彼此兩不相涉，心中「漠然」（apathy）以對，無動於衷。萬一不幸由情所困時，則要壯士斷腕，痛下決心，立即宣戰，不留情面。如此，理才脫離情之韁繩而享自由。「自我征服」（self-conquest），必須畢其功於一役。

因之在德及善的追求上，由身外物的引誘而引發的苦、樂、情、愛，憂懼等，都不可左右內心之理的運作。犬儒（Cynicism）遺風猶存，但更進一步地往大同主義（Cosmopolitanism）邁進。人在自然性上是社會性的，理性指示，人須過政治生活。理性下達旨令，天下爲公，祖國爲全民所共，彼此和平相處。群雄割據，你攻我伐的戰國狀態，是反理之道的。地球只有一個，大家都是地球人。地球也只能有一國，舉世之人皆是同國之人；普愛世人，正是行善的標幟。即令對奴僕也不例外，又哪有敵人呢？小我化爲大我，城邦之域太過狹隘，該超

越，把私愛昇華爲大愛，這才是理的正常發洩。斯多噶派也很近人情地在「愛」上，標舉此種道德的至情及至愛性，也就等於是至高理性了。由自私下的自我之愛（self-love）作起點，擴而充之，擁抱家人、朋友、公民，最後是眾生；把愛及左鄰右舍的強度之愛，推倒橫亙大愛的高牆，擁抱全民，老吾老以及人之老，幼吾幼以及人之幼；化小邦爲普世之國，這就是斯多噶派的大同主義精神。

二、中期的斯多噶主義（公元前2-3世紀）

齊諾設學府，與柏拉圖及亞里斯多德的學府分庭抗禮，因之也受盡挑戰。如果一再堅持己說，這就變成固執獨斷或自以爲正統正經（dogmatism, authodox）。把原先的學說予以調整，而步上折衷（Eclecticism）。雖言「中」，但也有偏。基調仍存，即保存實用，少空想冥思之路不只未變卦，且速度更快。羅馬世界已臨，此事不可不面對。雄辯政治家西塞洛（Cicero）之《論政》（De Officiis）一書，猶如支那的《論語》，都大談倫理。操心於品德事宜，在現實社會生活中，早期斯多噶派標舉100%的至善理想，陳義過高，其道太苦，「清教至淨」（Puritanism），凡人不敢高攀，不如退而求其次。

完全排除塵俗世界的打擾，心境上不爲所動的「冷然以對」（Apathy），「菩提本無樹，明鏡亦非台，本來無一物，何處惹塵埃」。此種音調太高，又有多少人有能耐可以引吭高歌呢？水清無魚，天天喝蒸餾水的人是無法長壽的；必須帶上氧面罩者，不是已在加護病房了嗎？把早期斯多噶那種過分揭櫫棄欲就理之卡車大貨卸下，搬上「精明幹練」（proficient），或許更具「實用」。

天、地、人，三合一，人上有天，下有地，介於天地之間，人之上不可滅，人之下變動不停。人之知，包括知天知地。人也是靈肉的合一體，就「肉」（corporeal）而言，人在「肉」階梯上，位最高，但卻居於「靈」（spiritual）之最低層。

談起西塞洛之《論政》一書，上述提及猶如孔丘之《論語》。支那政府處心

積慮地把支那古典譯爲拉丁文，希望西方學者能透過譯文而拜倒在博大精深的東方文化之下，豈知黑格爾過目了，卻評爲與西塞洛的著作同一等級而已；在哲學造詣上，或許並不入流。原來被奉爲「至聖」的貨色，在大哲的心目中，竟然如此不堪，擬入榜哲學家之林，可能也只是敬陪末座吧！

三、後期的斯多噶主義

隨著時代環境的改變，此派的實用性、道德性、及宗教性，比以前更有增無減。斯多噶主義的後人，出現了在這方面較突出的學者。

(一)塞內加（L. Annaeus Seneca (4B.C-65A.D.)）

1. 重實際面：他是羅馬皇帝尼祿（Emperor Nero. 37-68）之師，入仕爲官。在公元後65年因政敵指控，剖開自己的血管而死。羅馬人或許自覺，在哲學理論上無法望希臘三哲之項背，只好在政治或道德上下功夫。塞內加並不把知識當知識看，卻視之爲獲得品德的工具。哲學若不具實用性，則毫無價值可言，根本就是虛耗時光；他甚至取自然現象作爲進德修業的材料。公元後63年義大利西南部的坎佩尼亞（Campania）發生大地震，他認爲這可以作爲道德論的議題。該地曾在79B.C.時，因維蘇威（Vesuvius）火山爆發，而把龐貝（Pompeii）城毀了，1748年才又被挖掘出來，世人大大驚訝於羅馬人的土木建築工程，真足以傲世。支那人不也是如此嗎？日蝕月虧、地震等，都帶給人們對品行的反省，尤其是在上位的當政者。天地有異象，這是凶兆，具有示警作用；風調雨順，才會國泰民安。斯多噶派的命定論，前後不變。

2. 命定論之下，仍有自由意志的運作空間：斯多噶派在這方面是始終如一的。這就涉及到「意志」（Will）問題了。不可更動的命擺在眼前，死生有命，富貴在天，任誰都無法左右；可是存在於內心的想法或態度，卻掌握在人的手中。一個人若意志堅定，克服情欲，杜絕色、利、名等引誘，依理而行，則

己助之下，也有天助。他目睹宮廷生活之浪費，奢華墮落，但也知那種樂僅一時而已。其實，財富也非萬惡之首，若善用之，不作錢「奴」，把自己變成金「主」。心目中如只有錢，則「財聚人散」；反之，就是「人聚財散」了。政治人物尤須如此。如能不視錢如命，廣開布施之門，必列於散財者之列；反之，吝嗇到拔一毛而利天下也不為，則錢聚了，人也作鳥獸散了。

　　如同支那先賢一般的修養，三省吾身最是品德進境的良方。把自己孤立起來，離群索居，著實不妥。換了有形的外在環境，若內心無形的態度不改，則徒勞而已；相反的，應擴大自我天地，舉世之人皆是我同胞。只求「自足」（self-sufficiency），是不足的，卻該助人，甚至寬諒曾對己不利之人，仁慈第一。四海之內皆兄弟也，都是手足。

　　有生之年，廣受人愛；

　　去世之後，才為大家所悲。

　　懲惡是勢所必然，目的在於遷過，但手段需溫和些，否則如因之而引發忿怒或思以報復，則更惡化了品德。

(二) 愛比克泰德（Epictetus, 50-138）

　　先是尼祿皇帝守衛之奴，獲得自由後，住在羅馬。皇帝下令驅逐哲學家之後，離開到他地講學。

　　1. 人人皆可為堯舜（善人）：人性本善，「人性不是要踢、要咬，或把他人送入牢房，甚至砍他人的頭。不，人性是行善的，與人合作，希望他人也好。」難道人人不都讚美公義及節制者嗎？事在人為或不為而已，沒什麼祕訣。

　　2. 品德教育之重點：把德建立在知上，這是希臘哲學家的要求，他對此是無異議的。但特別指出，品德教育必須強調的是，釐清哪些事是人力可為，哪些事是人力不可為。凡人力不可為者，人要認了，感嘆無用。比如說，長壽百年以上，支那的彭祖活了八百歲，真是欺詐的謊言。至於他人如何對待自己，如他自己曾經是非自由身，此種遭遇，都非個人之力所能左右。生逢時不逢時，為何生

在某地等，操心這些，於事無補無益。要教給學生的，是要他們判斷己力是什麼，己力有多少，有無不可搖的毅力下決心改善，征服意志之心操之在我，一念之間而已。在這方面，能夠說服你的，不是他人，而是你自己。

自我檢討，取史上善人如蘇格拉底為座標。交友不可不慎。上天有眼，一舉一動，是無所逃的；懲忿、制情、節欲，只讓理得逞，內心平靜如水。其次，在善行中看出真本事，外表行為也謹依內心之良善動機。

3. 伴隨羅馬人喜愛洗澡的習慣，他也視此為一種品行的「義務」。我著實希望年輕人一旦要走入哲學，我倆見面時，必須頭髮梳得齊整，不可髒身又不修面。

體美才是心美，也是德美的終南捷徑。貞潔是包括身心二者的，最不可有淫蕩之行，樸素第一。財本身無善惡，劫富濟貧，不是義行嗎？如廖添丁。

若有錢可得，但同時也能使我保持忠誠、平淡且大方，則趕快指點我取錢之路吧！我要得之。

臨財苟得，只要把財當作善舉之工具，則得財越多，越是好事。

4. 虔誠信神（piety）大有必要：無神論調不足取。「神」論有下述數種：

(1) 神不存在

(2) 神存在，但既笨又蠢，也不能預卜先知。

(3) 神在，也能知未來；但只關心大事或上天之事而已，至於人間塵俗之事，神不屑去操煩。

(4) 神關心天上及人間，但個案是不計較也不幫忙的。

(5) 依神令而行，如蘇格拉底，「無神的指示，我決不採取行動」。只有這最後一種，才是正確的說法。

5. 婚姻及家居生活，也本諸於理性；但帶有傳教任務的使徒（missionary），則可以獨身，以便於達成使命。子女聽父母之命，除非上一代的指令違反道德。愛國情操，積極參與政事，是要鼓舞的，發動戰爭則該被譴責。治者要以身作則，「王正」則「民」不敢不正，在上者要犧牲奉獻，人民衷心臣服於

下。

　　羅馬帝國之內，無他國存在，愛國人等於愛世人；如同支那人所說的，大家都是炎黃子孫。稱兄道弟，都是一家人，以愛愛人，不許以惡還惡。

　　對待有敵意者，吾人以牙還牙，且以力傷之，否則會被他們瞧不起。有此種說法的人，是愚蠢又低級。因爲這種說法，認定無力傷害對方，乃是被蔑視的理由。其實，眞正被人看低的，並非他無力傷人，而是他無力福及他人。

　　只有恩及他人，他人才會心悅而甘願與之共生共活。若以力儡人，又哪能服人？口不必然服，心一定是不服。亂是隱藏不露的，但終將有顯出的一天。靠「嚇阻」（deterrent），只能安於一時，如此而已。

　　此種哲學觀，是治心最有幫助的療病劑，收容焦慮症（psychasthenic patients）或神經衰弱症者（neurasthenic patients）的療養院（sanatorium），提供此種哲學觀的著作供病人閱讀，藥效甚著。窮兵黷武的當政者，也該人手一冊，則大同社會（cosmopolitanism）就可早日實現。

(三) 馬卡斯（Marcus Aurelius, 121-180）

　　柏拉圖引頸期望的哲學家皇帝出現了，馬卡斯當羅馬皇帝20年（161-180），以希臘文著《沉思綠》（*Meditations*）12冊，是格言式的。他舉愛比克泰德爲活生生的榜樣，又染上塞內加的宗教色彩，人人愛天，人人愛人，施惠於弱勢及病患。人人都有缺失，該體恤而不應怪罪或懲罰之。當有人錯待了你時，立刻要考慮的是，他爲何有該種行徑或動機。此種查覺，將使你爲他難過，你就不要訝異或生氣，因爲你處在相同境遇之下，也會如同他一般的有類似之舉。因此，寬諒他吧！若你的好壞觀點已變，則不是更易生布施之心來看待他的錯誤嗎？對犯大過錯者施予愛，這是人獨有的特殊恩物。此刻產生的效果，就是讓吾人體認到人人皆是兄弟。犯錯乃因無知，也是無意的。片刻之後，我們彼此即將死亡，屆時又哪能對我有何傷啊！我們的內在生命，一點也不會比以前更差，眼睛因爲視物而要求補償嗎？腳因會走路而要回饋嗎？只不過是眼及腿之存在，本

身就是看及走，如此而已。回報就是體認到這些存在，有存在的法則；同理，人之所以存在（活著），就是仁慈。當一個人作了一種仁慈或其他的舉動，就有助於善的累積，向更多的善邁進，這種人就等於履行了他存在的法則，也找到了自我。

也基於此，這位哲學家皇帝持多神論（polytheistic）說法（gods而非God），對堅持一神論又具排他性的基督教（God而非gods），就極為不利了。難怪在他任內，懲罰及迫害了基督教徒。愛的過程中，難免施懲，後者只是手段，目的不要忘了，這也是斯多噶派的原始信念。

第二節　伊比鳩魯主義（Epicureanism）

　　雅典除了柏拉圖及亞里斯多德分設學府進行哲學思考與教學之外，斯多噶派也仿之，此事前節已述及。伊比鳩魯主義的創始者伊比鳩魯（Epicurus, 342-270B.C.），也在307B.C.左右，在他自己於雅典的住居花園內招生，門徒心中謹記其學說。伊比鳩魯更把全部家產捐出。雅典到處都有師生講學論道，整個城市儼然成為大學城，雅典大學之名也就水到渠成了。伊氏門徒眾多，在羅馬也有傳人。羅馬雄辯大師西塞洛（Cicero），在羅馬聆聽伊氏學派者上的課，約於90B.C.。此派與斯多噶同，重視品德修行，實用知識第一。若能使人免於恐懼，不怕死也不擔心神明，心安至上，這才算哲學的第一要務。

一、萬學聚焦於倫理道德

　　哲學領域甚廣，但倫理道德之探討是第一優先，其他學門如邏輯或物理學等，都要為道德哲學服務。伊氏高舉倫範之重要性，更非斯多噶派可比。「純」科學如數學，是無用的，因與生活及行為無涉。數學上的點、線、面等，不存在於經驗世界裡，感官印象才是獲得真理之途徑。

　　倫理道德攸關人生之價值與意義。學習、研究、或思考，若不與實際生活有關，則皆屬垃圾。不曾唸過一行荷馬的史詩，未悉哪位英雄是本地人或異鄉人，這都無關緊要，不必操心。這種說法，套在支那教學史上，也可比照地說，光背韓愈生死於哪年、他的名或別號叫什麼，都是與品德教學了無瓜葛，可以全部刪除。至於窮究天文，更是浪費青春；在無精密科學儀器及高度數學之演算下，眾說紛紜。人生歲月有限，為何不在品行上下功夫呢？

　　但健全的倫理學，應建立在準確的知識論上。此派深信感官知識第一，經驗上吾人或許會「看到」（出現）一些古怪之印象，如「人首馬身」（centaur），實際上並無此物，那不是感官的錯，而是「判斷」（judgment）上有差池。此種說法，先賢早已提及。

1. 知識或真理的準確度，該是無時空性的：過去（時）或此地（空）之「知」，若屬「真知」，也必在未來（時）及他處（空）應驗；應驗不也是要靠「經驗」嗎？至於由此知識作背景而生的行為，何者「該行」，何者「不該行」，效標是「樂」及「苦」。趨樂避苦，是放諸四海，俟之百世，皆為有效的標準。

2. 自然科學尤其物理學之研究，目的在於此種「知」，可以去疑解惑，心中之懼消失，知其然更知其所以然，則何懼之有。免於恐懼，此種樂是大樂。神是存在的，但神不介入人間事，因之人不必為祭神之事而憂心如焚。迷信之事了無知識依據，向神贖罪，哀求赦免，著實荒唐可笑。其次，人生自古誰無死，死即一了百了，沒有什麼不朽或死後入刀山下油鍋或上天堂之事。死後即無意識、無感覺，也無情愛怨恨，更無獎懲了，又有何憂又有何喜呢？死後即無「感」，無感則一切皆「無」。德莫克利特（Democritus）之原子論說，最為伊比鳩魯派所鍾意，不只身由原子組成，心亦然。

萬有一切都是來無蹤、去無影。「無生無，有生有；若無能生有，則何需種子」。生生生、死生死，如此一來，生即永生不死，死也永死不生。此種「宗教」觀或「物理學」，基督教是不認帳的。

3. 天地仁不仁，是否以萬物為芻狗或獨獨垂愛於人，此兩種看法，恰好反應出此派與斯多噶派的不同所在。「萬物皆備於我」，這是支那宋明理學家的口吻；一切以「人」為主，這是「人種中心的目的論」（anthropocentric），也是斯多噶派的主張，伊比鳩魯則頗不以為然。萬有即萬有，與人何干，人之善惡都是人該負責的，與人之外的一切萬有無關。斯多噶派則認為舉頭三尺有神明，神會獎善罰惡，主持公義，此種「神義論」（theodicy），伊比鳩魯派絕不苟同。既然神出手導引宇宙邁入善境，則人之有惡行，又該當何解？伊比鳩魯派認為神並無此旨意。神的居所既漂亮又享幸福，神是不管人間事的，人吃什麼、喝什麼，講希臘話與否，神怎會介意呢？

神與人沒什麼兩樣，都是由原子所構成，長相與人相似，也有性別上的不

同，更同人一般的有吃有喝，這種擬人論的（anthropomorphical）說法，也含有道德意涵。學學神比人高明之處，但不必怕神，不必怕死。

二、倫理學——樂是人生的旨趣

無樂即無福，且樂即福，樂即善。「生活幸福之始，是樂，之終，也是樂。樂是首善，與生以俱來，任何挑選或迴避，也以樂為基準。因之，吾人以情意來判斷一切的善。」

什麼是樂呢？樂有兩定義：

其一：樂是指一生之樂，非一時一刻之樂；也非個人之樂，卻是眾生之樂。

其二：樂是積極的滿足，而非消極的避苦或無苦。

可知，伊比鳩魯所謂的樂，是心樂兼肉體之樂，但前者的比重較大。

(一) 心樂第一

肉體的痛苦，至痛之時刻甚短；小痛則一忍即可，是可克服的，且以知識之樂（intellectual pleasure）來取代，即採用「結算的理論」（collect theory），可以使身心二者在擇樂去苦中作衡量，心境就安而少受擾（freedom from disquietude of the soul），以知識來解決困難之後的樂。苦後之樂，小樂之後的大樂，忍一時痛之後的樂，最是樂不可支。選擇（choice）與判斷（judgment）都需知識，以便得到持續的樂，減少其後的苦。

樂本身，就其性質而言，都是善的；但這並不是說，每一種樂都值得去追求。

痛本身，就其性質而言，都是惡的；但同理，也非每一種痛，都該去避免。

因之，當吾人說，樂是主要的善時，我們所言之樂，不是指勾引女人爲樂的那種男人之樂，也非睡懶覺或只顧色情上的樂，或某些人所爲的無知之樂。我們的意思是說，樂是使身子免於受苦痛，心靈免於擾騷不寧。因爲不是續杯不止的暢飲，耽溺於酒宴，才算快樂的人生，卻要求清靜的沉思冥想，檢驗一切的選擇或迴避之理由何在，擊潰一切徒勞的想法，以免騷亂滋生，造成心靈上的煩惱。

內在的樂，並不壞；不過某些樂的肇因，卻會給樂帶來更多的不安。

在實際行爲中，該以知識來計算樂的種種層面。

1. 己樂是否帶來更大的苦，己苦是否帶來更大的樂？比如說：樂極恐生悲，福兮禍所伏，福兮禍所倚，支那的老子早有明訓。樂之後會不會引發疾病，或使人成爲習慣之奴，則痛及苦加多；同理，痛即令一時強度高，如開刀時，卻因之可帶來健康，那是善了。抽象性或內在性考慮，樂是善，苦是惡；但實際上卻應慮及未來，使樂擴大地盤，加多時間（the maximum of durable pleasure），即身健心寧（health of the body and tranquility of soul）。可見此種快樂說（hedonism），不是縱欲（libertinism），也不是像脫韁的野馬（excess），這才是合理的行徑，也是聰明人的作風。

2. 需求勿增反少：無欲或少欲，才是高尙的德操；需求多，則欲無窮。滿足基本需求，即已是夠。「即令身體受煎熬，也能鼎鑊甘如飴。」

一位聰明人縱使被火焚、受凌虐，或慘遭法拉里斯的銅牛（bull of Phalaris）刑具烘烤，他也會說：「好高興啊！我一點都不介意！」

義大利西西里島有個暴君法拉斯（Phalaris, 死於554? B.C.），曾把活人放在銅牛鍋中燒死，把人的慘叫聲當作牛吼聲，來取悅歡樂。

此派因之力求克制、禁欲、獨立超群，過樸素的生活，花費不多。此種習慣最有益於健康，以便把人生作其他用途使用。此種樂才會生福。反之，眞正的樂，絕不能降臨。

(二)義行最樂

　　希臘三哲大談特談的「義」（justice），伊比鳩魯也如此。義行者，最有光榮感。「義行者心中坦蕩蕩，無愧於心；不義者則一生逃不掉義的天羅地網所捕捉」（The just man is the freest of all men from disquietude; but the unjust man is a perpetual prey to it）。不義之所以壞，乃因不義而引發懼怕之情，這是躲不了的。擔心因不義之行而受罰。

　　人性本善之說，隱約已現。良心之譴責，是最痛苦不堪的；不公不義而未受處分，此種苦，大於坐牢，心苦甚於身痛。曾行不義者，一生心不得寧靜；尤其未有報應者。爲了心靈解脫此困，只好正面顯現其義行，以彌補心靈上的虧欠。可見伊比鳩魯派的道德學說，並非自私自樂，卻也強調義行。公義就把己利擴大爲公利了，公利不等於公義嗎？義與利，匯聚合流。

(三)友誼：內心的安寧是致福於樂的現象

　　不憂不懼、不怕，先由「我」出發，主動展現友善之情，伸出慈愛之手，與他人爲友，則心樂必有增無減。愛人比被愛更能操之在我，全由我作主。若不擬視人爲友者，至少也勿以爲他人是仇敵。沒有什麼好怕的，若能化敵爲友，不也是善舉嗎？若此事非己力可爲，則盡量與之保持距離。最有福氣之人，乃是作到了一點——不怕周圍的人；此種人最易與人相處，對他人也最具信心，最能充分享受友誼的好處，即令在可悲的情境裡，也不因友人之早夭而悲。

　　　　友誼永固，不因生死而生變化。

　　友誼一來可從中得樂，二來可化小我爲大我，自私變成利他；但卻不要從政，因爲會干擾心靈，樂失苦來。但下述除外，一是爲了確保自我安全，一是如不入仕，猶如不入虎穴，焉得虎子一般地有其必要性。

第三節　懷疑論（Sceptics）

斯多噶及伊比鳩魯都重視實際，少提及理論，咸認知識的實用性價值，目的在於心靈的平和寧靜。懷疑論者也持同一論調，但更近一步地否定知識及眞理的準確性。代表人物有下述數人：

一、皮羅（Pyrrho, 360-270B.C）

皮羅曾隨亞力山大大帝遠征印度，嚴守辯者的知識相對論，認爲人的理性無法穿透本質界。「物本身」（thing-in-itself）乃爲人之知所不及，頂多只及表層或皮面而已。人之所見，不盡相同；誰眞誰假，莫敢確定。不敢直言「這是……」，只能以「這可能是……」取代。任何斬釘截鐵之論都是危險的，不可靠的；判斷只好高懸在空中，還未有定案。聰明人選擇不擾心爲上策，如一旦從政，也得重視傳統及習俗，注意各種意見之存在，說話要小心謹愼（Prudence）。勿提絕對如何，只能說可能如何，或大概如何，如此最爲保險，也最不會惹來心煩意躁的不幸與痛苦。說話無語病，才會得樂享福。勿介意於身外物，那是可有可無的。

二、學苑中期及晚期的懷疑論走向

創設「學苑」（Academy）的柏拉圖，絕非屬懷疑論者。但他去世後，該學苑卻染上了極其明顯的懷疑色彩，反而沿襲了斯多噶派踏著反獨斷論（dogmatism）的腳步。柏拉圖的門徒甚至曾揚言，無一是可確知的；甚至還說，連「無一可確知」這件事，也不敢保證爲眞，這眞是十足的懷疑論了，懷疑一切，包括「懷疑一切」在內；連「懷疑一切」這句話也懷疑，比蘇格拉底之承認自己無知，更進一步，不敢確信自己是否無知。斯多噶及伊比鳩魯都確信感官經驗牢固可靠，這是中期學苑派期期以爲錯的。由感官所得的明明是客觀有效性的事

（objective validity），也不能承認爲眞。且感官所得的經驗，即令確信爲假，主觀上卻無法苟同。把影響認知的因素，擴充到客觀的外物及主觀的內心。「眞知」眞不容易。感官呈現出來的有如夢中之所見所聞，其中幻覺（hallucination）及錯覺（delusion）最多，又那是眞知之源呢？

　　靠推理嗎？推理必有前提，前提又是一系列的，請問最先或最確實的前提是什麼？幾何演算要證明，證明之前要有公設（axiom），公設也要有更高的公設予以確認爲眞，如此推演下去，不是無盡頭了嗎？如同亞里斯多德之所言，動必有推動者；或一切事件皆有因，因之前也有因。亞氏爲解決此一無窮追問下去的困擾，乃提出第一因（First Cause）或第一動者（First Mover）；第一因之前無因，那是自因；第一動者之前無動，那是自動。但此說法可以杜絕懷疑論之口嗎？如同希臘克里特（Crete）島上的人所說的「謊言詭論」（liar paradox）一般——「該島上的人所說的話都是謊話」，此句話隱含了「肯定」及「否定」，是矛盾的，正及反，二「律」相互打臉，這叫做「二律背反」（antinomies）；該島上的人所說的該句話，是「眞」話，同時也是「假」話，但我們可以相信眞假同時並存嗎？當然，現在的邏輯學者有了解套，語文的指涉（denoting）有二：一指涉「名」，一指涉「實」；名實釐清，「詭論」就消失。

　　其後的學苑派爲解決知識或眞理的準確性問題，乃有概率（probability）概念之提出。確實的、百分百的、絕對的眞，吾人的知無法得到，但卻可向它逼近。若見一個似曾相識的人，或許只不過是幻影或錯覺，但只要能稍安勿躁，不要立刻下斷語，把這個人的說話、吃東西、與之接觸等印象，一一累積，則比較可以確認該人是誰，這是頗爲實際的。比較下述之例：

　　1. 住在臺北的A這個人，向太太告別，要去上海經商，到上海機場時竟然發現他的太太在等候他。

　　2. 當A返臺北時，A太太在松山機場等候。

　　2之屬於「眞實」，「必」較1的「概率」爲高。

三、懷疑論演變成折衷論

柏拉圖是絕對真理的信徒。後來的門徒對蘇格拉底之費時於「定義」，也情有獨鍾。定義是一種「定論」，是不可疑的。亞里斯多德把「人」定義為「政治動物」或「理性動物」，此種說法「絕」不可疑。但學苑的接棒者竟然忘了，或許深不以為然，對此知存疑。當一群人眾在學苑內苦思「人」是什麼時，有人以「二足而無毛」（featherless biped）解之而令眾生大喜過望，興高采烈以為多時的疑雲已消，困惑已解，乃以大吃大喝來慶功一番。不期有不滿此定義的人，從學苑門牆外丟入一隻剝光羽毛的雞，眾人一瞧該雞也是「二足而無毛」，但卻不是「人」。此事真有趣，支那的荀子（315-238B.C.）較為高明，曾說「人非二足而無毛」。

「一切皆不可知」及「一切皆可疑」，這是懷疑論的口號。殊不知這兩句話，卻是懷疑論的致命傷。在概率上，至少懷疑論者有兩句話深信不疑，一是「一切皆不可知」，一是「一切皆可疑」。

「一切皆可信」或「一切皆不可疑」，是另一極端。走折衷之路（Eclectics）才是「中道」。符號世界的觀念是絕對的，經驗世界的知識是相對的；持此觀點，在「知識論」上最具實用性，不也正符合羅馬人的性格嗎？代表人物就是鼎鼎大名的雄辯大師西塞洛，他師承多人，兼有斯多噶派及伊比鳩魯派，折衷色彩濃；但折衷派有一無可救藥的缺點，就是創新性低。西塞洛也務實地坦然承認此種缺點。他的天賦優異處，是把希臘學說一清二楚地介紹給羅馬人。

(一)哲學派別多，立論相左者舉不勝屈

西塞洛無能力在眾說紛紜中擺平，只好往中間靠攏，磨壁雙面光。不過，折衷派之路也多艱且險，如同走鋼索一般，持平何其困難但也何其容易。就實際的道德品行而言，習俗、傳統、帝國法令，都應遵守不誤；至於真理，則持相對立場。帝國版圖遼闊，風土人情各異，觀念也殊；同嗜者有，但海濱也有逐臭之夫。東方有一種怪味水果，如泰國之榴槤；支那人美食之一就是臭豆腐，卻也有

人聞味欲嘔。其次，不同年齡的人對同一刺激之感受，也參差不齊；身心狀況之變異，更左右了反應模式。沉睡或睡覺時，小孩或老年等，言行皆不完全相同。清風徐來，年輕人喜愛，古稀者躲之。直筷入水杯，歪了；遠處看方塔，卻現圓形狀。午間之草是綠色，晚霞時則現金黃色；曇花因只一現，故特別受到重視；彗星也難得一見，故記憶猶新；頻頻出現者，反而不予注意。既然如此，故道德行為就該慎思明辨，不可匆促作決定與判斷。懸疑或擱置，也是良方善策。

　　三段論式之前提：凡人必死。該命題之「真」，必仰賴歸納法，且要窮盡地把所有的人，包括古人、今人、未來之人，此地人、外邦人，都包括在內。理論上是如此，但實際上卻「絕對」辦不到。並且一旦如此，必已把結論「蘇格拉底必死」含在其中了。因之三段論式是多餘的，累贅的：一頭一尾、一尾一頭，繞圓圈，循環不已。此種圓圈繞來繞去，繞不出什麼新花樣，真是可惡之至，是「惡圓」（vicious circle）。至於因與果之關係，情形也複雜。因果二者之時間呈現，理論上「必」有三種：一是因在果前，二是因與果同時，三是因在果後。第一，因果不同時，否則因與果不分；第二，因如在果之前，則因與果無涉；第三，因也不在果之後，理由如前。

　　宗教上的上帝觀念，也形同因果關係一般。上帝觀念必在完整或不完整（finite or infinite）、有限定的或無限定的，二者中選一。若屬前者，則是動彈不得的，定點不移的，因之無生命也無心靈；若是後者，則不完美而有缺陷。兩難困境（dilemma）頓生。這些純理論性的爭辯，不合羅馬人的口味。實際行為中，只要無愧於心即可。懷疑論者提出的諸多挑戰，就交給其後哲學家去操心吧！

(二) 宗教意味的哲學漸顯

　　獨斷論受盡懷疑論的批判後，折衷或妥協，乃是二流哲學家最易挑選的路線。加上道德實際面的需要，實際生活問題之解決，遂使希臘時代堅持一家言的出色學派，都在極端部分打了折扣。強調以數為主的畢達哥拉斯學派，及柏拉圖學說的後代傳人，都不得不往中間靠攏。羅馬時代較有份量的哲學家，幾乎沒什

麼新見，只不過把前哲之想法，混雜成流，如此而已。

　　值得注意的是，為了因應時代的要求，在龐大的羅馬帝國越來越腐敗之際，基督教勢力的崛起，乃趁勢而興。先哲帶有神祕意味的學說，也應運而生，重直覺（intuition）與啟示（revelation），而非僅依理性了。至於憑感官經驗就以為是知識或真理，這是等而下之的。在折衷派（Eclecticism）趨勢之下而形成的新畢氏學派（Neo-Pythagoreans）及新柏拉圖學派（Neo-Platonism），都是前哲思想的迴光返照，為其後基督教哲學或中世紀的教父哲學（Scholasticism）奠基。西方學術的三大支柱：希臘的理論、羅馬的實用及基督教的神學，從此鼎立。

　　由懷疑而萌出的折衷，若了無新意，則不夠格在哲學史上占一席地位。「不違」或「無所不悅」於先賢，絕非懷疑者的心態，更非一流思想家的風格，既言「新」，則必與舊有別。百分百的古今完全雷同，與百分百的新舊全殊，這是兩極。其次，在舊學的「博大精深」中，為了因應時局，遂擇其中之一要點而發揚光大，這也是「勢」所必然，諧和聲中也偶有異音，衝突中也有火花。此外，若各家有突出的見解，必為其他家所支持與讚揚。畢氏的神祕性及數學性，與柏拉圖學說性質較親，而亞里斯多德的邏輯系統，也為其他各家所折服。取長補短，乃是哲學史的必然現象，也是折衷派的立場。

　　折衷也是持「中」。但誠如亞里斯多德所言之金律之「中」，若只是平面的、橫斷的、水平的，則就是「庸」的程度了。折衷之路走了甚久之後，終於也有較高度的、縱貫面的，或直線式的往上提升，此種業績，表現在「新柏拉圖主義」（Neo-Platonism）上。

第四節　新柏拉圖主義（Neo-Platonism）

基督教的興起及宗教勢力之無所不在，使猶太人與希臘人之思想合流；亞歷山大里亞（Alexandria）這個大城，是二者交會最方便的所在，藉希臘哲學來闡釋基督教聖經要義，這是勢所必然。猶太人甚至說，希臘大哲學家如柏拉圖者流，「竊取」了聖經經文所隱藏的智慧；若三大哲尤其柏拉圖生在耶穌之後，必是一位極為虔誠的教徒，也一定會被基督教會封為「聖」（Saint）。聖經教義（Scripture）中的舊約及新約（Old Testaments, New Testaments），不可作「字面」（literally）解，因為神意甚繁也甚深，卻含有喻意（allegorical）在內的；前者是表面意而已，後者才是真實意。柏拉圖在「知識論」上不就這樣認為嗎？其次，聖經是上帝的語文，在領會時要注意，人所使用且以人為中心的語文，絕無法上臻上帝的宏旨深意。希臘哲學家的造詣層次雖非常人可及，但聖經要義更超出希臘哲學家之上。換句話說，上帝第一，哲學家次之，凡民更次之。哲學家相信，人是心物的合一體；但上帝只心無體，信徒竟然以有形的牲品來祭拜上帝，這不只對神不敬且也褻瀆神明。

人生必有寄託，尤其在帝國晚期，戰亂頻仍、政風腐化、民生疾苦、疫癘橫生，天災地變時有，似乎塵俗凡間已不足惜，寄望天國之情頗殷。史上真有其人的耶穌誕生，號稱為上帝之子，卻橫遭十字架之苦難，此種情事，猶如蘇格拉底之死於牢獄中一般地為萬民含淚傳誦。基督教與希臘哲學一拍即合。希臘哲學家中，最合乎基督教聖經教義的莫過於柏拉圖；把二者折衷而卻又有新特色（即宗教味）的哲學時潮，就是新柏拉圖主義，代表人物是普羅泰納（Plotinus, 203-270）。

一、普羅泰納之生平

普羅泰納出生於埃及，呼吸於亞歷山大里亞的時潮中。四十歲時抵羅馬，為當政者所喜，還擬仿柏拉圖之「夢想」建一理想城邦，但未能如願。耳順之年

（60）收了一位名徒波菲利（Porphyry, 233-305），二者關係親如支那的孔丘與顏回。徒爲其師立傳，且將師之言行輯成書六冊，每冊九章，《九章書》（En-neads）之名遂成。雖言師在授課時，口若懸河，流暢易懂，但文字成書者卻曖昧不明；加上視力大減，無法矯正手稿，致使名徒擬予以系統化、說理化、簡明化時，吃盡了苦頭。

在羅馬時由於在位者之重視，每以國師之禮待之，是「精神導師」（Spiritual director）。還收養孤兒，予以親切照顧，表現他的仁慈及親和力。友人多，敵人無；潔身自愛，刻苦安分，人品一流，對人和藹可親。但上課時卻有點神經質，緊張又膽怯。據其名徒之所言，在他與其師交往六年中，師曾有四次「出神」（ecstasy）經驗，與造物主遊；但健康不佳，憂鬱症纏身，心情沮喪；臨終前一醫生抵達，卻只聽到遺言：「我正在等候你駕到之前，存在於我的神，離我而去，與天合一了。」

雖不曾爲基督教徒，但在精神及道德的修爲及看法上，幾乎與聖者沒有兩樣。尤其在哲學及神學史上，他影響了基督教早期最偉大的神父聖奧古斯丁（St. Augustine, 354-430），基督教的神學成分濃，但與哲學也密不可分。

二、學說

(一)對上帝的描述

藉柏拉圖學說之「理念」（Idea）及「形式」（Form），及「一」（One）與「善」（Good），來指稱「上帝」（God），且以具體的太陽，比喻光之普照大地；但光之散發，一點都不減損原有的光源。此種解釋，有點不合現代天文學的研究。把太陽喻爲日，日光之「流散」（emanation），似乎在熱度上有減少跡象。不過那是一種比喻，不可作字面解釋，前已言之。他的另一比喻是鏡子，鏡子可以映物，映多久或多少，鏡子本身功能無損分毫。

上帝居於最高位，與下屬之間的關係，以「流散」說修正了柏拉圖的「分

受」（Participation）說。上帝如鏡，鏡中有萬物；也如日，日放光使大地陽光普照；但難免有陰、有影、甚至有暗。光環之遠處，光力漸弱，因之就形成物質，在人就是肉體；核心處是神靈，在人就是心，人是身心合一體，身毀心不朽，靈魂也不腐。肉體或物質是惡之源，心及靈乃善本身。不過，物質、肉體、惡，雖屬「暗」界，卻不完全無光，只是缺（privation）光，光較弱而已，仍然有承受光的可能。此種「欠缺」觀念，其後的聖奧古斯丁特別予以發揮。既已存在的現有一切，是最佳者。

(二) 出神

　　上帝創造宇宙及萬有，也賦予人一種神祕功能，即「出神」（ecstasy）。出神使心靈與肉體合為一體，出神時也「看」到了肉眼看不到的上帝，人心更由之「點燃」（enkindle）了神光，上帝附體於人身上。此種「見」，語文著實無法描述，是個人私有的獨特體驗；默想冥思（meditation）時，上帝隨侍左右。「出神」在人生歲月中或許時間短暫，但一旦心離身或不受束於身時，則出神就頻現，與上帝在一起的光陰也可延長甚久。心是輕盈的，可以上升；肉體是笨重的，因之下沉。人之真正幸福就是：

　　告別塵土，遠離俗世，超越地球上的快樂，飛向無牽無掛的獨我之境（a quittance from things alien and earthy, a life beyond earthly pleasure, a flight of the alone to the Alone）。

　　此刻，就是「與造物主（上帝）遊」。此樂是極樂也是至福。上帝（God）是「一」（One），也是「單」（Alone）；個人的「單」（alone）與上帝的「單」（Alone），二者已無別，人生絕無憾！

　　蘇格拉底不是也有一次靜立不動的出神，他聚精會神的聆聽由「神諭」（oracles）所傳來的「內音」（inner voice）。其後，聖奧古斯丁亦有《沉思錄》（*Meditations*）一書之著作；來世的，睿智上升（otherworldliness, intellectual ascent）了。此刻的哲學，除了希臘哲學所注重的邏輯、宇宙論、心理學、

形上學，及倫理學之外，另包括了宗教及神祕學，且視之爲最頂尖的知識。甚至
還把個人與上帝合一的私下體驗，當作是眞正哲學的依據。從此，在希臘的理論
哲學與羅馬的實用哲學之外，神學不只也沾上了邊，且後來居上。由於基督教中
的耶穌，在史上眞有其人，由之而創的宗教神祕性，反而比柏拉圖或亞里斯多德
哲學中所涵有的宗教味更具體、更明確，且更煽起一股極爲旺盛的信仰虔誠之
風，由普羅泰納發展出來的神學觀，由於大眾化及平民化的走向，更非前哲只能
由少數精英才能領會者所可望其項背。啟示、出神、靈感閃現，幾乎人人皆有
之，把前哲思想帶入宗教天地，新柏拉圖主義的普羅泰納居功最偉，宗教（re-
ligion）加上哲學（philosophy），就成爲神學（theology）。二者之間的轉接人
物，就是普氏。

(三)行重於知

　　普氏的傳人更注重道德品格。上帝既萬能，也集眞善美於一身。就善而
言，上帝創造的一切，皆善；無惡可言。人類用語在此實有不妥處，不該用
「惡」一字，惡只是「欠善」、「欠美」、「欠眞」而已，卻有向善超美趨眞
的可能性。「欠善」本身，對「善」而言，不加多也不減少；好比健康與不健
康（欠健康）一般。當欠健康者漸漸變健康時，對健康本身不影響皮毛。健康
就是健康，善就是善，沒有「變裝換形」（transformation）。上帝「自開航道」
（self-diremption, self-canalization），使二者通行無阻。

　　「說得一畚箕，做得沒一湯匙」。廢話形同垃圾。只有在行爲中，才是與上
帝遊的保證。先是淨心明性，才可悟道；排除七情六欲（purification），現神跡
（theurgy）、奇行（miracles），神明展現（divination）；其次是身體力行。只
坐而言，絕不爲上帝所喜，空談無用。

　　因之，善行就具體的顯現於禁欲上。初始與人交往，先就理棄情的展現
「適度冷漠」之德（metriopathic virtues），其次就是「看開」（apathy）。普羅
泰納門生波菲利（Porphyry, 237-305）要求徒眾須終生不娶，禁葷食，不上劇場

等，與畢氏學派作風相彷彿。

其次，聚集在雅典講學的學者，包括新柏拉圖主義者在內，於529年時因查士丁尼皇帝（Emperor Justinian）禁止授課，乃散各地；還好，發揚亞里斯多德經驗科學的亞歷山大里亞（Alexandria）學府不受影響，其中，還難能可貴地出現了一位女哲人，致力於調和兩大哲的哲學論點，她名叫希帕蒂婭（Hypatia, 370-415），專攻數學及天文，以口才、謙遜、美麗及非凡的才智吸引學生，但415年時卻被信基督的狂熱暴徒殺害。[1]

亞歷山大里亞大學取代了雅典大學的地位，學者把希臘哲學併入宗教而成為神學，還成為基督教徒，且修正哲學學說而採信基督教觀點。上帝創造一切，創造之後，時間才開始轉動，創造之前無時間。甚至認為，柏拉圖從《舊約聖經》的摩西五書（Pentateuch）中取得智慧。

(四) 傳遞角色

從哲學「史」的角度言之，新柏拉圖主義介於古代哲學與中世紀哲學之間。學者研究古代哲學家的著作，從希臘文轉為拉丁文。在這方面扮演重要角色而值得一提的是：

1. 卡培拉（Martianus Capella, 4-5世紀），有百科全書型的著述，將古代的「七藝」（Seven liberal arts）分成「前三藝」（Trivium）及後四藝（Quadrivium）（De Nuptiis Mercurii et Philologiae），以天上水星（Mercury）掌辯論之星及負責語文之星（Phiology）兩星之聯姻為書名。

---

[1] 若稍降低作為「哲學家」的條件，則女性之成為哲學家，古代早已有數人。在男女知識成就的不公平機會下，女性也沾了一點哲學邊，實在應「大書特書」。稍早的尤莉婭（Julia Domna, ?-217），是羅馬皇帝（Septimius Severus, 146-211, 103-211為皇帝）之妻，她把哲學家和其他知識分子聚在自己的周邊。皇帝死後，由二子共治，但卻相互殘殺。另一子出征時由母后聽政，一聆其子在前線陣亡後，她絕食而亡。有生之年，曾要求為學者立傳。

2. 波伊修（Boethius, 480-524），曾就學於雅典，任高官，但卻因叛君罪被關且處死。著《哲學之慰藉》（*De Consolatione Philosophiae*），主張以哲學取代宗教，令他心安，也是坐囚面臨死亡時的最大慰籍。另譯亞里斯多德著作多本爲拉丁文，又涉及共相及殊相議題，爲中世紀教父哲學的熱鬧場面，啓開序曲，被史家稱爲「最後一位羅馬人，卻是教父哲學的頭一人」；「直到十二世紀末，他是接傳亞里斯多德主義到西方的要角。」

小結　古代哲學結束

古代哲學所展現的亮麗與博大精深，的確是人類思想史上最令後人頂禮膜拜的成就之一。希臘三大哲的出場亮相，爲全球學術舞台提供無比的討論素材；而醞釀出此種超群的文化花朵，荷馬的史詩功不可沒。還好，後來者也擬仿之，甚至超越，不讓先人專美於前。但丁、莎士比亞、歌德等大文豪輩出。希臘的神廟建築，中世紀時代出現了歌德式大主教堂，加上舉世聞名的大畫家如米開朗基羅（Michelangelo, 1475-1564，1500年完成聖殤圖，*Pieta*），以及臺灣人也極其熟悉的達文西（Leonardo da Vinci, 1452-1519）等之名畫；飽食這道豐盛無比的餐宴，欣賞這些傑作，絕不下於聆聽貝多芬或莫扎特之樂曲，或把目光注視於巴黎的聖母大教堂。

一、「一」與「多」之爭

希臘哲學時代類似支那的先秦，五花八門，諸子百家齊出，同異互別，叫陣當頭，挑戰性、分析性、批判性極爲明顯。幸而歐洲其後的思想界，也發揚此種特色，不似支那一兩千年的定於一尊。文化或文明的優劣，東西懸殊之後果，一目了然。就哲學而言，一（One）與多（Many）之爭，吵無寧日。「多」是經驗界的事實，「一」則屬心靈領域。由於語言文字使用上的不十分精準，一與多，皆帶有物質性，如萬「物」皆歸於「水」、「火」、「土」、或「氣」。其

後，心或靈等字眼的出現，才漸脫離「物」的羈絆。二元論（dualism）出，二元殊途，各奔前程。接棒者如辯者之「多」，三大哲則傾向於「一」。「意見」（Opinion）之「雜」，由「理念」（idea）予以統合為「一」，如柏拉圖；或以潛能性與實現性的「形式質料說」（hylomorphism）來解開「變」（Becoming）及「不變」（Being）之間的糾纏，如亞里斯多德。哲學家之不同於凡人，乃因前者不只「見」膚面的表象（Phenomena），還更見底層的本體（noumena）；因必有第一因（First Cause），動必有「不動的動者」（Unmoved Mover），原則也終有最後原則（Ultimate Principle）（亞里斯多德）。這些用語一現，「上帝」之名即呼之欲出。

二、哲學與神學接軌

亞氏之後的哲學，順著羅馬人的實際性格，品德操守是焦點。斯多噶派最重視「一」，「一」具普世性。群性思想或大同觀念（cosmopolitanism），與生俱來；相反的，伊比鳩魯強調「多」，植根於原子論派，導致個性及自愛倫理觀（egoistic ethic）出。作為本體論或宇宙論的「一」與「多」，此時反映在道德學說上，也出現兩派主張，一重苦行，一主享樂。以樂與苦來定義「善」與「惡」，何其實用之至。哲學的普及化，已昭然若揭。苦樂不只見於今生此世，但盼望來世往生能避苦得樂。「天國」觀念處在動盪又不幸時代中，深植人心，超越抽象或形上，也若隱若現。有心人遂擬更上一層樓，不只把感官經驗化約為觀念，這是理性的運作使然，理念萌芽滋長了，且予以道德化。「理念」（Ideas）與「理想」（Ideals）二者為同體，「事實範疇」與「價值範疇」有了交集；由「一」與「多」所生的疑難雜症，也就有解了。亞氏所言之「四因說」——質料因（Material Cause）、形式因（Formal Cause）、動力因（Efficient Cause或Exemplary Cause，範本因）及目的因（Final Cause），因此完備。四因皆存於上帝中，基督教的宗教哲學乃奠基於此，多歸於一。

三、「人」與「上帝」之關係

上帝把一與多解決了，人就是最佳的例子，人正是一與多的合一體。早期哲學家過問「客體」（Object）之「物」，其後回轉到人這個「主體」（Subject）；物有一也有多，人更是如此。有形與無形的質料，組合成人，即一方面是肉體，一方面是心靈。組成人的這兩種成分，量與質各異，比例也懸殊；精神層在上，物欲層在下，這是小宇宙。就大宇宙而言，人不是位階最高者；人之上有神、有上帝、有天堂，人之下有地獄、有魔鬼。人就是人，人不能上登天堂，也不願下抵地獄。此種宗教觀就與基督教有別了。蘇格拉底之前的哲學家，比較思及「客體」；其後的哲學家雖轉向「主體」，但仍對客體注入不少心力；因之將道德品格，與形上思想相連。羅馬時代的哲學家，注重點放在倫理學說上；但心目中也體認到在人之上的上帝。而與上帝共存的唯一具體又可由經驗予以證實者，就是「出神」（ecstasy），把人從地的水平線往上拉昇，是縱貫面的（vertical），而非橫斷面（horizontal）了，符合了「金律」的意旨。

四、知識論（Epistemology）

知識論一向被哲學史家稱為是現代哲學的特色，甚至有些哲學家說，若無知識理論的探討，哲學就空無一物了；不把支那思想納入哲學範圍，這大概是最主要的理由。誠然，人之異於其他動物，或有些人之超群拔萃，乃肇因於知識之多與深。甚至品德若無真知作底子，則非但不是品德，且是愚德、笨德及蠢德了，行為效應必為惡更劣。

就哲學史實來說，知識論是現代哲學的強項，但古代哲學並非對此無人問津；相反的，不少一流的希臘哲學家，在知識論上大放光芒萬丈的異彩。現代哲學在知識論上的比重加大，這是康德之後的現象；知識論儼然成為一種顯學，特別醒目。但古代哲學家耗費心神於「知」者，也車載斗量，不勝枚舉。真理的絕對性或相對性，感覺經驗之可靠性，理之推論之有效性，以及現在方法論

及邏輯上的名詞，大部分源於古代哲學。如「謊言詭論」（liar paradox）、兩難（dilemma）、三段論式（syllogism）、省略式（enthymeme）、懷疑論（scepticism）等，都出現在古代哲學討論中。

1. 「知是可能的嗎？」

2. 「如何得知？」

3. 「知是什麼？」「知」存在嗎？（有「知」這回事嗎？）

4. 真理是絕對的或相對的，座標是什麼，有標準嗎？

5. 知是先驗的（*a priori*），還是後驗的（*post priori*），或是超驗的（transcendental）？

上述諸問，有些涉及心理學，如2，這與「方法」或「工具」有關，且與「態度」扣緊，不可不察。費大半生聚焦於此而提出這些「批判性問題」（critical problems），乃是康德對哲學的最大貢獻。古代哲學家早已觸及，只是並不盡瘁於斯。

古代哲學家在知識論上的討論，仍不忘情於把知識當作是一種工具，而非「為知識而探討知識」。知為德之基，德為本，知為用；雖不至於如同支那般的重德輕知，也非把德泛濫成「泛德主義」（pan-moralism），但德重於知，正不違反「主體」性的主調。主體的人，核心要項是德。還好，作為德之基的知，也在重要性上提升。

心理學或生理學亦然。提升心靈步上善行之路，才是最關緊要之處。文教之受到柏、亞兩氏之重視，原因在此。把「心」、「靈」、「魂」或「知」，作「純粹」研究，這不是古代哲學家的人生抱負。心寄居於體內，如同船長在船中，註定的是心指揮身，好比船長駕船一般，是有航行「方向」的，非抵目的地不罷休。目的地不是一種「道德」的善行終點嗎？柏拉圖說，理念「先」存，早已存在，人只是忘了，回憶即可。肉體死了，心是不死的，靈及魂是不朽的。此種「先存」觀念，心是「主」，而非「副」，更非從肉體的動作「順便而生」的功能（epiphenomenalism）。倫理味不嚐即知。此種先存觀念，在知識上如此，

在時間觀念上也如此。此一哲學層面與基督教信仰不符，基督教重「創」。萬有的一切，包括人、時間、空間及知，都是上帝所創；上帝未創之前，一切皆無。此外，上帝可無中生有，這才是「創」的神奇處。人在此一層面上，只能「信」而不必「知」，也不「能」知。還好，柏拉圖深信人的「心」，深深地含有道德甚至宗教性，故哲學與宗教在此又碰在一起了。亞里斯多德卻較持生理學的立場，以爲心之功能係身的附隨現象，如記憶、想像、推理、作夢及感覺；身死則這些所謂「感官」所生的功能，即消失。因之基督教興起之初期，柏拉圖在教會的地位，高於亞里斯多德。

五、獨斷論或絕對論的知與行

辯者說，人是萬物的尺度；但人人之尺度各異，因此標準也別，這是相對論的說法。雖然相對論頗合俗人、凡人、常人的經驗，卻在理論上患了一個大弊，即自相矛盾。堅持「一切皆相對」，這項堅持，本身即是「獨斷」（dogmatism）。三哲的立場是獨斷的，即知有眞知、永恆的知、絕對的知；至於德呢？一樣如同知一般，以眞知建立的德，就是絕對的德。法令、規章、習俗、傳統，都可便宜行事，且因地、因時、因人、因事而制宜。道德上的主智主義（ethical intellectualism），堅持一種說法，認爲之所以有不同的德行，追根究柢，乃依錯誤的「知」所造成。片面的、膚淺的、扭曲的、掩蓋的、被逼的知，必造成錯誤的判斷；若由之而訴諸於行爲，必生惡果。至於不依理卻憑情意論斷（argumentum ad hominem），則最足以害事，效應必不堪設想。比如說，傷害敵人，或一生以無恥的自私爲志，可以說是自然且恰當的行徑嗎？（傷人害人是惡行，不管傷或害的人是敵人或友件。）

以「理」居首而發揮的「理性」功能，不只在知識上肯定有絕對的眞，且也在品德上深信有最高的善。眞與善是合體共生的。「理」是由「心」、「靈」、「魂」而生，也就是「神」了。神的化身，就是哲學家。辯者所揚言的名句：

Man is the measure of all things.

該改爲：Philosopher is the measure of all things.

也等於是說：God is the measure of all things.

「all things」（萬有）當然包括知及行在內。難怪其後的天主教神學家，不諱言地指出，希臘三大哲，尤其是柏拉圖，在著作中如「稍」改一些字詞，不就等於虔誠的上帝信徒嗎？至於亞里斯多德提出的四因說，質料當然爲上帝所創，動力本身就是上帝，上帝是「不動的動者」（Unmoved Mover），目的朝向善，即上帝；那也是最頂級的「形式」。

新柏拉圖主義扮演過渡角色，把古代哲學與中世紀哲學如此地接軌，甚至可說是無縫接軌，極具「史的連續性及發展性」。

貳｜天主教（中世紀）哲學

前　言

　　基督教一興，宗教信仰力之大，如瘋狗浪般地橫掃歐洲世界；尤其在313年由羅馬皇帝定爲國教之後，一直到十三世紀時，都是哲學界的主流。此種千鈞巨力的時潮，也爲歐洲文化奠定更爲深厚及穩如玉山的基石。理論見長的希臘，加上實用爲主的羅馬，二者都朝向今生俗世界；基督教哲學家則更邁向天國。騎二輪車可以安然上路不倒，但若是有三角架，則更屹立不搖。歐洲學術的深化，如此更傲視寰宇。

　　時間之流程實在無法斷然劃分，中世紀或天主教哲學的起始從何時起算，此議題之爭頗多。羅馬帝國建於公元前27年，公元後395年分爲東西；西羅馬帝國滅於476年，東羅馬帝國於1453年消失。但二者都早已名存實亡，取而代之的，就是羅馬天主教會（Roman Catholic）。因之，早期天主教闡釋聖經的最偉大神學家奧古斯丁，雖屬羅馬帝國時代，但以政治爲主的歷史，不如以學術爲考慮。古代哲學持續一千多年（公元前六世紀到公元後五世紀），中世紀的天主教哲學也是如此（公元後五世紀到十四世紀），客觀或物理時間上，二者無甚差別。

一、神學取代了哲學

　　學術界不少人認爲中世紀哲學無甚研究價值，不值得費時探討，因爲充斥著語文遊戲，邏輯硬拗，一味地符合天主教會的勅令，哲學簡直就是宗教的奴婢、應聲蟲、傀儡，無自主性。古代及現代哲學家都是自由人，任由理性翱翔於廣闊無邊的天地。相反的，天主教神學家或哲學家，卻在「牢籠」裡掙扎，不見陽光；猶如住在柏拉圖比喻的洞穴中，還被貼上了「黑暗時代」（Dark Ages）的標籤。但究其實，中世紀哲學並非一無是處，該被斥責的是末流之空洞化，務名而不究實。一來，「教父哲學」（Scholasticism）被貶爲繁瑣學派，成天耍嘴皮。但叢草中也有豔麗的花朵，比美於現代一流哲學家者也不乏其人；以往許多不屑視之者，評中世紀哲學「全都只不過是支離破碎」（all of piece），著實是一偏之見。若套用黑格爾（Georg Wilhelm Friedrich Hegel, 1730-1831）的辯證

法，古代哲學是一議題（thesis），則中世紀哲學是另一反議題（antithesis），如此才能使現代哲學夠資格作「合」（synthesis）的工程。如引用新柏拉圖學者的口吻，議題（傳統譯為「正」）及反議題（傳統譯為「反」），都有「欠缺」（privation），二者皆具價值。從此角度言之，中世紀哲學的地位，也可與古代及現代哲學相類。

　　天主教的神學家高抬「信仰」（faith）之重要性，凌駕於哲學之上。「有了信，就有了知」（I believe in order to know）；「信」的位階高於「知」，信了就知；不少其後的哲學家包括黑格爾在內，認為中世紀的思想，無法名列在哲學史之內，若置於神學（theology）史中，反而比較妥適。神學之「極境」，極為明顯，是靜態的，已至「至」了，百尺竿頭之上無了；哲學則把重點放在進步、發展、變更中，是動態的。

二、理性與啓示

　　中世紀神學並非一家言，也不定於一尊，派別林立，也是史實；與哲學史上的古今無異。神學也是哲學的研究領域，二者有交集處。不管是神學家或哲學家，中世紀學人對古代哲學有褒也有貶，批判或分析精神不缺；即令現代哲學對中世紀哲學口出惡言者多，但中世紀哲學或神學，卻是現代哲學揚長而去的後座力；襯托之下，更可以彰顯現代哲學的特色。獨美而無醜，那能更突出美的價值？

　　其次，中世紀哲學與神學不分，但所謂不分，也有程度上的差異。並非全部或大部分的中世紀哲學家，都具教士及神學家身分；他們也並不全依神學家立場來探討哲學。當然，比起古代及現代學風而言，中世紀學者將神學與哲學相併，較為明顯，人數也較多。

　　代表理性（reason）的哲學，與透過啓示（revelation）的宗教或哲學，二者之間的關係，變成中世紀學人的熱鬧話題。理性是一把刀，這是所有哲學家的為

學利器。中世紀學者之享有哲學家封號，也擬利用這個人類特有的工具，向宗教的祕境進軍。哲學與神學，二者就在此處相會且相聚。啟示本是神學的地盤，但哲學也擬過問。中世紀學者異於其他時代學者的是，前者仍以信仰為中心意旨；並且理性之運作，只作為更虔誠於信仰之用，絕對不敢也不能拂逆啟示。依理性或許可得真理，但靠啟示，則真理就與己相伴終生。理性與啟示合，相安無事；若不幸相衝，則捨理性就啟示；前者是人性的功能，後者是神性的展現。人不能拂逆神。以知識來佐證上帝的存在，但上帝之存在，已然是不可否認的事實，理性只能證實之，絕不能予以否證。並且，純靠理性所得知的上帝之存在，此種知，是不足的、有欠缺的，非完滿的；只有依啟示，才可幫上大忙。理性在哲學真理之探討上，是一大功臣；但在神學真理上，理性則只是一小卒而已。最爭議也最困擾的「三聖一體」（Trinity），單靠理性是無法認知的。

(一) 啟示信仰（神學）同者，理性論證（哲學）並不必然同

　　神學家對天主教之啟示真理，不敢有異議，眾口同聲；但他們的哲學見地卻分歧，且有時分歧得頗為顯著。「一」（上帝）是同的，「多」卻有殊了。啟示時刻不離心，信仰是一生不可或忘的職志。至於哲學思考，則可視為時興之作，或信仰時的附帶現象，可有可無。啟示對人，份量是十足的；但理性推理的哲學工作，對神學家來說並非緊要，若與之沾上邊，則兼具哲學家角色，反之則是牧師、神父、宣教師、福音傳播師，而非哲學家了。

(二) 中世紀哲學在哲學史上自有其獨特之處

　　中古神學家或哲學家，比較少受控於「外因」，如政治、經濟、及社會等因素的影響；「內因」之比重加大，即人與上帝之關係，是他們最大的關照點。

　　作為中世紀思想的最大背景，就是滿足於人人渴切寄望的內心需求。天主教與世人一拍即合。其次，此種「內因」，也是基督教會之所以存在的這股勢力，卻在1517年的宗教革命之後，把本為「統」的歐洲，分成新舊各自別開生面的

「獨」立自存。在這之前，歐洲是「一」的，有統一語言的拉丁，有統一信仰的上帝及舊約，有統一的指揮中心即羅馬，政教也統一在神聖羅馬帝國之名下。但自1517年之後，離開出走而分立門戶的「獨派」，持「抗議者」（Protestants）招牌，一般稱爲「新教」，與舊教互別苗頭。學術思想及哲學派別，也因之更形複雜了。

　　人雖稟有理性的天賦能力，但理性力也有局限；「理」並不走遍天下，致使人的實際生活面，慘況頻現，災難時傳；只好無助的禱告神恩，企盼能及時澤施於人。加上大小宇宙（天及人）之奧祕，深藏莫測，信仰之力遂強過於理性，這是全民皆有的普遍體驗。哲學探討易淪爲少數知識精英的禁臠，平民百姓未能親炙；但宗教信仰是大衆化也平民化的。當時局動盪時，信徒持「信」就可保平安；一俟和平時，卻難免對教義懷有疑義。哲學家兼宗教家有義務以理性來強化信仰，兼批判異端。啓示與眞理合作，神學與哲學攜手，中世紀哲學的旗幟，在這方面最爲鮮明。

教父時代（Patristic Period）的來臨

　　西洋或歐美的哲學界，天主教的勢力不可小覷。不少由天主教的神父或天主教哲學教授，所撰述的中世紀哲學，必花巨大篇幅致力於斯。「史」含有客觀的科學意，即以史「實」為重；但哲學史尤其教育史，卻是以價值為導向（Value-oriented）；心中以主觀的判斷為核心，那是「史識」。當然，史識必建立在史實上，不可無的放矢，無病呻吟。嚴肅的來說，史識之價值或許高過一切，因為即令是「史實」為基，但不可能鉅細靡遺地盡現史實，悉數全包；總該對史實有所選擇，史家心中早有譜了。譜是不可亂唱的，一有選擇，則「價值導向」就隨即而至。當今的天主教哲學家中意於中世紀哲學，難免對它美言有加，遇到挑戰或批評，就取「同情的了解」（sympathetic understanding）予以釋懷；有些哲學史家把中世紀哲學只用一章來評述，有些則花一書來撰寫，差別之不同，可見一斑。

一、「教父」與哲學搭上邊

　　「教父」，顧名思義，即被羅馬家天主教會封為神父。神父（Saint）在教會中的地位極為崇高，他們飽學經書，對古代哲學及宗教信仰之探討，不遺餘力。由於基督教之興起，頗多神祕性，如「聖胎」，即「無孕懷胎」（immaculate conception）。耶穌（Jesus Christ）史上真有其人，也有媽媽瑪麗亞（Maria）；但在無夫之下，竟然能生子，其父就是天父或聖父（Holy Father）。此「事實」隱含一深意，即神的作為（如生耶穌之事）或言語，如十誡、舊約或新約，非人之「理性力」所能深透，那才彰顯神力的偉大；人不可妄尊自大，膽大妄為，由希臘羅馬文化發展出來的文法規則，只能約束人間語文，若以此來檢查聖經文字是否合乎文法，那簡直是冒犯或褻瀆神明之至。其後的「現代哲學家」如培根（Francis Bacon, 1561-1626）不也提醒世人嗎？這位可以說屬於「經驗科學」（empirical science）的開創者表示，水之源有二，一從上而下，如雨水，那是「天」掉下來的；一是由下而上，那是泉水，存於地底下。「天」高不可測，

「天啓」（revelation）非人力可解，但無妨，「信」之即可。且天大於地，也高於地，天啓所示，一切皆正確；相較之下，人如「鼠」輩，怎堪能與之相較。這就是羅馬教會的「正統」哲學；如有他論，必是邪說，也必屬異端。斯可忍，孰不可忍？

　　上帝之名爲耶和華（Jehovah），獨生一子耶穌，下凡人世，普渡衆生，以贖罪（redemption）、拯救（salvation）及愛（love）爲手段，又有具體的實際行動，不是徒托空言或理論。上十字架的活生生史實，見證者歷歷如繪，又有誰不信？由此而成立的教會，指示一條「路」（Way）來指導迷津，是衆生得救的導航，也是羔羊的牧者。耶穌的使徒（Apostles），並不致力於哲學體系的完整及理論的深邃。不過，一旦虔誠的信徒在希臘傳教，甚至在猶太地區佈道，必面臨哲學（前者）及信仰（後者）上的質疑。此外，基督教所信的天主觀念，一旦扎根且成爲國教之前後，必也引發敵意式的嫉妒。教父挺身而起，據「理」以力爭，哲學式或理論式的答辯，也勢所必然。尤其來者若擁有一套言之成理的哲學主張但卻是大唱反調的，則教父既上了梁山，也得要有三兩三。本來教父只管信仰的事，此時爲了確保信仰城堡之固若金湯，不得不學對方理論而以哲學攻哲學，借力使力，以矛抗矛，以盾禦盾。教父加上哲學，教父哲學之名遂成。

　　宗教建立在「信」上，哲學則以「知」爲首。要他人信，也該建立在「知」上；且知得眞則信之誠，更爲牢靠。即令在信徒內心中，必也有極大的可能會生疑；解疑去惑，不能光是「信」了就「知」一句話，即可交差。外「敵」環伺左右，內「賊」也蠢蠢欲動；信仰的城池，必脆弱不堪。信仰佐以理論，才是解套的致效祕方，教父不但不可蔑視哲學，且視哲學是上帝賜予教徒的恩物。無知者更能進入天堂，這是一時的興奮性情緒語言；該句話的錯誤，猶如支那人所說，「無知或無才便是德」一般。從此，基督教逐與希臘哲學，建立密不可分的關係。

二、衛教信徒（Apologists）的希臘陣營及拉丁陣營

哲學是希臘人的強項。但在政治上，使用拉丁語文的羅馬人，是天主教成爲國教時的當政者，且拉丁語文幾乎變成「國際」語文。因之，爲信仰辯護的衛教思想家，就因語文使用的關係，而分成兩大陣營。

(一) 希臘的衛教士

任務有二：一是攻異端，二是力勸帝王准許基督教存在。此種層面之具有哲學或哲學史意義，乃因他們皆據「理」力爭，理是哲學力的展現。這批衛教之士，不少是殉教而亡者，但他們的鮮血並不白流。論說的對象是一大批拋來恨意或質疑眼光的異教人士及在位者，心思則集中在上帝觀念的闡釋上。

1. 動必有動者，推動者之力道必大於被動者，否則又怎有動之現象。最大的動者，就是上帝。宇宙有則有序，因之必有個「主」，主即耶和華。萬有都是設計出來的，設計師不是上帝又是誰呢？

2. 一生開始即對信仰不起疑，且終其一生皆不生疑者不多。其實，對信仰動搖，不是壞事。由疑生信，或許比由信生信，對信之執著，更爲堅持；不少衛教之教父早歲之際遇，大有可能都呼吸於希臘哲學中，難免對基督教之教義有不解之處。這不是怨枉路，也非虛耗青春；由疑而信的信，比較不會再生疑，因已經過了疑這階段而抵信之境了。眞正的疑已去、已解，又怎會再生疑呢？

3. 希臘大哲學家的一生事跡，尤其是蘇格拉底，不是如同耶穌嗎？前者爲道，後者爲教。哲學可作爲神學的準備，是鋪路性的；起始點是哲學，終點就是神學了。「道成肉身」（incarnation）的眞實例子，使耶穌比蘇格拉底更動人心弦。聖經教義（Scriptures）是一切智慧的總匯，由哲學家「分受」了其中的智慧之言，若有所加、增、減或刪，都屬錯誤、誤解、扭曲。神學是高過於哲學的。希臘哲學家中柏拉圖最爲傑出，但他卻言理念「先存」（pre-existence），吾人只要「回憶」（recollection），即可重新予以「發現」（discover）。這就大錯特錯了。上帝是「創」造一切的，創是無中生有；理念也爲上帝所創。因

之，上帝先於大哲學家，大哲學家如柏拉圖者，不能取代上帝。

　　4. 知取代信，即「知優先論」（Gnosticism），（「知」的希臘字是*gnosis*）。此派自認非凡人，是超人，更非一般基督徒；把優先地位，從「信」轉為「知」，這不是柏拉圖的哲學嗎？但領會神或上帝，人在「知」上是無能為力的，也是自欺欺人的。只有領會使徒的教學，才是真正的「知」（*gnosis*）。希臘哲學家慣於「竊取」（plagiarism），且等而下之的予以誤用或濫用，實不足取。知頂多知「信」的部分而已，絕無法知「信」的全部。哲學之力雖大，但絕非無窮。且知無佐以信，知就不全，也走樣了。

(二) 拉丁的衛教士

　　除了如同希臘衛教士一般，提出宇宙之有則有序來證明上帝已存在外，也例舉人這個小宇宙雖神祕，卻也因機能功能之安排就緒，以示上帝創造大小宇宙之神奇外，對希臘哲學門生仍持以知代信之論，大為痛心。

　　1. 就「教育」言之，本來寫作歷史，最為煩人也最令學習者深感痛苦的是人名、地名、年代太多；為了減輕讀者的負擔，凡在哲學史上較不重要的角色，就略而不提。但拉丁衛教士中，對哲學持敵意且地位較崇高的特塔良（Tertullian, 160-230），是不該隱其名的。他說：

> 哲學家與基督徒，二者有共同處嗎？希臘的門徒，（是）錯誤的友伴，可以與天堂的學生相伴嗎？一方是犯過的仇敵，一方是真理的友人。
>
> 即令蘇格拉底的智慧與上帝相比，也將自慚形穢。柏拉圖諸輩，都是盜取聖經教義的匪徒，還大言不慚地據為己有。

　　2. 另外的拉丁衛教之士，反駁柏拉圖的觀念「先存」說：知是先天的，早已存在，也是自明的，這都是謬論。試問孩生一出生之後若孤零零的一個，也沉默不語，則一生都處無知狀態。只傳不創，這種說法（traducianism），實在小

看了上帝的偉大處。

(三) 知先於信之說（Gnosticism）

「知了才信」（I know in order to believe）。其後在亞歷山大里亞（Alex-andria）學府，發展成一句神學家的名言：倒轉過來改為「信先知後」（*Credo, ut intelligam*, I believe in order to know）。此句話來之於克里門（Clement, 150-219）。以知為優先的希臘哲學，在基督信仰者心目中，著實不該視而不見；倒該認定，哲學是神學的入門工夫。希臘人之有哲學，好比猶太人有摩西（Moses）及「先知」（Prophets）一般地給予智慧。不要說希臘人向聖經偷取，卻該說是借用，雖因人之自大而有了竄改，但希臘哲學不也暗藏許多真理嗎？智慧遍散於希臘學府中，其中最傑出者，當屬柏拉圖。因哲學而可登堂入室於神學，且更能了解基督教義，徘徊於信及知之中。一個人光只信而不奮力了解，則猶如一個小孩無法與成人相比一般，是盲目的、被動的。不過，知若不能與啟示相一致，則非真正的知。此外，靠啟示以知上帝，不是以肯定句來領會，而是否定句（*Via negative*）；與其說：「上帝是什麼」，不如說：「上帝不是什麼」來得精準。所有對上帝的正面描述，都是不足的。上帝的神祕面紗，永遠無法盡數揭開；無妨，可學學克里門，他說，柏拉圖也用希臘文寫摩西（Moses）這位最偉大的先知。

亞歷山大里亞另一位衛教之士是奧力岡（Origen, 185-254），對希臘哲學較為友善。學問淵博，寫作之多，在四世紀時，衛教之士無人出於其右。一生致力於調和教義與哲學，堅信自己別無異心。但此種工程，有如走鋼索，險象環生。上帝既善（God = Good），既是創物主，則創是不休止的，性質是「自通」及「自擴散」的（self-communication, self-diffusion）。上帝創一切之後，時間才出現；若創之前，時間已「先存」，則時間又是誰創的呢？至於惡，惡只不過是一種「欠缺」；惡之生，上帝是不該負責的，因為「惡」只是「欠善」而已。奧力岡可以說是綜合基督教學說中位居首位者，雖任取聖經教義自由自在的發揮，卻

也因熱火過度地醉心於希臘思想，難免令教會掌權者懷疑他在「信」方面不堅。

(四) 神父（Fathers）

　　凡一心一意探討神學問題者，尤其是「Trinity」，日人漢譯爲「三位一體」，支那人「全盤接受」此種譯法。其實，該譯文可爭議之處甚多，把「Holy Father」、「Holy Son」，及「Holy Spirit」或「Ghost」，漢譯爲「聖父、聖子、聖靈」，這種三合一，多了「位」及「體」兩字，最易引起誤會，不如譯爲「三聖合一」。天父的耶和華，上帝之子的耶穌，以及父子之靈，這種「三」，不能當字面尤其是數字解。這是羅馬教會史上爭議甚多，闡釋也極其複雜的「純」神學問題。哲學家擬以哲學解之，容易惹禍。撇開這些不談，神父們在「哲學」史上扮演的角色，值得一提的是：

　　1. 希臘神父：視希臘哲學尤其是柏拉圖主義（學派），乃是爲基督教鋪路，使異教徒變成基督教信徒。雖然希臘哲學犯了不少錯誤，且各學派彼此互不相讓。有些神父不是一生都花費時光於聖經教義而已，他們博覽群書，尤愛希臘羅馬的文學、戲劇、詩詞。柏拉圖與摩西兩人是知交，即令柏拉圖是向摩西的舊約（Old Testaments）借取智慧，但柏拉圖或許在其中已自我尋覓到了眞理，且早就受到上帝的啟迪與開示。不過，神父如此誇大柏拉圖這位哲學界的代表，卻也指出這位希臘大哲，犯了不少錯誤，他只不過是「逼近」於上帝的智慧而已，還差摩西一大截。「登堂」功夫已達，可惜未入室。此外，柏拉圖的哲學太過學術性了，衆人視之爲畏途；不如基督教教義之平民化及大衆化。領會最高眞理，獲得最完善的智慧，光依哲學也只不過是百尺竿頭，只有賴啟示，才能更進一步，否則就功虧一簣了。萬事雖皆備，卻欠東風。臨門一腳，關係成敗。純藉人的理性力及冥想力，是未逮的。

　　啟示眞理，除了「信」（faith）之外，別無他途。勿想人的理性推論或邏輯演算，就可以拆穿神祕面紗。神學是高過哲學的。神學靠「信」（faith）或「仰」（belief），或啟示（revelation）；哲學則依「理」（reason）。其實二者

有交集。神學的部分眞理，含有理的成分。上帝的存在，此一命題，可依哲學之理來推，來證明。神學之優先於哲學，不是隨便說說的；哲學家在這方面可以幫上神學家的忙。倫理學、自然哲學、邏輯、數學等，不只是眞理殿堂或智慧廟宇的裝飾品，卻是抵達至聖至德中不可或缺的學門，不該蔑視或排斥之。但人之推理，必須由上帝之語文來評價，而非取人之語文來斷定上帝的書。聖經教義（Scriptures）如三聖合一說，乃是衡量一切的尺度。

將神學的神祕性，透過哲學思辯功夫，較帶點理性化，則在領會上就不會深感痛苦。三聖在「神性本質」（divine essence）上是「一」的，不分爲三，否則不是變成「三神論」（tritheism）了。

上帝創造萬物，是隨心所欲，不是被迫的；人爲上帝所創，因之也享有此性質。人之自由是上帝所賜，上帝也尊重之；人之選善棄惡，或爲惡不行善，悉聽人之便，上帝不會過問。這是人「自己做得來的」，上帝是不負這種責任的。但「人之將死，其言也善」，「其行也善」，萬有一切「終」趨於善。只是在由惡往善的過程中，皆由人當家作主，上帝並不介入，如此的善，才是心甘情願，是發自內心的，是「內控」（internal control）而非「外控」（external control）的。

2. 拉丁神父：頂頂大名的聖奧古斯丁（St. Augustine）出場了。希臘神父或拉丁神父，在哲學及神學上只傳而非創，但奧古斯丁除外。「守成不易，創業維艱」，或許是天賦資質不足所致。拉丁神父及希臘神父都有個共同點，他們都把哲學植入神學裡，且深信柏拉圖哲學在這方面最具特色。此種特色，尤表現在這位天主教世界早期最偉大的神父聖奧古斯丁的著作中。

第一節　聖奧古斯丁（Augustine）（一）

天主教哲學世界中，早期闡釋聖經最具權威性的學者，是五世紀的奧古斯丁；晚期則是十三世紀的托瑪斯（St. Thomas Aquinas, 1225-1274）。前者在哲學上取柏拉圖為師，後者則尊亞里斯多德，後者對前者之尊，見解之同或異，都具歷史、哲學，及教育上的意義。

一、生平

奧古斯丁的一生事跡，自剖在他的《懺悔錄》（Confessions）中。父是異教徒，母則對天主教極為虔誠；受母教之時日長，幼年唸拉丁及算數，但耽於嬉戲；遊玩比賽時，總擬搶冠軍。其後學希臘語文，卻恨之入骨，因為不是「母語」。不過對荷馬史詩則愛之不忍釋手。行將就木之時，有人問他兩種選擇取其一，一是等死，二是還老返童；他連思考都不必的立即回答，乾脆死掉較佳，因為童年的就學經驗使他不堪回首。

希臘語文學過，但只懂一二，拉丁語文則甚為拿手。年少輕狂時，情欲難擋，致使他遠離母親殷切的期盼於神庇之下，竟然私下與情婦同居，且又生下孩子，又有機會接觸摩尼教（Manichaeanism），對基督教義之不合邏輯性，內心是無法接受的，既然認為上帝是善的，上帝又是創造一切者，God等於Good，則又如何解釋惡的來源，以及人生為何悲劇頻傳呢？

倒不如相信摩尼教之二元論，善惡並存，明暗同時存在，二者相互衝突，身心二元論也可如此解釋。最具體的親自感受，是他的放情縱欲，非發洩不為快。雖然摩尼教斥責性交、不准吃肉、禁欲苦行，甚至絕食，但他認為那只針對「選民」（the elect）而已，一般人包括他這位「浪子」在內，是不受此限的。他只是個「聽客」（hearer）。還好，他對修辭之研究及知識之探討，頗為得心應手；尤其在熟讀西塞洛作品之後，對真理之研究，下了一番苦功；還設帳教學，立校收門徒，並獲詩詞比賽獎。

　　但摩尼教終究無法平撫他內心的疑惑，如眞理的準確性如何，爲何兩種不同的理論糾纏不清。遂離故鄉北非的迦太基（Carthage），而遠赴羅馬。據聞這個當時歐洲首府的學生較安分守己，不似他處的年輕人經常違法亂紀；加上他有一股雄心壯志，擬在大都會揚名立萬。一到首都，也招生開講，但卻發現大城市的人比較狡猾，在繳交學費之前即轉校離去，此事又讓他苦惱與困惑不已。

　　偶爾在離羅馬不遠的米蘭（Milan）大城，擔任修辭學教授，也聆聽米蘭主教（Bishop）聖安部羅斯（St. Ambrose, 340-397）的佈道，這是讓他成爲基督徒的「貴人」。不過，時日或緣份未到。熱情如火焰的他，不孝地拂逆母意，不擬安分地過婚姻生活，在正娶之刻，還另有新歡，其母傷心欲碎。此時，他讀了一些柏拉圖的著作，接觸到除了物質界之外，另有精神世界的「理念」；尤其新柏拉圖學說中的「欠缺」（privation）觀，使他對「惡」及「善」之二元困惑，頓感開朗。善惡並非二分，其實只是一元，即都是「善」；「惡」只不過是「不善」而已，較少善；惡本身有「善」的份，也可以成善。他與摩尼教的善惡二元論，就從此漸行漸遠，反而覺得基督教義的合理性較強。又聞時人改信天主之事，讓他「燃起一股熱火，擬仿之」。內心開始悔恨自己行爲之不端，對媽媽的不孝。臨門一腳，來自於自家花園隔壁一孩子，不停又持續的哭叫聲：*Tolle lege! Tolle Lege*。他不經意地翻開新約，聖保羅（St. Paul）給羅馬人的書信（Epistle to the Romans）頓時映入眼簾，遂下定決心，堅定意志；西元386年夏季，乃幡然領悟，從此成爲十足的虔誠教徒。隔年乃在聖安部羅斯主持之下受洗。此種「天路歷程」，在他的《懺悔錄》中表露無遺，該書於西元400年出版。

　　他運筆如飛，著作等身。內容泰半在批判諸多攻擊基督教的學派，經疑而信的信，才是眞正的信，從此不疑。加上他文筆之動人，說理之清楚，又地位之崇高（被教會封爲主教），對基督教理論奠下了不可搖撼的地基。不只信仰的徒眾越多，改宗者日夥。一枝獨秀之情勢，已越來越顯著。

　　西羅馬帝國日漸衰亡，蠻族入侵越形加劇。生於十一月十四日的聖奧古斯

丁，於公元430年的8月28日告別人間，無遺言交代。作爲上帝信徒的一位窮苦人，他沒物可留。四處擄掠，也是帝國的勁敵之汪達爾人（Vandals），雖焚城燒市，但聖奧古斯丁的著作，卻能倖存，或許是上帝保佑吧！爲他立傳者，有如下的文字：

> 讀過他所寫有關聖事者，將獲益匪淺。但我認爲，若人們能聆聽且看他在教會的佈道講經，尤其享有特殊機會與他一起作直接的交談，定必有非凡的感受。

二、知識論

著作量雖近百，卻無一本純屬哲學者，幾乎都屬神學性質者居多。但神學與哲學，二者有交集處。他的作品涉及知識論及時間論。中世紀學者之爲學，幾乎神哲二者不分，但皆以神學立場來看待一切。人力尤其是理性推論，足以證明上帝之存在；若再進一步藉神恩及主寵（Grace），則理性力就如虎添翼，力大無窮了；任何神祕，皆可揭其謎底，開其蘊竅。自然界（natural）的疑難雜症，靠理性去解；超自然界（supernatural），則非賴啓示不可。

(一) 知作爲信的「工具」，本身不是目的。

知的目的，是「至福」（beatitude）。求知若能使上帝更入我心，也因之才能真享幸福，則這種求知以得的知，才具價值也具意義。人是渺小的、不足的；因此人的知，不能停止在「人」這個自然物上，必須向上、往外或更往內有所提升，擴大到「超自然物」上。這超自然物，就是上帝。「求知」是一種「過程」，一定要抵達終境，使「知」與上帝合一，不可把過程當目的。若求知而無所得，則此種知之求，又有何益？對人生之福又有何用呢？求知，是擬獲得基督

之智慧，且與基督合一；猶如磁鐵吸引鐵片，若鐵片與磁鐵不合一，則此種結局是不足的、功虧一簣的。以他的親身遭遇爲例，改過自新、棄邪歸正，不到「正」與「新」，是絕不罷休的。換句話說，知有止境，止在與上帝合一。

求知是「動態」的。他所問的是，知「如何」（How）可達，而不是把重點放在靜態的「能」（Can）上。對於「知」的確信，是以「疑」爲起點的。一般人即令是信徒，誰無疑過；經疑之後而生的信，是永恆的，不再疑了。有些人自信無疑，乃因無疑的機會；該種信只能是半信、膚面的、短暫的、個人或特別的、殊異的信而已。任令疑之生，而後所得的信，是已受盡挑戰過的，此種信，才保證是確信，也是絕對的眞，此種完美的知，不是知上帝嗎？未體會此層的知，是等而下之的。

(二) 懷疑論（Scepticism）不足取

「疑」是人人必有的經驗，但疑該有止點，能一直疑下去嗎？依很「學術性」的理出，「疑」有如下數種：

1. 世界的數量是一或是多。

2. 若世界不止一個，則在量上是限定的，如有3或5個世界；或無盡數的世界。

3. 世界的起始與終點，依「邏輯」分析，有下述四種：

① 有始有終

② 有始無終

③ 無始有終

④ 無始無終

諸如上述問題所生的「疑」，太多了，但也可從中得出一種斬釘截鐵的「信」。該「深信不疑」的是，「深信有此疑」。此種「信」，難道還「疑」嗎？

千千萬萬的疑中，也確有一「信」，此信的價值，非同小可。

(三) 感官之知

　　吾人能不信感官的知嗎？眼見就是眼見，耳聞就是耳聞；眼見及耳聞，時有差異不一，但誰又能不信眼見爲眞，耳聞爲實？眼及耳，都履行了應有的感官功能，沒有欺騙我們啊！被欺騙的人是自己，不能怪感官。水杯中的筷子不直，眼睛給的此種報告，是據實不扭曲啊！筷子一出水面，變直了，吾人能譴責或怪眼睛之亂報，前後不一嗎？該種「信」，才不冤枉眼睛才對；該追求「原因」，才是正務；要是眼睛所視的水中筷是直的，就猶如看到離開水瓶的筷子是彎的，一樣使人擔憂眼睛不正常，有疾需延醫求治。水中筷是彎，離開水之後的筷子是直，眼睛所視之筷子有此種相反的「呈現」（appearance），難道有錯嗎？我們受騙了嗎？該追究的是筷子處在兩種不同的「境遇」（circumstances）所造成，不思考此層，才是錯誤或受騙的主因。他反問懷疑論者，能反駁底下的話嗎？

> 我知此物對我而言，看起來是白的；我知此音對我來說，是悅耳的；我知此味對我來說，是甜美的，我知我的皮膚感覺，是冷的。

　　因之，錯誤來之於「判斷」，而非五官所給的報告。從暖室而出的人，將手伸入微溫的水，必感冷，此刻說出：「此水對我而言是冷的」，難道有錯嗎？疑者可親自試之，不也有相同的冷感嗎？

　　此外，任何疑者，既皆不疑他有疑，也就是有一「信」了，也有一「知」了。此種「信」及「知」，是不疑的。連疑也要疑嗎？數學演算之「眞」，是不可起疑的，如：

7+3=10

　　7+3「一定」是10。若說7+3「該」爲10，這種辭句用「該」，就不妥了。

(四) 「存在」（existence）的證明

存在有具體的，也有抽象的或數學符號形式上的。奧古斯丁說，至少可以確信不疑的是，人的存在，或自我的存在。若一個人懷疑上帝或上帝所創的萬物，此種疑，就表示他的存在。「我疑，故我在」；此種類似笛卡兒（Rene Descartes, 1596-1650）的名句：「我思故我在」，即呼之欲出。一個人若不存在，則又那能生疑；一個人若擔心受騙，此種擔心，也證明了一件他不能受騙之事，即他存在。若他不存在，則又有誰能騙他呢？

既證明人之「存在」，也連帶對「活」（life）及「領會」（understanding）深信不疑。沒生命且也不知不曉的人，絕不是「活人」。「存在」、「活」、「領會」，三件事是相連的，證明其一，則另二就不必再費言去證明。懷疑論者還迂迴地說，一個人在睡時或醒時、作夢時，或發瘋時，所言所聞皆不同。奧古斯丁予以反駁地說，不管一個人的「狀態」如何，他都是存在的，都是活的，都是具有領會力的。他說：

> 吾人存在，吾人知道吾人存在，且吾人喜歡此一事實，也知此一事實。我所舉的這三事，是不怕任何疑心疑鬼者來打擾的。確信這些，不是經由肉體感覺，也不依外物。

(五) 五官感覺只是知之始

五官感覺屬外在經驗（external experience），是知之起點；終點在於「內在經驗」（inner experience），屬於「自我意識」（self-conciousness）。

1. 由五官感覺所得的知，是相對的、變化的，只提供吾心作判斷用的，如此而已。判斷是心的功能，判斷需有五官感覺作依據。雖五官感覺各人不盡相同，卻是判斷不可或缺的素材。素材本身是確信不疑的，已如前述；即令有受騙之情事，但怎可如此就以為我們之所知，包括五官所得的知，都是虛而不真的

呢？不能因此以偏蓋全啊！此外，吾人的「知」，大部分來自於他人，誰又敢說他人之言皆不可信，或以為自己「都」受他人所欺呢？絕對的懷疑論者，或百分百持不信者，本身不是自相打臉而犯了詭論嗎？注意，吾人之「真知」，許多是來自於感官，也不少來之於他人之知。

就實際面而言，外感官的知識，以及他人作中介而傳遞給我們的知識，有許多是對吾人之真知有幫助的。自己的內省（introspection），符應他人之體驗者，事例甚多。當然，吾人的判斷難免出差池。在這方面，他最心儀的柏拉圖說過，知識真理是有高下位階的，準確度有程度性的差別。由感官知覺中所生的錯較多，心中之判斷次之；但必有個最準確的判斷者在，即上帝。真理及知識，是永恆不變的。此種真理及知識，與由感官界或物質界所得的知，大異其趣；後者雖有知及真在，但只是部分的真及片面的知而已，非全真全知。且感官所得的知，人與動物無別，人的知若只依感官，則不夠格稱為人；人除了感官之知外，更有理性之知。動物依感官也知悉避害求安，鳥飛時憑視覺而閃躲不往牆壁猛撞，貓狗也憑味覺來選擇食物，諸如此類的事實，不勝枚舉，人不能淪為動物類的知。至於判斷，動物也具備此能力，狗靠記憶，可斷定生人或主人；鴿子也有本領從遙遠地飛返本巢。但人在這方面要勝動物一籌，可以得出最美、最直、最大、最善、最真、最圓的「理念」；這絕非純「主觀」，卻該有個客觀的「實在性」（reality）。此種說法，十足的是柏拉圖的口吻。動物界依形體界斷事，人得往上提升，抵非形體界之境，該境就是上帝。

2. 簡言之，人與動物所共的知，位屬最低層；那是感官的知。較高的知，只人有，動物無，那是由心而生的知，不受感官之干擾。前者稱為「知識」（Knowledge），後者是「智慧」（Wisdom）。

知──變化的、具體的、行動的、相對的。

智──永恆的、抽象的、冥思的、絕對的。

由智指揮知，「輕輕的跨越過知，但往智黏住」。真真實實的與上帝同在。上帝（God）與我合一，活生生的；非如同柏拉圖所描述那種極端抽象也非

屬個人性的以「大善」（Good）比爲「神」（God）。因之，前者的推動力，極為強大，熱情似火的「愛」（love），遍及全身；相對於柏拉圖的「冷」，二者仍有區別。神學家或宗教家對上帝之說辭，到底不同於哲學家。

3. 眞知是具體也實質存在的：知既有位階，有高下，則知必有標準；如同評比美的繪畫一般，評者心中自有一把尺，是普遍性的，爲大家所共同接受，不起爭論。7粒蘋果加3粒蘋果爲10粒蘋果，此事實又有誰疑？蘋果是感官可及的。至於7或3或10，這些數目字，是無形的、符號的、抽象的，把感官界提升爲心靈界的7+3=10，此種知，就比7粒蘋果加3粒蘋果等於10粒蘋果，屬更高價值的答案。這些觀念，都來自於柏拉圖。標準在何「處」？不能用感官界來理解，就猶如上帝是存在的，存在「哪」（where）呢？在虛無飄渺處嗎？或在天空？形上界不可以形下界來解釋。好比五官是可感的，但心官之主宰性，也是盡人皆知的事實；心官（心的運思）之存在，不能用「居所」來解釋。由人民這種個體組成的國家或民族（可見的），所發揮的民族性格或國家精神（不可見的），必是一種活生生的事實，不該生疑。至於該性格或精神存在何「處」，不能用形體界來回答一般。

4. 取太陽之光作比喻，來證明上帝之光：太陽之光照耀有形世界，而上帝之光則使無形世界也露出原形；前者使眼的功能得以正常運作，後者則使心大放異彩。將短暫、變異、相對、形下，轉換成永恆、不變、絕對及形上。可知上帝不是消極被動的，如本體論者（ontologists）者之所言，卻充滿動態、積極、有所作爲；此種作爲是「必然的」（necessary），主動的照明（illumination），是帶有目的性及價值性的（teleological）；不只不可能以萬物爲芻狗（祭完即棄的貢品）這麼不堪，卻是意有所圖的；這是上帝之照明，異於太陽之照明；前者是精神界的，後者則純屬物理界。人的肉眼，藉陽光可視許多形下之物，但形上之物就得賴上帝之光，才能有所見。藉由陽光所得的知，是變動的、局部的。上帝之光，也就是「神光」（divine illumination），將把絕對眞理「啓示」予人，是絕對的。在太陽光之下，人「知」7個蘋果加上3個蘋果是10個蘋果；但在神光

之下，則已臻形式、符號、抽象化的純以7+3=10為功了。前者重知的「內容」（content），比如說蘋果可吃，有顏色、有形狀等；後者則抽離了內容，而只及其形式，具有規範作用。7+3=10，不必管7個、3個或10個什麼「東西」或「物品」。神光之比重大過於陽光，這是柏拉圖哲學及聖奧古斯丁神學的重點所在。至於也頗強調陽光之重要性，這是亞里斯多德這位哲學家，及其後對亞氏禮敬無以復加的聖托瑪斯這位神學家的思想重點。

從柏拉圖的「洞穴」，邁向聖奧古斯丁之「陽光」，都是一種歷程。《懺悔錄》一書中剖白自己少不更事，偷摘鄰家還未成熟的果子，並不是在果腹，只是好玩；又把慈母殷殷之期盼，置諸腦後；一旦自省內思尋找明燈後，即斷然棄暗投明。令他還能存有心安的是，幸而一生從未對媽媽說出不敬的話。只是浪子回頭，代價甚高；不經一事，不長一智；終於能擁抱天主。此刻，再有如何的邪念，也動搖不了他的虔誠。猶如從疑下手而找到的知，才是真知一般。

第二節　聖奧古斯丁(二)《上帝之城》

學術史上有兩本自傳最爲有名，作者除了聖奧古斯丁之外，另一是盧梭（Jean Jacques Rousseau, 1712-1778），都以《懺悔錄》（*Confessions*）爲書名。前者的另一名著，是《上帝之城》（*The City of God*），代表了這位聖者對上帝的見解。

上帝在「知」上是永恆眞理，在「德」上就是至善，也至美。上帝取代了辯者所稱的人作爲最高標準，或是衡量萬物的尺度。從他個人的親身體驗，就能感受到上帝的存在。此種存在，實在不必多費唇舌或文字作純理論上的系統化說明。其後的托瑪斯卻在這方面用力甚勤，這是前後兩大「聖」的差別所在。了解上帝之存在，一般常識即可，不必大費周章，更不需借助三段論式。萬物存在，這是無可爭議的事實。萬物皆有大小、變動、美醜、輕重等，由此就可知，必有個創造萬物的上帝。且一切也以上帝爲師。

一、至福（beatitude）與恩賜（grace）

與希臘哲學家的人生旨趣一般，「幸福」（happiness）是人生最大的旨趣；但不同於以往的是聖奧古斯丁的幸福論，較少俗世性，卻含有濃濃的宗教味。人一心向神，此種福，絕不是肉體或感官上的快樂，因那是短暫的「過眼雲煙」；永福才是眞福，也是至福。此福至，則人與上帝相伴了，嚮往之、愛之。坐而言不如起而行。他是行動派的，意力派的。熱愛上帝也就會熱愛鄰居，這是倫理規範，也是道德準則；人神合一，必有上帝的恩賜（grace），則人已浸浴於至福中。

上帝也恩賜給眾生自由意志，因之義務感及責任心頓生。奧古斯丁在希臘哲學家力唱的責任感及義務心之外，更譜上了宗教性的曲調。人可告別上帝而去，荒唐於酒肉色欲裡，如同奧古斯丁早年生活一般；他自認是自由自在，也心甘情願如此。但其後發現，那種自由自在或心甘情願，並不能使他享有「至福」，遂

回心轉意；也在自由意志之下，決心尋找與上帝合一之途。福如同眞理或標準一般，有變動不居的，有永恆如一的；體驗一番之後，也任憑人的選擇。

　　既然人擁有自由選擇權，因之就不能怪東怪西，尤不應把自己的過錯歸咎於上帝，自己作的孽就要自己擔當，這才算是最起碼的大丈夫行徑。不過，人一旦省覺到在自由意志的選擇之下要往至福之道邁進時，如又有上帝之恩賜（grace），則不只速度加快，意力更堅，且一股不可言宣的舒暢，降臨於身心中。人性難免有脆弱處，神的恩賜可以補救此一缺點，如同藥效發作一般，病癒之期早日可待。學習也是如此，靠自學，有可能事倍功不及半，若有良師益友提攜，則事半功倍了。

二、善的居所 —— 上帝之城

　　人享有自由意志，善惡任由人選。事實、經驗、或歷史告訴我們，有人選擇善而住於上帝之城，即耶路撒冷城（the City of Jerusalem）；有人則否，寧願縱欲尋歡，那是巴比倫城（the City of Babylon）。

　　讓每個人自問他所愛的是什麼城，他就是該城的市民。愛有兩種……此兩種愛，分辨出人類所建的兩種城市。你曾聽說過，也知悉有兩城，現在混雜爲一體，但內心中卻是分開的。

　　個人心中有善惡之衝突，國家或城市亦然。一是愛上帝，聽從上帝的律法；一是愛己，喜樂停留在塵俗之世。前者他稱爲天主教會（Catholic Church）或耶路撒冷之城；後者則屬異教之地即巴比倫城。正義（justice）之有無，是二者的最大差別所在。無義，則王國只不過是住了一群竊盜；竊盜之國，不過是個小王國吧！

　　一海盜向亞力山大大帝（Alexander the Great）回答：「只因我駕的是小

船，我就被叫做竊盜者。你呢，因你開的是大船隊，就被尊為大帝嗎？」

巴比倫城充斥著不公不義，暴亂、搶劫、鎮壓，相反的，教會所在的城，即耶路撒冷城，是上帝之城。後者是天堂，前者是地獄。不過，一個信基督也隸屬教會者，若內心存著自私心而不虔敬上帝，則這種人形同巴比倫城的居民一般。相同的，若巴比倫城的官員，依上帝之愛來治國，追求正義及貞潔，則在精神上及道德上，就算是耶路撒冷城的住民了。

兩城之對比，只不過是一種比喻。汝選其一，不靠有形的地理位置或名稱，卻要有精神上及道德上的實質。

1. 異教之城（巴比倫）即令有行義，但並非真正的義：因為異教之城的官民，並不信上帝。城（City）、及「國」（State），都非行義之處，只有「教會」（天主教會，Catholic Church）才能行上帝之「義」。由真正的基督教徒所形成的國、城，才能使國民或市民變成真正有德有義的好人，他們不會虛偽，都一心一意愛上帝。

2. 基督教會信徒的使命感降臨了：此種教會的動態性強，且教會高於城市或國家；城市或國家要聽令於教會。教會為了制止異端，有權要求國或市使用武力。國家內的個人享有人格尊嚴及道德責任感，即令冒犯了國法或城令，也在所不惜。耶路撒冷是信教者的聖地，巴比倫則代表任何的繁華富庶，驕奢淫逸，充滿邪惡的所在。

皈依天主的聖奧古斯丁，將神學與哲學合為一體。神學界屬上帝之城，哲學界則稍染有巴比倫成分。反正一切以上帝為師，以此知來奠定信，完全無疑。

3. 《懺悔錄》中還提及一有趣問題，「如不問我時間是什麼，我是知時間是什麼的；但一旦有人問了，我反而不知時間是什麼了。」這就涉及到蘇格拉底最感興趣的話題，即「定義」。許多常用的名詞，包括時間、教育、哲學等在內，都有此現象。但這位大聖歸依天主之後，此問題不難，上帝創宇宙萬有，時間是其中之一。上帝創時間之前，無時間。

依聖經《創世紀》（Genesis）之記載，魚與鳥等是第五天才被創造出來，

第一章 教父時代（Patristic Period）的來臨｜199

第六天上帝也創造了家畜及地上的野獸。至於太陽，則出現在第四天。難道上帝在創萬有時，有時間上的先後嗎？不是一創就完成一切了？是的，上帝創萬有是一氣呵成，無先後之分，此種創，是人所經驗不出的。上帝創萬有時，有些被創造物較顯，有些則較潛；由潛往顯，遂有時間上的先後。比如說，上帝創造地上的所有蔬菜以供人食用，但有些蔬菜只是茮子狀態，有些則已成熟可食用了。今人用一週七日，一天24小時，一時60分等來計時，早就為上帝所創出，還把週日當作休息日（sabbatical），古代猶太人還有農地每七年休耕一年的習俗，大學教師更有每七年休假一年的福利，這都是塵俗人的用法。其實，一開始，萬物即被創造完成；其後的「時間」，就是亞里斯多德所說，潛能性發展成實現性的時程。

第三節　6-9世紀的神學哲學家

聖奧古斯丁之後到九世紀時，有一批教會學者熱衷於整合神學與哲學，使二者不生干戈，也爲中世紀晚期的「教父哲學」（scholasticism）鋪路。其中比較重要的學者有下述諸位：

一、偽狄尼修（The Pseudo Dionysius）

狄尼修（Dionysius）本是一世紀的雅典人，深受耶穌使徒保羅（St. Paul, ?-67?）的感召，從異教徒轉而爲虔誠的信徒，頗受時人禮敬，著書甚多，對神祕神學用力最深。五世紀左右，有人假他的名到處傳教，又著書，故發生眞假狄尼修之辨。其著作即令到了1261年，天主教闡釋聖經的第二大權威托瑪斯也予以評述；因爲這位托名者（即偽狄尼修）的著作，重點放在新伯拉圖主義與基督教義之調和上。既然如此，也可見此狄尼修一定不是一世紀時候的狄尼修。

(一) 托名與眞人，偽書與正統

1. 眞假狄尼修與著作之合不合乎天主教之教義「正統」，是兩回事。即令到了十七世紀，偽狄尼修的著作已大受質疑之際，也波及了正統及邪說之爭辯。其實二者可分開來說。若以爲眞正的狄尼修屬正統，偽狄尼修就一定是異端，此種說法是極爲不妥的，因爲不能「因人害事」。托名或偽書，不見得全不見容於聖經教義；也不可以說，眞的狄尼修是聖保羅的弟子，因此他本人及著作，一定是合乎教會的「正統」派。在「三聖合一」（Trinity）說上，眞假狄尼修就有出入。加上眞正狄尼修的作品，文字晦澀之處不少，早爲聖托瑪斯所指出。

2. 今人已確信，前後的狄尼修不是同一人，但托名的狄尼修，即偽狄尼修是何許人也，卻迄今也未現身；確實可信的是偽狄尼修的作品，出現在五世紀左右。與其關注作者是誰（只能猜測），不如聚焦於著作之內容剖析。

(二) 上帝的「正面」表述（Affirmative way）及負面表述（Negative way）

1. 正面表述是由普遍的共相到個別的殊相，也從「最高的範疇」（The highest category）開始，下抵最底的領域。因之「善本身」（Goodness）、「生命」（Life）、「智」（Wisdom）、「權」（Power）等字眼，都適用於上帝的表述上。這些英文字都需大寫；「上帝」（God）與大善（Good）等同，也是「大光」（Light）、「大美」（Beauty）、「大一」（One），是萬有之源頭。人類所能使用的語文來表述上帝時，都不能以人類的經驗予以體會，因為上帝的範疇，都「超越」（transcend, super）於人類之上或之外。

2. 負面表述比正面表述更是精準：上帝既帶有超越性，上帝本質之呈現，只好採拋棄方式。猶如雕刻一般，將大理石雕成一座雕像，就得把層層障礙物或不利物，一一割除，如同蘇格拉底父親的雕刻工作一般。由此，內在的真及美，才有望呈現出來。每一挖掘或割除時，都易產生一種極度的神祕性，似乎深不見底，「幽暗不可知」（Darkness of unknowing）。尤其在「大光」（Light）照耀之下，頓時眼睛功能大失，成盲人樣。這不是類似柏拉圖的洞穴比喻嗎？

正面表述是以上帝「是什麼」來表示；負面表述則以「上帝不是什麼」來作答。

上述解釋惡的存在，如同聖奧古斯丁一般的，取「欠缺」（deprivation or privation）概念。存在，都是善的，即令是魔鬼（devils）。只要有魔鬼在，也是善的，只不過是因為離善較遠，如此而已，連魔鬼也都有為善的潛能與本錢。好比肢體上的失能或殘障，這不能怪他；道德上的欠缺或弱點，亦當作如是解。「醜及病，都因在具體形上不足，或生理上失序所造成」，它不全是惡的，「少善而已」（being rather a lesser good），不可怪之。

二、波伊修（Boethius, 480-524?）

把古代哲學接傳至中世紀，是5-10世紀學者的使命。波伊修曾在雅典唸過

書，其後也當過高官，卻犯了叛逆罪而罰以死刑。在學科研究上，他對亞里斯多德的邏輯情有獨鍾，把亞氏的《工具》（*Organon*）譯為拉丁文，且評述之。在牢裡，這位天主教信徒，竟然以哲學當作撫平一生受冤枉的靈丹，寫出一本學術界通曉的《哲學的慰藉》（*De Consolatione Philosophiae, The Consolation of Philosophy*）。中世紀宗教家把神學與哲學緊密結合，泰半都偏重於柏拉圖的學說；波伊修轉移了此一焦點，大大的拉抬了亞里斯多德的地位。哲學有助於神學的，是在哲學上，表現出「人」的偉大；但上帝比人更偉大，「人只是大而已，上帝才是大本身」（man is merely great, God is greatness）。此外，神學分成兩類，一是自然神學（natural theology），屬於哲學範圍，卻站在哲學的最高層，以理性為思辯之基；一是獨斷神學（dogmatic theology），是以「啓示」為前提，絕不能對之起疑；是專斷的，絕對正確無誤。

傳而非創，是時人的喜好。波伊修之徒卡西都（Cassiodorus, 477-565），更把希臘羅馬的文雅學科（liberal arts）分成兩大類：

1. 三藝（Trivium）：即文法（Grammar）、修辭（Rhetoric）及辯證（Dialectic，即邏輯），這是「文科」。

2. 四藝（Quadrivium）：即算術（Arithmetic）、幾何（Geometry）、音樂（Music）及天文（Astronomy），這是「理科」。

此外，艾西多（Isidore, d.636）曾擔任西班牙塞維爾（Seville）大主教（Archbishop），更編寫《百科全書》（*Etymodogiarum, Encyclopedia*），為中世紀著名寺院圖書館所典藏，不只包括七藝，更把聖經教義（Scripture）、法理學（Jurisprudence）、醫學（Medicine）、建築（Architecture）、農業（Agriculture）、戰爭（War）、航海（Navigation）等納入其中。

三、九世紀的文藝復興──查理曼的宮廷學校

1. 主持校政的是亞爾坤（Alcuin, 735-804）。前人的努力，提供給其後於九

世紀時文藝復興之興奮劑。公元800年12月25日，查理曼大帝（Charles the Great, Charlemagne, 742-814）在西方基督教世界（Western Christendom）被羅馬教宗冊封爲神聖羅馬帝王（Emperor of Holy Roman Empire）。這位大帝如同亞力山大一般，不只東征西討，更難得的是也有志於提升文教水平。由於境內的師資素質低落，乃不得不禮聘外地人，充當宮廷學校（Palace School）之教師。從義大利、西班牙，甚至到海峽對岸的英倫，廣招名士。以當時全歐的學術造詣及教育程度而言，位於英倫中部的約克（York，當地人移民到美洲新大陸，稱其地爲紐約，New York，即新約克）名列前茅；當地的重要學者是亞爾坤（Alcuin, 735-804）。在三顧茅廬之下，這位英倫學者乃答應到歐陸政治樞紐的亞琛（Aachen）主持宮廷學校。該地是16世紀以前，神聖羅馬帝國皇帝加冕大典之處（Aachen的法語是Aix-la-Chapelle）。從此，書聲朗朗，弦歌不輟。教育或文化史上稱爲查理曼的文藝復興（Carolingian Renaissance），甚至法國學者還喜歡稱該宮廷學校是巴黎大學（University of Paris）之前身。大學史上三個母大學（mother university）之一的巴黎大學，以神學爲主科。神學是顯學，勢力最大，衍生的子大學（children universities）且也是名大學者，極爲顯赫；另二母大學都在義大利，一是以法律出名的波隆尼亞（Bologna）大學，一是以醫科爲主的沙列諾（Salerno）大學。其實，宮廷學校不在巴黎；二者若還有姻親，也算遠親了。

2. 亞爾坤的教學或著作，也是傳多創少。他的教學，取先賢爲楷模，採對話方式，猶如蘇格拉底。就嚴謹標準言之，他不夠格列名爲哲學家，不過卻可被封爲教育家。在感恩於查理曼大帝的禮遇之下，他致信稱謝，使他有機會提供神聖的聖經教義（Holy Scriptures）之蜂蜜，讓青年學子品嚐；另也安排把古代文學的醇酒，供他人暢飲；以文法修辭的蘋果，使學子果腹；更展現出閃閃發亮的星球軌道，以示天道運行之有則有序。大帝本人對天文學加倍喜愛，兩人書信往返，此一議題常是主要內容；且致力於重新審訂正統的拉丁聖經（Vulgate）。

(一) 調和柏拉圖主義與聖經教義約翰（John Scotus Erigena, 810-877）

在中世紀漫漫長夜的「黑暗時代」中，突然竄出一顆亮星的學人，該算是九世紀稍見創新力的約翰，平原忽凸出高地一般的為世人所注目。約翰在愛爾蘭的寺院接受希臘文的教育，此項特色，使他的思想背景異於受過拉丁教育的學者如亞爾坤。九世紀的學者中，他的希臘語文造詣，算是箇中翹楚。

40歲左右，他跨海抵法，在宮廷學校擔任要職；受禿頭的查理二世（Charles Ⅱ the Bald, 823-877）之邀，將偽狄尼修的希臘文作品譯為拉丁文，且加以評註，並論述波伊修之《哲學之慰藉》一書。

《自然的分類》（De Divisione Natural）是他的代表作：由於步偽狄尼修後塵，調和希臘哲學與天主教神學，難免冒險踩上正統或異端的紅色禁區。教義的哲學闡釋極其複雜，微妙又神奇。取神聖的聖經教義為最高權威呢？或認定哲學凌駕神學之上？「任何權威（來自於教父，Fathers）若未有理性為依，則力道脆弱；而真正的理性，是不需任何權威予以支持的」。這是黑格爾理性主義的口吻，柏拉圖及新柏拉圖主義的「流溢說」（emanation），及天主教的「創造說」（creation），二者合或不合，這是神學與哲學界爭論不休的話題。

在《自然的分類》中，採用師生對話體，那是自亞爾坤在宮廷學校主政以來，最流行的教材陳列方式。「自然」（Nature），是指宇宙的一切。

1. 宇宙的一切，包括存在，及不存在；有「有」，也有「無」。

2. 宇宙的一切，包括感官及心智（intellect），可察覺的，都算「有」；超越心智之上者，則為無。

3. 宇宙的一切，若已從種子中萌出者，則是「有」；若還藏於種子裡（semina），則是無。

4. 依理性即可得者，屬於有；若是物質的，受時空所限也會解體者，則屬於無。

5. 人性若遠離上帝而染上了罪惡（sin），則是無；能依上帝之神寵而與之

合一者，則是有。

(二) 他的「自然」（Nature），把上帝及超自然界都涵蓋其中

因之，依邏輯解析，自然的分類如下，共有四類，且也只有四類。

1. 創也是被創：一切的生命體，如人生孩子。人是「被生的」，但也會生。

2. 創但不被創：上帝能「無中生有」（*de nihilo*），才合乎「創」的字意。

3. 不創卻被創：無生命體，如石頭。

4. 不創也不被創：上帝（宇宙一切之終）。

這不就是目前邏輯入門的簡單真值表（truth tables）嗎？如下表所示：

P（創）	Q（被創）
Ｔ	Ｔ
Ｔ	⊥
⊥	Ｔ
⊥	⊥

(三) 仿偽狄尼修之正面及反面敘述「上帝」

稱呼上帝時，不可說上帝「是」「真理」（Truth）、智慧（Wisdom）、或「本質」（Essence），而要稱為「超真」（Super-Truth）、「超智」（Super-Wisdom）、及「超質」（Super-Essence）。絕不可以上帝的創造物之名來名上帝。在此他耍了靈巧秉賦，提出下述一段精彩的說教雄辯術。

1. 正面表述與負面表述，看起來似乎二者相衝：如說上帝不但是智，且是超智，（正面）但又說上帝不是智，則這又何解呢？答案是：這些說法，都是一種「隱喻式的」（metaphorical），或「比如」（analogical）而已，並非「等

於」；是「似」（as），而非「是」（is）。以「智」來描述上帝，一來上帝不是人，人也不是上帝；人有智，這是經驗界的；但上帝超乎人之上，上帝是不「只」有人之智而已；人智所無者，上帝也有；但上帝有的智，人不一定有，或絕對無。因之正面或負面表述，都只是字面意（verbal）而已，非「實質」（real）意。支那人說光陰似箭，日月如梭；但光陰不是箭，日月也不是梭。「是」與「似」是有別的，這不就一清二楚了嗎？

2. 以負面表述上帝比正面表示較妥，其實二者合一，如上例。上帝是「超智」時，此種正面表述，已清楚的表明上帝是「非智」此種負面表述了。智與超智，是不同層級的；上帝是依人智無法領會的（incomprehensibility），不可能以人所使用的語文來描述（ineffability）。此種說法，現代的邏輯實證論者（Logical Positivist）必信誓旦旦地說：「了無意義」（non-significant）。在此，這位愛爾蘭人雖未體察此一困難，但卻也提供線索以解套；「超智」是比「智」多了些，智若有所「指」（denoting），也就是有具體內容，不是耍嘴皮；則超智必也有所指，在斷定是非中，更為正確。負面表述中也「隱約」含有正面表述意，這才是名實相符的「隱喻」（metaphor）。看看下列：

石頭無智

人有智

上帝有超智

三者「智」之有無及智之高下，不是見分曉了嗎？人智無法判定的，就得交由上帝裁示了。

既然如此，上帝不在亞里斯多德所言之十大範疇之內。上帝不屬物質（matter）界，十大範疇所指的皆是物質界的，皆是被創造的；十大範疇都得再加上一個「超」字，才比較能表述上帝。至於「超」是何意，只好請示上帝了。人之智可以領會十大範疇的「量」、「質」、「時」、「空」、「比例」等，但「超

量」、「超質」等，又是「什麼」呢？此答案只有上帝才知。父母親生小孩，這是人人知道的，但第一個「人」是如何出生的，是上帝所生「創」的，上帝又如何創生人呢？此事，人智是無法理解的。上述真值表中的首及尾都指上帝，是第一動力因（the first efficient cause）及最後因（final cause）；中間的二種，都有「具體」的物質界為其內容，也都在十大範疇之內。

3. 「人可見神說」（theophany）：上帝創宇宙萬有，創與被創之關係，取先哲之「流溢說」（emanation）或「分受說」（participation），由第一因或第一動者（First Cause, First Mover）而生萬物轉動，如同由不絕的源泉將水注入於河川。但他又不離聖經教義的堅持，深信創是無中生有（ex nihilo）。「上帝的顯現，肉眼可見」；此種「人可見神說」（theophany），把隱的變成顯，把藏的現出來，把不可領會的變成領會，把不可言說的予以言說，向無法抵達的路途邁進，把無形的變成有形，猶如人的心靈功能一般地以文、字、語、言、姿態等，來描述深奧又神祕的上帝。水不溢流出來，則人不知有水在；水是上帝從無中所創出的，把「創」（creation）與「流」（emanation）併在一起，難免在正統教義的闡釋上引發諸多爭議。由水源頭流出水來，但流出的水終歸又回到水源頭。

4. 人，依聖經教義，上帝於第六天創了人。人是什麼呢？他說，人是動物，人也不是動物；正面及負面表述，也應用在「人」的定義上。

人與動物同，是有營養、消化、及感官功能，動物的心靈（animal soul）與人同。

但人「異於禽獸」者，即是「理性功能」（rational soul），使人高於動物。

仿亞里斯多德，二者皆把「人」定義為「理性的動物」（*animal rationale*）。在「類」（genus）上，人與狗同，都是「動物」；但在「別」（*differentia*）上，則人有理性，動物無，才使人不單只是動物而已，是「超動物」的。此種「超」，也表現在人與上帝的殊異（別）上。人與動物都有（分受）（participation），同理，人與上帝也都有相同的分受。但人能知狗，狗卻不能

與人享有相同質量的「知」。此一比喻，同樣運用於人與上帝上；人有的理性之知，狗是不可知的；上帝有的神性之知，人也是不可知的。

人是被創世界中的一個小宇宙（microcosm），含有精神界及物質界；如同亞里斯多德的分析，人有礦物性、植物性、動物性、人性，甚至有「部分」的神性。

一切的被創造物，包括人之內，如同水有源頭，但流水又返回源頭一般的循環不已。自然界此種「律動」（rhythm），確實神奇，有序有則，「動」之始與終合一。雖然始與終都歸於上帝，但就人而言，人之始與終，善惡是不一的。出生時是善人，臨終時卻是惡貫滿盈者，此種人，一生不悔改。依啓示眞理（聖經教義）之權威而論，明言要使這種人「永不休止的受罰」（eternal punishment）。憑人的理性推理（哲學），惡者如食惡果及報應，是必然的。但他在這方面的答覆，又見才華與智巧了。一來凡上帝所創的，包括人在內，皆無惡；但既無惡，則又何必罰呢？無予以殲滅（annihilation）之理。

5. 但聖經教義（Scriptures）明明有懲罰的字眼，並且聖保羅（St. Paul, ?-67B.C.）不是說過嗎？「一切歸於一切」（all in all）。天主教正統神學教義，是認爲被判墜入地獄者，必受永世的懲罰。這又怎麼說呢？

其一，凡上帝之所創，皆善無惡，即令惡人或魔鬼之心性，都是「良」的，因皆爲上帝所創而存在。

其二，聖經教義明言的懲罰字眼，必特別用引號注明；任何人若悉遵上帝之路走，必無差池。由於上帝也賜給人「自由意志」，因此狂妄又任性的步入險境，踏上歧途，這種人當然該接受處分。

總之，這位愛爾蘭人在聖經正統教義的權威及哲學理性思考，二者之中，匠心獨運，協調二者使不生瓜葛，這是他在思想史上的重大貢獻！聖經教義再怎麼深奧，總得想辦法予以闡釋清楚。在這方面，他把長久以來「知」受「信」的打壓情勢，翻轉過來；甚至公然說，權威須沿著眞正的理性，理性則不必源於權

威。未佐以理性的權威，說服力是薄弱的。真正的理性則不必藉助於權威。所謂的權威之所以能夠成立，只不過是把真理建立在理性力道上，教父們也表示在著作裡，作為傳世之用而已。或許此處他所指的權威，不是指聖經教義上的文字（words，即教義），尤其指教父、宣教師或福音傳播者，在講道時，不應該口口聲聲地以「權威」自居，而該「言之成理」，則聽道者才能入耳，也較有說服力。聖經教義對他而言，凡是來之於啓示的，需全盤接受，絕不許虛情假意；但闡釋聖經經文，就操之在我了。聖經教義是啓示的真理，絕對正確，但闡釋時卻應訴諸理性，這種為學態度，是神學藉哲學的「理性化」（rationalization）予以奠基的，為其後天主教世界最偉大的神學家聖托瑪斯所仿。此種作為，並非在咀嚼聖經教義時，咬動舌頭而溢在臉頰上的湯汁。或許此種態度，才比較有把握將上帝顯現在人心上（theophany）。一方面他是個極為真誠的信徒，一方面他又大談教義的理性化，二者如何取得平衡點，使他面臨有如走鋼索的困境，教會當局難免判他的著作為異端。

第二章

教父哲學（Scholasticism），
10-12世紀

　　查理曼帝國的文藝復興，理該帶給其後的哲學研究大放異彩；但外在因素，卻淪為史家所稱的「黑暗時代」（Dark Ages），尤其在第十世紀。

　　文教昌明，在人治時代，大都由中央集權制的開明君主領航；但「人存政舉，人亡政息」。帝國四分五裂之後，封建制度的地方分權緊接其後；彼此爭伐，永不休止；學術研究的必要條件之一的和平，遙不可期。避免戰亂，只能在偏遠或荒山地的寺院，才稍見文教燈光搖曳在殘風暴雨之下；令教徒更覺羞愧的是，號稱為「國中之國」（a state within a state）的教會，教皇以及教會負責人生活靡爛及奢侈，醜聞不斷。加上九世紀開始，北方蠻族的入侵劫奪，社會無寧日。「守成不易，創業維艱」，炒舊飯變成熱門，對實際問題卻束手無策。若還能擁有少許閒暇，則沉溺於抽象但卻也耗神的文字思辨上，稍舒精神苦悶之苦，聊以自我安慰。當年波菲利（Porphyry, 233-305？）這位柏拉圖學派但師事普羅泰納（Plotinus）的學者，以範疇為題而寫出《導讀》（*Isagoge*）之後，著《哲學的慰藉》一書的波伊修予以評價，提出範疇或定義時，「屬」（genera）及「種」（species）到底只是個「名」（概念）呢，還是有「實」（real）。這不也是植基於柏拉圖的「理念說」（idea）嗎？柏拉圖堅信，抽象或形式上的理念，最為實際；至於感官或具體的經驗，皆虛、空、幻。但亞里斯多德修正之，認為感官具體經驗之「實在」性，不容等閒；範疇分類為十，比如說「量」，到底2這個數目字是「實」，還是只是個「名」；把人定義為「理性的動物」，人作為動物之一，動物乃是人的「種」（genera），人這個種與狗這個種，二者同「種」；但人與狗二者是有差別的「屬」（species），人與狗的「差別」（*differentia*），即人有「理性」而動物無。「理性」這個「屬」，與動物這個「種」，二者之「名」或「實」，引發了時人的興趣。這是哲學上的形上學範疇。「種」較為「共相」（universals），因它的形上層次高；量（內涵，intention）少，少到最後（最高層），就是「1」（One）；支那人言之為「道」或「理」。但外延（extention）卻廣，如1，那是無所不包的，神學家名之為「上帝」。至於「屬」，則位階較低，內涵量多，但外延窄，如「人是理性

的動物」，「理性」的抽象性大過於動物，但只指人而已；至於動物，則不只包括人，也把狗、魚……都包括在內。

第一節　共相問題

　　由波伊修及波菲利肇其始的「名」「實」議題，在十世紀之後變成顯學。「上帝」該是最大也最高的「共相」（Universal），「人」是上帝的創造物；相對於上帝而言，人屬「殊相」（Particular）。依柏拉圖說法，人「分受」（Participation）上帝而來；但「人」的「本身」，卻也是「共相」；而人是「理性的」，「理性的」就屬於「殊相」了；至於個體的蘇格拉底，更是「殊相」。不過，柏拉圖不也說嗎？「床」的「理念」只有一個，即床本身；因之床的理念，是共相；依人的感官可得知的床，是殊相，數量不勝枚舉。「理性」與「動物」，這兩個概念，可以併在一起而成「理性的動物」。此一「命題」（Proposition），在經驗界（自然界）中是有所指的，即「人」。但能夠任意將兩種共相的詞予以匹配嗎？這豈不是亂點鴛鴦譜了。人與馬都具共相及殊相意，兩者合一即成「怪物」（centaur，人首馬身，或馬首人身）。因為從來沒有出現過此「物」，但卻有centaur這個字，出現該字時，吾人認為只當文字遊戲用，卻無實質。金（gold）與山（mountain）分開言之，都極其具體又實在；但二者合一成「金山」（golden mountain）呢？只有其「名」而已（臺灣北部有一地名，叫做金山），但卻無其實。試看下面二例：

　　My uncle is a female.

　　The present French King is ...

　　依「字」之字義，英文的uncle是男生（舅舅），怎是「女性」（female）呢？至於現在的法國又哪有國王？該兩句英文，文法肯定無誤，但顯然都無所指，是錯誤的。因無「實」，「名」存「實」無。

一、名與實

　　「名」與「實」都是「範疇」。但範疇位階的高下，及範圍的廣狹，是千變萬化的。宇宙萬有，如名實相符，就無爭議可言。有人名為「博士」、「狀

元」、「乞丐」、「查某」（女生），如名實一致，則大家視之爲理所當然；但經常出現了二者不一的狀況，的確需費腦筋予以解決。如名爲「亞洲」的，應算是地球上第二大洲才對。若說漢字只有兩字呢？或如支那名家所言之「火不熱」、「飛矢不動」，這不也是當年希臘學者的爭議話題嗎？

共相問題變成熱門，依簡單的邏輯解析，「有且只有」下述四項：

1. 兩名皆實，併之也實；3粒果子＋4粒果子＝7粒果子

2. 兩名皆實，併之卻虛；3粒豆子＋4粒蘋果＝？

3. 兩名之中，一實一虛，合之如3粒豆子＋4＝？

4. 兩名皆虛，併之爲實；如數學上的點，積「點」成「線」。「點」（point）在數學上，是一種「概念」，是抽象的，形上的。經驗界中無「點」在。若線（line）是共相，則凸線（convex）及凹線（concave）就是殊相；但凸線或凹線也可當共相，此時，不同形狀的凸線及凹線，就是殊相了。

二、共相問題的重要性

淺學者認爲上述名實問題，都在文字或語言當中打轉，了無實質的用處可言。其實，用字遣詞的妥當性，對吾人之正確認知，在精確性及愼密性而言，功不可沒。任何陳述或判斷，皆逃不過殊相及共相的理念，如：這棵樹是活的。

此句如帶有傳遞訊息的作用，必須陳述者與聽者或看者皆有個共識，即對該句話的每個字或詞，都能彼此心有靈犀可互通。什麼叫做「樹」？「這棵樹」及「活」的，這些用字或詞，必有共相及殊相理念爲其基底。

其次，一種相對是殊相的研究，若研究成果具有價值可言，則絕不停止在該殊相的對象而已，卻可擴及到共相的「範疇」。推演到共相界，其用途更多，空間更廣，時間更久，得利的人更衆；若只限定在殊相上，則極爲貧瘠。若殊相可以成立，共相卻是問題，則懷疑論必起。由「殊」推到「共」，即由「個例」推到「通則」，其中值得注意的問題頗多。這不也正是知識界特別要謹愼爲之的事

嗎？至少有三個層面浮現出來：

一是關於本體論上（ontological）的，即共相的「真實性」問題，這正是柏拉圖及亞里斯多德兩大哲非常關注的。

二是心理上（psychological）的，即人的「心」「如何」（how）產生共相問題。

三是知識論上（epistemological）的，為其後哲學家把哲學重點放在知識論上作了鋪路工作。

三、共相問題的三派主張

1. 唯實論（Realism）：認定共相為實，具體又存在；殊相才是虛。聖安瑟倫（St. Anselm, 1033-1109）為代表，與柏拉圖學說無異。

2. 唯名論（nominalism）：認定共相只是一種「名稱」，為行文方便起見，不得不用之。具體的實在，是在「殊相」上；走亞里斯多德之路。以羅色林（Roscelin, 1050-1120）為主角。

3. 理念論（Conceptualism）：介於上述二者之間採中道，由亞培拉（Peter Abelard, 1079-1142）坐鎮。

三派的主張，在哲學史上都有先師可循，但共同特色是都染上神學色彩，皆以上帝理念貫穿其間。中世紀因宗教勢力大漲，難免受教義之獨斷性所影響。在柏拉圖及新柏拉圖學說為主力時，唯實論聲勢較大；其後亞里斯多德學說藉聖托瑪斯之大力吹捧，唯名論遂後浪推前浪起而代之；擺在中間者，遊走雙方；運氣好時如魚得水，厄運當道加上個人性格因素，如亞培拉，就以意外悲劇作結局了。

(一)唯實論

上帝是最大的共相，視不可見，耳不能聞，由感官無法得知，但卻真實。如同柏拉圖所說的「理念」（Idea），如床（Bed）；其他的具體床，都是「床」

的抄本，虛幻或影子，不是實體。

(二) 唯名論

　　共相只不過是一種「聲息」（*flatus vocis*），來無縱，去無影，不可捉摸，只是一種「名稱」（nominal, name）。只有「個體」（individuals），才是「實」（real）的，爲其後的經驗主義（empiricism）發出新聲。白若無白花、白衣等予以搭配，或同時存在，則「白」這個「詞」或「字」，了無意義可言，等於空言或空字，可以刪除。至於centaur這個字，只供玩賞用，毫無所指：是作夢、想像、恍惚出神時的「假象」（image），如此而已。先有白衣或白花，才生「白」的理念；「種」和「屬」（species and genera），都只不過是「字」（words）。耍文字遊戲（jugglery），或巧辯（sophistry），最不應該。唯名論派傾向亞里斯多德的逍遙路線，也接近波伊修的說法，後者竟然取哲學而不選神學爲慰藉。因此，當涉及神學領域時，難免引發正統或基本教義派的敵意。唯名派喜愛以辯證（dialectic）爲工具，唯實論者駁之，認爲辯證之探討，是次等學者之所爲，價值差神學多多，只能當作神學研究的輔助或配角而已；七藝是無用的，因與上帝或心靈救贖無關。辯證、邏輯、甚至哲學，都只不過是神學的僕人或女傭。使徒（Apostles）的智慧，柏拉圖及亞里斯多德又哪能與之相比？即令取辯證爲工具來闡釋神學時，千萬別誤用。

(三) 概念論

　　唯實與唯名雙方叫陣，火力全開。其中較戲劇化卻以悲劇收場的是巴黎大學靈魂人物亞培拉（Peter Abelard, 1079-1142），他集中焦點批判唯實論調。他的老師是巴黎主教堂學校（Cathedral School of Paris）的威廉（William of Chaupeaux, 1070-1120），受教於唯名論的羅色林，卻在觀點上師生反目，中意於唯實論，亞培拉也有樣學樣，抨擊其師的唯實主張。秉其犀利的雄辯才華，向其師挑戰，迫得其師不得不甘拜下風，修正自己的觀點，後退隱而著力於教學，較少過問唯名及唯實的爭論議題；但也語帶保留的認爲唯實論才是正統，迎合了

教會的心意，只是不信守極端的唯實論（Exaggerated Realism），只信「本質」（substance, essential）才實，在十大範疇中位居第一；其餘的九個範疇，都是偶有性（accidental），都是虛。萬有的本質皆同，之所以有異，都因偶有性而已。故「屬」（genera）是同的，「種」（species）才彼此有別；如人與狗都是相同的「屬」。動物這個「屬」，包括了人與狗等，但人這個「屬」之下的個別人，如蘇格拉底及柏拉圖，則是「種」（species）。蘇格拉底及柏拉圖之「本質」同，但卻是兩個不同的個體，之所以如此，乃因偶有性所造成，比如生長的年代、地點、飲食、穿著、體態……。就「本質」而言，兩大哲是同一的。

將萬有皆同論（identity-theory）修正為「無別論」（indifference-theory）：「同」與「無別」，不盡然可劃上等號，非此即彼，非彼即此。猶如「愛」與「無恨」，或「贊成」與「不反對」，二者並不等同。愛一定無恨，但無恨不等於愛；贊成必然是不反對；但不反對並不一定就是贊成。亞培拉仍不滿其師之修正，同是全同呢還是部分同？若全同，則蘇格拉底與柏拉圖必都是同一人，怎會其中一個人生在前，一個人生在後呢？

亞培拉是一隻好鬥的公雞，對敵手絕對不留情，嘲笑其師之哲學及神學見解。但他卻也意氣用事，自我中心，難以與人和平相處。在師戀愛上海洛伊斯（Heloise）這個女子後，引來了反彈，還遭宮刑；情人最後步入空門，在女修道院守孤燈以終。有情人不能成眷屬，成為其後浪漫主義學者如盧梭的迴腸盪氣，以及胡適之惆悵。但他才氣橫溢，資質高於其師甚多，絕非庸劣之輩。當他把批評的矛攻向神學時，危機即四伏。在把哲學視為撒旦（魔鬼）附身的掌神學闡釋大權者心目中，變成如芒在背，不拔不快之對象。他又善用辯證法，更犯了大忌，但卻也為教父哲學在十三世紀時之理論系統化及理性化上，開了大門。

亞培拉採波伊修尤其是亞里斯多德說法，認為共相的定義所指涉的「述詞」（predicate），是一個「名」（name），而非「物」（thing）。因之，述詞之具有共相性，乃就「名」而言，而不針對「物」（實）。此說法，顯然就是唯名論者羅色林的口吻，亞培拉曾受業於他。但也不能因他說述詞只是「名」或

「字」，就認為他完全屬於羅色林的人馬，他是自有己見的；若「字」或「名」所指涉的是個別性的，那麼該字或名就是「實」了，很具體。比如說，述詞如是蘇格拉底，則該述詞的「蘇格拉底」，這四個漢文字或Socrates這外文，必非他人，若真有其人，怎會有「名」「實」之爭呢？把「名」或「字」說出來，含意有二：

1. 說出的聲音（vox）是什麼，那純是物理現象，是單一性的。

2. 說出的聲音（vox）是什麼「話」（sermo），意義繁多。

這種區別太重要了。不悉英文者聽英語時，只聽到發音器官所發出的聲音而已；但懂英文者卻曉得該音已不只是音，而是「話」了。前者只是「名」，後者必「實」；主詞與述詞之間必有邏輯相連性為內容；不如此，則語言又哪能作媒介來溝通訊息呢？街道上的紅綠燈，不明究理的人只看到不同色彩的輪換，只有「名」意；但守交通規則者，必認為那是有決定停止或前進的「實」質功能。

言及「人」時，全部的人皆適用，而非單指個別的人。就「人」而言，「人」的概念一形成，是沒有共相性的，因為人這個概念不是最高的共相，也非最低的殊相。「人」既有「屬」，也有「種」；而「屬」及「種」是有高下位階的，波菲利（Porphyry）不是早已說了嗎？

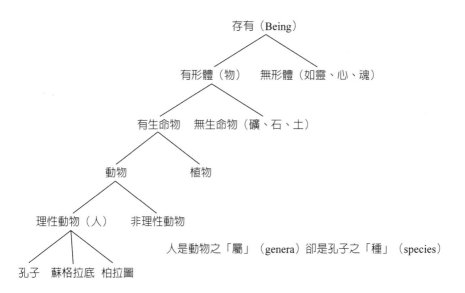

人是動物之「屬」（genera）卻是孔子之「種」（species）

　　以「人」爲例，當說及「人」時，人的「上位」較有「名」意，「下位」則較有「實」意；上位的抽象性較強，下位則具體感漸增。上位往共相升，下位往殊相降，絕非純主觀，也非只具「名」或「字」意而已。

　　「屬」或「種」，都是共相理念。但共相若無殊相，則只停留爲「名」或「字」，純當玩耍取樂用。如同支那文人之拆字解謎，以打發寶貴時間一般，把「虫二」作「妓女戶」解；「虫二」二字無所「指」，但「妓女戶」倒確實存在，不是空名。支那漢字之「風無邊」乃是「虫」，「月」無邊乃成「二」；「風月無邊」，不就成爲「虫二」嗎？「風月無邊」之地，不是妓女戶又是何處。文人醉心於此，難免滋生許多重大的末流弊病。共相問題之爭議，同樣也淪爲不食人間煙火的後果，徒托空言，埋葬青春歲月。「上帝能造兩座山而無山谷」嗎？「針尖上能站多少天使」等議題，難免被譏爲繁瑣，卻大部分爲寺院或主教堂的神父所議論，咬文嚼字，無益於民生疾苦的解除。致力於此所花的光陰，竟然「比凱撒征服並統治世界的時光還久」，實是耐人尋味。

　　總之，共相問題乃由心靈的抽象作用所生。抽象必有所本，本來之於殊相或個體，二者的邏輯關聯性甚強，絕非各自孤立而無脈絡可尋。亞培拉的概念論，爲其後的大哲學家所接受。

　　共相及殊相，都是人類心理能力的抽象展現。共相及殊相是相對的，但有相對，也就必須有絕對；最絕對的共相，非上帝莫屬。中世紀哲人在忙於思索共相的名實問題之際，必也涉及到如何證明上帝的存在。一方面，這是腦力的鍛煉；一方面，也可反擊異教之攻擊；且對大眾之虔誠信仰，有極大的幫助。上帝存在的證明，這種宗教事務，必得勞動哲學家鼎力協助。中世紀的哲學與神學遂打成一片，但二者分際如何，請看下節分曉。

第二節　基督教與伊斯蘭教，神學及哲學的分分合合

　　哲學幫了神學最大的忙，就是由哲學的「理性」，來證明或推論神學中「上帝」的存在。希臘兩大哲中的柏拉圖，較重視由上而下的認知工夫；亞里斯多德則有由下而上的傾向。新柏拉圖學派的「流出說」（emanation）與天主教的「創出說」（creation），有若合若離處；流出說是持續不間斷的，中間無縫，較近於經驗；創出說則有斷有續，跳躍式的，神奇不可測。歐洲到了中世紀，動盪戰亂之餘，皈依天主者多往荒山偏野之「寺院」（monasteries）修心養性，但以傳抄聖經爲重要的精神工作，偶而也把古代大哲的著作引爲抄寫對象，資質優秀者難免對它闡釋一番，但努力焦點就放在上帝存在的證明上。當社會較和平，工商有點起色後，大都會也就興建了「大教堂」（Cathedrals）。寺院及大教堂都擁有圖書館。教會的神父們有了這種精神食糧，其後被封爲「聖」（Saints）者，遂費心於此，以釋群疑。哲學與神學的合一，理性與啓示的匯流，水到渠成。

一、英倫的安瑟倫（St. Anselm）

　　這位「唯實論」的聖者，曾屬聖本篤寺院教派（Benedictine Order），其後還是中世紀英國國教聖地的坎特布里（Canterbury）大主教（Archbishop）。在教會聖職中，地位崇隆。一生追隨聖奧古斯丁步伐，信先於知，以信（上帝）來指導知（人）。

　　主啊，我並無企圖穿透祢的深奧，因爲我的智力在這方面是不足的。但我卻擬在祢的眞理上稍了解一二，以便於我的信仰；但我知悉，一旦我信了，我就有可能領會，我也深信這點。除非我信了，否則我是不懂的。

(一)「信先知後」（*Credo, ut intelligam*）

此種態度，前後兩聖，口吻一致。不過，在「信」中，若不求甚解，則是「知」疏忽了。因此，信仰或聖經教義中的教條，有必要運用辯證或推理，目的不在於裸露其神祕面紗，卻該盡人力予以穿透之，發展之，且辨明其含意。其中，採哲學上的辯證以論上帝的存在，是非要不可的；哲學所占的成分，大過於神學。也因此，使他在哲學史上占一席地位；否則，他就只有在神學史上列名而已。

全盤接受上帝的啓示眞理之際，也應以人的理性力予以理解之。上帝的存在是第一眞理，這純是「啓示」在發威；但利用理性力了解之，這是哲學家的任務。哲學家由此所得的眞理，位居其次，是第二眞理；二者皆是眞理，不可也不該生疑。他與聖奧古斯丁一般，神學與哲學不分，不似其後的聖托瑪斯。

人的理性力（哲學）如能領會啓示眞理的，就儘量去領會；若無法領會，「信」即可，沒有第二句話。在這方面，神學與哲學是合一的，不似聖托瑪斯的明示二「學」，各有明確的地盤。

(二)上帝的存在，《獨白》（*Monologium*）一書中有所說明

1. 被創造物中，「完美」有程度上的差別。如「善」（goodness）及「大」（greatness）；不只有量上之別，也有質之分，且量大不必然就是質優，這都是「經驗談」，屬於「後驗式」論證（*a posteriori* argument）。此證，人的一般理性極易了解。比如說，大有較大，則有最大等；最大者，人之感官不可及，最大即上帝。由人的階層（較低階層）往上推論到最高階層，似乎有亞里斯多德哲學的味道；但比較大，是「分受」於「最大」，此論證又有柏拉圖哲學的色彩了。

2. 凡存在，必有存在之源頭。源頭不外二，一是「有」，二是「無」，但後者是不可能的；因之只能是有。有又有二，一是「自有」，一是「他有」；如同「因」有二一般，一是「自因」，一是「他因」；也如同「動」，「動」有

二，一是「自動」，一是「他動」（即被動）。「自」的位階高過於「他」，而最大的自因，來自於「上帝」，上帝只創但不被創。

3. 本體論證（ontological argument）：張「唯實論」大旗的他，認定上帝就是「一」而非「多」，是「實」而非「虛」。採三段論式予以證之：

大前提：上帝是吾人所想的當中最大者。

小前提：吾人所想當中最大者必存在，不只心靈上的、理念上的且是超心靈上的。

結論：上帝存在不只心靈上的、理念上的，且也超心靈上的。

只有在心靈上、理念上，且在超心靈上，才能領會「最大者」；也就是最完善者即上帝。且既然在心靈上、理念上及超心靈上有個「上帝」在，這是「主觀」的，就必有個「客觀」的，其「實」最實。此外，說上帝不存在者，本身即自相矛盾，因為堅信「一切皆不存在」的人，不是正表明如同「一切皆不信」一般的愚蠢可笑嗎？詭論在此又多了一佳例！

上帝無所不能，但上帝能說謊（the *insipiens*）嗎？如否，可見上帝也是無能的。但說謊表示無能（impotence），也不完美（imperfection）；上帝既是完美，也全知全能，怎會說謊呢？有能力的人是不會說謊的，更不用說上帝是全知全能者（omnipotence）；也只有無知的人才會問「有無兩座山而中間無山谷？」上帝所造，都是完美的，只有缺能力者才會造出不完美也相互矛盾的事。至於一根針尖上能站多少天使，此問更是荒謬絕倫。天使是精神上的，不占空間的；針尖是物質的，怎可以二者相混呢？那麼，有醜人嗎？聖奧古斯丁不是早已明示，這種人不是醜，只是「不美」而已，這種人也有「美」的本錢或資質。

安瑟倫此種論證遭受到批評，認為他誤把邏輯上的必然，與實際上的必然劃上等號；前者如存在，也不保證後者必存在；二者轉換，是不當的。理論上有個最漂亮的山，但不因為如此，就以為實際上真有個最漂亮的山存在。安瑟倫也不承認二者等同。最美的島，此理念是有的；至於是否真有個最美的島，則不必然有。

前者是「先驗」的（*a priori*），後者是後驗的（*a posteriori*）。取亞里斯多德所稱的「實踐性」（Actualization）及「潛能性」（Potentialities）以證明身心二者合一而成的「形式質料說」（Hylomorphic Composition），其中含有先驗及後驗。可見他的論證雖大部分取決於柏拉圖，但也有亞里斯多德的影子。

二、中世紀大學的哲學與神學探討

中古時代留給世人最大的文化資產，就是巴黎大學的成立。此一以神學為主科的最高學府，在十二世紀時，在這母大學大放異彩。十三世紀後，子大學的牛津，成為（英吉利）海峽兩岸最為顯赫的大學。大學是歐洲國際性的。兩大學都有來自四面八方的學子，不全是法人或英人。

以神學研究為主科的巴黎及牛津，都染有濃濃的希臘哲學風，教父們都期望將哲學與神學融合在一起。柏拉圖、亞里斯多德及聖經教義，三者之闡釋，變成學子最為關注之重點。人性有靈有肉，靈為善之源，肉為惡之首；此種二元論（dualism），為多數教徒及學子所深信。因之，一種論調出現，不婚的獨身主義及無後的說法，成為習尚，果真人人履行此種說法，則人種將絕跡。事實上，身體力行者有，但只限於少數；身心二元論早為柏拉圖所明示，亞里斯多德也提及，尤其「形式」及「質料」（form and matter）說，更在亞氏的《物理學》（*Physics*）及《形上學》（*Metaphysics*）上一提再提，往物傾向之趨勢較為明顯，導致1210年的巴黎宗教審議會（Council of Paris）下令，公開及私下皆不准大學講授亞氏的自然哲學（natural philosophy）。

大學是學術研究的靈宮。知識探討之重要特色，就是真相的釐清。中世紀的教父所悉的希臘哲學，大半仰仗翻譯；譯者之文筆及造詣，轉過數手之後，就有可能失真。

八世紀以後，伊斯蘭教勢力在歐洲也占一舉足輕重的地位。伊斯蘭教在「正統」上較基督教寬鬆，也未有什麼宗教審議會之舉，來判定那些信徒之哲學

見解與伊斯蘭教經典不合而淪爲異端邪說，且伊斯蘭教與基督教二者之友好相處，比基督教較爲親密。伊斯蘭教發源於阿拉伯，政治力則大顯於西班牙。伊斯蘭教哲學家在全球哲學史上的最大貢獻，乃是將完整的亞里斯多德哲學，譯介並評論到歐洲各地，也成爲其後中世紀神學大學的重要教學資源。柏拉圖哲學原來就與基督教教義靠近，亞氏則較遠；阿拉伯學者一向對自然科學較感興趣，他們遂對以經驗科學起家的亞氏情有獨鍾；不過，也因此引發基督教正統神學家之敵意。可是，阿拉伯哲學家較居上風的優點，是在了解亞氏上，比他人較爲直接。因爲阿拉伯在地理位置上，總較西歐地區學者更與希臘比鄰。

　　基督教的「學術」世界，在神學與哲學的分分合合裡，聖經教義爲主的神學始終如一；但在哲學角色上，早期偏愛柏拉圖，後來在證明上帝的存在上，「理性」的比重加大，以邏輯起家的亞里斯多德之地位乃攀升。哲學與神學的關係，合則相安無事，分則引發教會當局的緊張與反彈。聖經教義與希臘哲學之闡釋，人人一把號，各吹各的調。在以神學爲主調的宗教世界裡，開明之士認爲，亞氏哲學非但無妨於信仰之奠立，且對虔誠心有莫大幫助。持此論點的，就是基督教神學家當中迄今爲止最具權威的學者聖托瑪斯（St. Thomas Aquinas），他是巴黎大學的教授。

　　聖托瑪斯的學說，與阿拉伯哲學家之言論息息相關。阿拉伯哲學家之評價亞氏哲學，讓他深受其益；但他也自成一格，企圖擺脫伊斯蘭教哲學家的闡釋，自創品牌。伊斯蘭教哲學與基督教哲學是各立門戶。伊斯蘭教哲學史可以另外成冊，此處只稍談伊斯蘭教哲學與基督教哲學二者相關的部分。

三、阿拉伯兩大哲學家

(一) 艾維斯納（Avicenna, 980-1037）

　　阿拉伯哲學分爲東西。東方學者中最爲出色的，是兼有醫生身分的波斯人艾維斯納，也是伊斯蘭教教父哲學的創始者。波斯人說阿拉伯語，也以阿拉伯文著

書。他熟讀伊斯蘭教聖典可蘭經（Koran）、阿拉伯文字、幾何、法律、邏輯，
且自學神學、物理學、數學、及醫學，16歲行醫後又醉心於哲學及邏輯，造詣超
乎他人之上。但在閱讀亞里斯多德的《形上學》（Metaphysics）一書時，坦承
唸了四十篇卻不知所云。由於擔任公職，行醫又喜歡旅遊，極爲忙碌；不過一生
皆以研究哲學自居，即令坐牢時或在馬背上，都不忘情於寫作及閱讀。年屆57，
在懺悔罪過、淨身、發放救濟品給貧窮者且釋奴後，告別人間。

　　堅信邏輯是哲學的入門階。哲學有兩大類，一是思辨性的，即物理學、數學
及神學；一是實踐性的，即倫理學、經濟學及政治學，此種說法，並無新見。在
形上學的本體論或知識論上，主張二元的內在心靈及外在經驗，與亞里斯多德稍
有意見上的不合；亞氏較重視感官經驗，艾維斯納則較強調自我意識的功能。想
想胎兒狀態，既看不到也聽不到什麼，浮游於子宮裡，感官運作根本不可能，又
怎能生什麼概念？不，這個新生生命，「必」意識到自我的存在。「自我意識」
（self consciousness）是存在的，也是必然的。

　　經驗界是「偶有性的」（accidentals, contingent）。亞里斯多德早就說過，
一切事件皆有因，有因就有果；但因之前又有因，可是因不能如此無窮下去，所
以必有第一因；猶如動必有推動者，「自我意識」上乃斷定，必然有個「不動的
動者」（uncaused）。第一因及最後果、第一不動的動者、及最後被動者，都是
永恒的；中間的階段是程度性的、階級性的；潛能性與實踐性，也是如此。這都
是亞氏早說過的，艾維斯納予以清晰的明示，如此而已。但在宗教裡，不管是伊
斯蘭教或基督教，就把「第一」具體化於「上帝」這個觀念上；神學與哲學之親
密性，昭然若揭。「自我意識」是必然的，因之，上帝的創造、愛、善等，也是
必然的。上帝之創造萬有，是必然的，且上帝也非如此不可。

　　基督教學術界在未能輕易取得亞里斯多德哲學尤其是形上學之著作前，艾
維斯納的上述說法，時人分辨不出何種說法屬於亞氏，何種屬於艾氏。導致不少
其後著名學者如羅哲培根（Roger Bacon, 1214-1294）、亞里山大（Alexander of
Hales, 1170-1245）、大亞爾培（Albertus Magnus, 1193-1280），甚至聖托瑪斯

（St. Thomas Aquinas, 1225-1274）都受他的影響。艾維斯納及亞里斯多德皆主張「流出說」（emanation），與基督教的「創造說」（creation）不相合，這是哲學與神學在這方面最出現齟齬之處。

(二) 艾瓦洛斯（Averroes, 1126-1198）

十世紀時，伊斯蘭教文明在西班牙是一枝獨秀，亮麗超過基督教世界。此種溫床，孕育出阿拉伯伊斯蘭教世界在西方出現了一顆巨星，即艾瓦洛斯，從小即學神學及法學（其父是法官）、醫學、數學及哲學，中年時（1182）還擔任宮廷御醫，不久失寵，死於摩洛哥（Morocco）。

醉心於亞里斯多德哲學，坦言亞氏之天分無人出其右，遂畢一生精力來闡釋並推薦亞氏作品，把己見參雜在內，讀者遂分不清在他的評述裡，哪些才是亞氏的原始文字，那些是闡釋者增加者。此種情況，猶如柏拉圖的《對話錄》（Dialogues）一般。

在神學與哲學的關係上，他提出「雙重眞理論」（double truth theory），認爲亞里斯多德是完成哲學眞理的第一人；在哲學上爲眞者，在神學上也爲眞。不過，後者之眞是一種比喻式（allegorically）的眞。伊斯蘭教及基督教，在對百姓宣教福音時，採用圖畫教學，以方便一般人領會。但哲學家在研究神學時，就得抽絲剝繭，去其表層，以見底蘊。似乎置神學於哲學之下，且以哲學來判定神學；此舉不但得罪了伊斯蘭教神學家，基督教正統教義派更嗤之以鼻。他大張希臘哲學威風，在保守的神學界人士得勢之後，不得不予以反擊，遂有嚴禁信徒研讀希臘書籍之舉，且焚書之事也屢見不鮮。聖經的語文，經由「人」寫下來，或說出來，但領會蘊含的神意，卻不可拘泥於字面。換句話說，「雙重眞理論」指的是兩「學」（神學及哲學）都是眞理；若「看起來」似乎彼此有惑，則以「喻意」釋懷。

阿拉伯人不是基督徒，在基督徒的心目中，他們都該下地獄，連伊斯蘭教之主穆罕默德也不例外；但阿拉伯哲學家則可位居天堂與地獄之中間，義大利名詩

人但丁（Alighieri Dante, 1265-1321）的《神曲》（*Divine Commedia*）就是如此布置的。艾瓦洛斯高舉哲學的重要性，深爲聖托瑪斯所喜，基督教神學家向阿拉伯哲學家致敬。二者合流，匯聚成世界哲學的主流之一。

中世紀晚期，哲學界咸認亞里斯多德乃是除了先知（Prophets）之外的「至聖」。猶太人奉爲聖經的《舊約》（*Old Testament*），若無法運用理性以理解之，則應以寓意來闡釋。聖經教義白紙黑字的寫著，上帝從無中創造萬有，時間隨之而生；因此，宇宙不可能永恆持續，必有終止的一天。神蹟（miracles）在此展現，人的睿智（intelligent）絕頂處就是靈感的直達天聽。希臘哲學家早已若隱若現地提出此觀點，神學與哲學是友而非敵。

總之，神學之眞理是萬無一失，但意境是高聳入雲，渺不可測，天人合一，與造物主遊；人的理性有時無法抵達該境界，但出神時就會有活生生的感受。

四、希臘哲學的翻譯與闡釋

以拉丁文譯希臘哲學，重鎮是西西里（義大利），以拉丁文譯阿拉伯哲學，中心則在西班牙。但阿拉伯哲學也取源於希臘哲學。由於羅馬帝國時代，拉丁文已成國際用語，原先不可一世的希臘文風光不再，通曉者少之又少。以神學爲主的大學巴黎大學，授課皆以拉丁語文爲主；講學內容，是拉丁化的希臘與阿拉伯哲學，二者皆取資於希臘哲學。但一經譯者之手，失原意或去原味，在所難免；何者才是希臘哲學的「本意」或「正本」，遂成爲學界爭論的話題。

希臘哲學分成拉丁譯及希臘哲學先經阿拉伯文譯後，再經拉丁譯兩種。希臘哲學經過「譯」之後，問題多多。

「譯」有好處也有壞處，好處即譯文可能比原文更爲清楚；壞處即可能譯錯了意思。嚴肅地說，看譯文之價值不如直接看原文。若原文曖昧，譯者卻譯得一目了然，則有失「信」的翻譯功能。若有精通希臘、拉丁及阿拉伯文者，將三種

語文版本一一對照，完全吻合者，這是最理想的，可惜幾乎不可能有此種高手。

拉丁譯希臘哲學的結果，取之與正統聖經（Vulgate）兩相比較，學者發現，本來兩不相涉的，竟然有融合處，但待磨合處也不少。1210年巴黎的教會審議會（Provincial Council of Paris）下令，不許公開或私下教學與評價亞里斯多德的「自然哲學」，巴黎大學受此波及，師生違者以驅逐（開除）伺候。自然哲學（natural philosophy）包括亞氏的形上學，波及最大；還好，亞氏的邏輯及倫理學，不受此限。1231年，教皇（Pope Gregory IX）指令一群神學家來糾正亞氏被禁止傳授的著作，含有鬆綁意，認定所禁止亞氏的著作，基本上並無大誤，因之原先的禁令已少有人遵守。1255年時，亞氏著作爲時人所知者，已都公然地在巴黎大學講授了；甚至到了1366年，巴黎大學規定，文學士（Licentiate of Arts）都需通悉亞氏作品，亞氏哲學最後取得了勝利。不過，該提醒的是，並非全部的時人皆口徑一致的歡迎亞氏哲學，或如同聖托瑪斯一般向這位希臘大師行致敬禮。

(一) 神學重鎮的巴黎大學

巴黎聖母院天主教堂學校（Cathedral School of Notre Dame）及附近學校共同組成的學府，羅馬教會於1215年正式承認爲巴黎大學，十三世紀時，名流學者輩出，畢業生分布到歐洲各地，步亞里斯多德哲學後塵；而在英倫的牛津大學，則有明顯跡象以奧古斯丁爲師，且夾雜有經驗主義色彩。

巴黎大學的學術寰宇氣派，加上衛道（教）任務，在基督教王國中舉足輕重，以宗教信仰的正統自居。由阿拉伯哲學家所引發的哲學及神學之分分合合，巴黎大學自當正面迎接該爭議，並設法止息紛爭，大功臣非聖托瑪斯莫屬，亞里斯多德主義從此當家。

大學取得哲學及神學的威勢，乃因背後有權威單位撐腰。大學立案，法定權來之於精神王國的羅馬教會，或世俗王國的帝王。大學師生享有法定的特權。一方面大學自該不容外在勢力的干擾，另一方面大學學位授予，學術威望不容懷

疑，且擁有學位頭銜者可以四下教學。大學學位這個招牌，最具吸引力。大學生可免軍役及工役，大學的校產也免稅。北方的大學以巴黎爲馬首是瞻，教授位高權重，入校生較年輕；南方的大學以法科爲主修，由於學生年齡較長，因之以學生治校爲招牌，校政之民主化較明顯。大學是學術人士的一種「組合」（Corporation），仿中世紀行會（gild）模式，漸漸演變成一獨特單位，與另兩大勢力的教會與帝國，三分天下。義大利有教皇（Pope），巴黎有大學（University），日耳曼有帝國（Holy Roman Empire）；宗教、學術、政治，三方的角力，爭戰迭起。

(二)「教團」

以神學爲主的巴黎及牛津，宗教味特濃，教會勢力也最龐大；十三世紀出現的兩大教團，主控這兩所最具影響力的神學大學，道明派（Dominicans）於1217年成立在巴黎，稍後又成立方濟派（Franciscans），都在大學擁有神學教授職。兩大教團的名師，在學術界表現令學界刮目相看。

神學與哲學的混合，形形色色不一。但主要流派如下：

1. 奧古斯丁路線（Augustinians），態度保守，對亞里斯多德路線（Aristotelians），時持敵意，時持部分接受態度。方濟派屬之，代表人物有格羅斯特（Grosseteste）、亞里山大（Alexander of Hales）及聖波納文都（St. Bonaventure）。

2. 亞里斯多德路線（Aristotelians），道明派屬之。以聖大亞爾培（St. Albert the Great）（部分）及聖托瑪斯（St. Thomas Aquinas）（全部）爲代表。

3. 艾瓦洛斯路線（Averroist），以西加（Siger of Brabant）爲代表。

4. 獨立路線或折衷路線，如吉爾斯（Giles of Rome）及亨利（Henry of Ghent）。

5. 十三及十四世紀之交時，鄧史考脫（Duns Scotus）以亞里斯多德學說來重整方濟傳統，且爲方濟派掌門人。

第三節　神學哲學聯姻

聖經教義，信徒必信不疑；但非信徒以及異教人士，尤其是不可能是信徒的希臘哲學家因他們皆誕生在耶穌之前，因之想法與教義不合，皆屬常事。其中由於亞里斯多德哲學之普受中世紀學者重視，哲學與神學二者之關係，時時出現緊張。理性與啟示之間的紛爭，已司空見慣。教會當局中有較開明的教皇，擬從中作媒，希望雙方握手言歡，且結成連理，一家親。

十三世紀教會與帝王二者之拔河戰，在前者勢力達頂端時最有魄力的教皇格雷格里九世（Gregory IX, 1170-1241），雖創立異端審判所（Inquisition）來維護教皇權，並堅決支持十字軍東征，但於1228年時任命一群神學家來修正亞里斯多德作品。於1228-1249擔任巴黎主教（Bishop of Paris）的奧塞爾威廉（William of Auxerre, 1150-1249）兼此重任，機伶地改變了教會對希臘哲學的態度。雖揚言亞里斯多德學說中違反教義者，必予以駁斥，但與教義相容者也不少，不應全然捨棄。此種態度，為其後的重要哲學家及神學家所接受。

神學與哲學聯姻既成，則柏拉圖與亞里斯多德的哲學，及奧古斯丁及聖經教義的神學，都成為親人，雖彼此的殊見並不盡除，不過關係既融洽，干戈或腥風血雨已不再。學風頓變，才子輩出，陽光已現，陰霾也除；告別了黑暗時代，欣欣向榮的學術成就可期。十三世紀之後，較具創見的學者屢現，統一型的論調消逝了，百花齊放之局漸成型。大學既已存在多時，群聚於大學的學者，乃各領風騷。

巴黎大學：中意於奧古斯丁學派的亞里山大（Alexander of Hales, 1170-1245）及聖波納文都（St. Bonaventure, 1221-1274）；鍾情於亞里斯多德精神的有聖大亞爾培（St. Albert, 1193-1280）及聖托瑪斯（St. Thomas, 1225-1274）。

牛津大學：步奧古斯丁後塵者，在心理學及形上學上持保守心態，但在經驗科學上則異軍突起，有格羅斯特（Robert Grosseteste, 1170-1253）及羅哲培根（Roger Bacon, 1214-1294）。

　　但此種以思想觀點所作的上述分類，卻有一大缺點，就是上述人物的生卒，前後相差甚大，比較不符「史」的要求。若先生者先亮相，晚生者陪其後，則順序該是亞里山大（Alexander of Hales）、格羅斯特（Grosseteste），波納文都（Bonaventure）、培根（Bacon）。這些學者也分屬兩大教團，前已述及。

一、格羅斯特（Robert Grossetest, 1170-1253）

　　生於英格蘭東部沙福克郡（Suffolk），1221年為牛津大學校長（Chancellor），1253年擔任林肯教區主教（Bishop of Lincoln）到去世，位高名隆。直接從希臘文譯亞里斯多德的《倫理學》（*Ethics*），並在評價亞氏諸多著作中注入己見，而不受亞氏所圍；且出版許多原創性的作品，但也明顯看出夾有奧古斯丁傳統於其中。可見他的著作，是亞氏、奧氏及自己的「三合一」。尤其他取經驗主義的觀念，影響了培根甚大，後者自承是受學弟子，收益頗豐，使他可以仗數學來解疑去惑。

　　光是第一有形物（the first corporeal form），光可四放光明。由光而生四基質，即火、水、土、氣；由光也生出色，如彩虹；暗只是「失光」（Privation）——光較少而已。光也是動的原則。光不只是物質的，且也是精神的；上帝就是純光（pure Light），也是恒光（eternal Light）。光照於心，使心能知眞理；無光之助，則人不知眞理本身，人人不能直接看到眞理，只能看光；猶如人不能目視太陽，但無太陽，則人有目等於無眼。好比奧古斯丁所說的，豎琴（harp）本身不能發聲，人是彈豎琴者（harper），二者缺一不可。光之重要性，由引可知。上帝發出神光（divine illumination），使人見萬物，但人無法「直視」上帝。

二、亞里山大（Alexander of Hales, 1170-1245）

　　生於英格蘭格洛斯特郡（Gloucestershire）。1231年入方濟派，是巴黎大學

首位方濟神學教授。該教派有一群狂熱分子有反智說法，排斥讀書；也禁欲，甚至認爲飲食對純樸的理想境之抵達，是一種陷阱。教廷（Holy See）對這群「靈修者」（Spirituals）不悅又蹙額。還好，亞里山大這位方濟派僧侶，能夠在哲學及神學上揚眉吐氣。

在亞里斯多德哲學已廣爲時人所知悉時，亞里山大卻認爲異教哲學家（亞里斯多德是最具代表人物），因欠缺一種宗教福氣，未享上帝之啓示福音，因之所建構的哲學體系，根基不穩，也無法令人滿意。站在山頂上的人，俯瞰山谷是一清二楚的；只停留在山谷者，又怎能仰望山頂景色呢？由上往下看易，由下往上看難，這也是常識。

「三聖合一」（Trinity）論，單只由人之智是無法體會的，因人心（智）是脆弱的。但上帝的存在，此事是好人壞人都能了解的。身與心的關係，可比喻爲水手與船的關係；心使身展現其功能。亞里斯多德認爲宇宙恆在，這是錯的，正確的是宇宙爲上帝所創，故有時間性。不過，亞里山大倒認爲形式質料合一說（hylomorphic Composition）的亞里斯多德此種哲學是不無可取的，質料基於潛能性，形式就是實踐性了。本質或「存有」（essence）與「存在」（existence），也是如此。前者隱藏，後者已現；由「人」（man）而彰顯出「人性」（humanity），不也是如此嗎？上帝的創造是無中生有，且一次完成，又是最完美的創造，從此，時間才出現。但時間既有始，也會有終。聖經言及宇宙存在的時間所指的年，不是人間凡俗的年，這猶如支那古典小說中的天上一夕，是人間數百年一般的只具喻式意，而不可以文害意。他最尊敬的神學家就是聖奧古斯丁。

三、聖波納文都（St. Bonaventure, 1221-1274）

義大利的聖波納文都幼年多病，由於母親祈求於聖方濟（St. Francis of Assisi, 1182-1226），遂屬方濟派的一員。在巴黎受教於亞里山大，印象深刻，對

其師景仰無以復加，因之也不敢逾越聖奧古斯丁雷池。心態保守，虔誠有餘，創力不足。當時巴黎的學風已展現新任務，即往亞里斯多德的走向已越來越明確。他在哲學史上的地位，或許可以說是巴黎大學固守聖奧古斯丁的最後一員。之所以如此，也不可說都是他之無知於「新學」所致，他是有一番說辭的。

當時的兩大教派在大學裡所惹出來的麻煩，他與其後的聖托瑪斯都遭遇過。大學的神學教授與僧侶的神學家，二者身分之不同，時時為了後者之享有某些學術頭銜之特權而口角不斷。1255年聖波納文都甚至被逐出大學門外，大學不承認他擁有博士及教授資格。終因教皇之介入，使他與聖托瑪斯仍能在巴黎大學履行神學教授之教職。

(一) 固守聖奧古斯丁神學殿堂

方濟派一向走聖奧古斯丁所說的一句名言：無知者更能進入天堂，虔誠即夠。知識欠缺，非但不妨事，且更易與上帝相親。聖波納文都不完全接受此說，反而認為僧侶傳道時，若以知識作背景，則效力將大增，聖經教義（Scripture）加上神學（theology）最不可或缺；而一般性哲學更是入門的終南捷徑，尤其在面臨異端人士之挑戰時，知識是維護信仰的最大堡壘。方濟派要求人與上帝合而為一，因之有關於人及上帝的知識，方濟派僧侶自不可等閒視之。與此無關者，則大可不必虛耗時光。基於此理由，他反對、不信、也不喜更不必有亞里斯多德的形上學，只要神祕性的，或啟示性的知識，就受用不盡。

或許是先天個性使然，使他覺得聖奧古斯丁的神學與他較有緣。聖奧古斯丁的一生遭遇，蒙受上帝恩寵，此種經驗，才使自然界與超自然界接軌，從墮落及沉淪中見到神光，終於浪子回頭是岸，自然的人與超自然的上帝兩相遇，又何必分哲學與神學呢？二者有明確的分際線嗎？有必要將二者視為河水井水兩不侵犯嗎？他的觀點也好比聖奧古斯丁，不可只視之為神學家而已，二者也具哲學家身分，否則這兩位「聖」，就只能陳述於神學史而在哲學史上沾不上邊了。

稍與聖古斯丁有些差異的是，他對哲學的態度極其明確，並無曖昧，還有時

針對亞里斯多德哲學也另眼看待。對哲學怒目以向的學者如丹麥齊克果（Sören Aabye Kierkegaard, 1813-1855），都不可排除在哲學史外了，更不用說對哲學敵意不深的聖波納文都。他堅信只有一種真正的哲學，叫做基督教哲學。其他與基督教無關的哲學，不只分量不足，且也錯誤百出。不管他的此一論點正確與否，可以另當別論，但哲學史倒不應把他排除在外。

雖走上聖奧古斯丁傳統，但路途所經過的橋樑底下，卻流著經由教父哲學所經營出來的含有亞里斯多德哲學充沛的水，使得他無法完全不予理會。他一方面不改初衷的對亞氏形上學及神學未予好評，但卻尊亞氏為自然哲學家。既以聖奧古斯丁傳統作為主幹，亞里斯多德哲學在他心目中，至少是支流。

1. 學奧古斯丁口吻，波納文都說：「哲學從理性而起，神學則由啓示擔綱」；信仰來之於聖經教義的權威，領會則賴理性，二者在這方面是涇渭分明的。神學由上帝發其端，肇其始，對哲學而言卻是終點，也是最頂尖的高點，之上已非哲學而是神學了。這意謂著，就高度來說，哲學不如神學，哲學好比在谷底往上爬升，神學則在雲天處俯瞰。神學是「果」，哲學是「因」；哲學（自然哲學）可分成三門，即物理、形上學及數學；或物理、邏輯及倫理學。就思考方法及研究資料而言，神學及哲學是殊異的；但在業績上，則神學大過於哲學。哲學如缺神學，是美中不足的，瑜中有瑕。缺了信仰之光，則哲學就灰黑不明。不過，二者之分不必太過強調，更不該拘泥。他也承認，哲學家不必藉天啓之助，也能獨立證明上帝的存在。憑哲學家的理性力來尋求聖經教義，若仍不得其門而入的來使自己深信上帝存在，則亞里斯多德的哲學也能夠施展說服力在此發功。不過即令如此，哲學家也不必沾沾自喜，因為純依理性所得的知識，注定且必然也是在重要關鍵點上會出大錯。他舉出經驗事證，史例昭昭明甚，偉大如柏拉圖及亞里斯多德哲學，在基本觀點上都犯了大錯；在欠缺信仰之光的光照之下，就漆黑一片了。純形上學家只證明有個第一因，卻無能百尺竿頭更往上提升的明言，第一因即上帝。因之，只是個哲學家，是不足的，若能兼及神學家，就好上加好了。哲學的結論是還未抵結束階段，只有神學才算抵達終點。換句話說，哲

學思考還藏有「開放」（open）空間，儲存錯誤；神學則絕對正確，已「關閉」（close）了所有不正確之路。

2. 哲學及神學該有不同的定位：亞里斯多德主義代表的哲學，在自然哲學上貢獻極大；但波納文都不承認亞里斯多德爲真正的形上學家，也不滿意亞氏的形上學說。形上學若不依信仰，則脆弱不堪。一位傑出哲學家在哲學的某些領域，成就非凡，並不保證在其他領域也足以傲人。尤其亞氏非難其師的理念說，又主張宇宙恆在，與基督教的創世論是異曲也不同工，在異教哲學家犯錯累累之下，亞氏犯的錯是大過不斷。

哲學與神學二者關係最密切的，莫過於上帝存在的證明。哲學家證明上帝之存在，不必依信仰，純憑理性，即可大功告成。當然，哲學家在證明過程中，早擁有信仰之光，才有助於問出該問的問題，得出正確的答案以免有漏洞。神學家則在獨斷的教義，也是確信無疑的教義上下功夫。哲學家並不拒絕信仰，只是不必利用信仰。理性與信仰，在這裡並不互斥而是相容，但若有信仰在旁，就可防哲學步入險境或歧途。

波納文都在哲學與神學的思考上，比較著墨於神學者多於哲學。神學家的比重大過哲學家。神學被視爲主科，是必修的；哲學則只是副科，選修即可，是附帶性的（*per accidents*）。就這一點而論，其後的聖托瑪斯幾乎二者平均倚重。

(二) 上帝存在之證明

與聖奧古斯丁同，他對上帝存在之證明，深感興趣。上帝與人之關係，此事非同小可，人的性靈往上直升，是作爲基督徒內心意識以及禱告最具抽象力的智能運作，純發自於內心，不必訴求於外在。其後新教改革健將路德（Martin Luther）特別標出此點。雖然波納文都與聖奧古斯丁都取材於「外」，從局部的、不完美的、組合式的、功能性的，及偶發性的物界中，得出無限的、完美的、一體的、不變的，及必然的「上帝」觀念，不過所花的心思並不在此。體認「外」者是不全的，而確信「內」者，早悉有個最全者，這也是柏拉圖式的想法；由

「內」往外，意旨最高；由「外」往內，只是常人的作法。

1. 由被創造物（外）來「提醒」內心，必有個創造主，創造主即上帝。由「果」（外）而知「因」（內），由具體的到抽象的，由有形體的到無形體的，由形下到形上。換句話說，由哲學而邁向神學，而不可只停止在哲學上，這才不失作爲「聖」者的本色。哲學作爲神學的「工具」，不也含有亞里斯多德的精神嗎？亞氏也經由「動」推論到「不動」，可惜亞氏依此而竟然得出宇宙恆在之結論，爲聖經教義所不容；若佐以「天啓」的臨門一腳，就功德圓滿了。

他平實地直言，不是人人對上帝都有個既明晰又清楚的知；或一出娘胎，一開始運作理性，就對上帝的存在了然於胸。倒是看到了拜偶像者（idolaters）及無品味者（insipiens）之存在事實，不只是個笨蛋且在內心還大唱無神論。一些人即令也差可認同上帝的存在，但卻認爲上帝就算存在又要如何？眼睜睜的事實告訴我們，對上帝虔敬有加者反而在此世痛苦不堪，壞人比善人更幸福無比，又哪有什麼公義來自於造物主呢？

兩條途徑——由外往內及由內往外，皆可知悉上帝的存在而不必有疑。波納文都較強調由內往外的「內在自覺」。沉思冥想，就可使陰晦不明者（implicit），越來越清晰可見（explicit）。雖「知悉」不公不義者反而比善良者較幸福，但內心必欲求有個純正的公義世界存在，那就是上帝的世界。確悉外在世界的「不公」，乃因在內心中早已先知有個眞正的「公」。

2. 引用聖安瑟倫的說法，上帝屬於「最」的層次。大有比較大，則必有最大，最大就是上帝。依此類推，比較大是存在的事實，這在感官具體物中屢見不鮮，因之，最大之存在也就不容置疑，但存在於內在的抽象之心中。由於「比較大」，是不容否認的事實，因之，否認「比較大」，是不該發生的。由此推論可得下述不疑的結論，即「最大」是不容否認的事實，所以否認「最大」，也是不該發生的。感官可看到的島是不可否認其存在的事實，但該種島有美不美的相對性，由此才從內心中生出必有個最漂亮的島存在。此種「心思」之不可置疑，也如同不該否認此種存在一般的不可置疑，這才合乎對等性原則。

島之比較美或比較不美──外在的感官層次是不容否認的。否認「比較美或比較不美」，此種內在的理念，也是不該存在的。

「最美」這種最高層次之存在，是不容否認的；而否認「最美」此種內在理念，也是不該存在的。

因之，比較美或不美，既是存在的，則最美之存在，也是存在的。最美就是上帝，認知上帝之存在，是毋庸置疑的；否認上帝不存在，也是深信不疑的。上帝存在的事實，正證成立，反證也成立。

這就純粹屬於辯證的層次了，似乎「先天觀念」（innate ideas）蘊涵其中。但帶有神學及宗教家色彩的聖奧古斯丁、聖安瑟倫及聖波納文都，口徑一致地認為由外在的感官世界所經驗出的不完美，引發或點燃了先天已存有的上帝觀念，也就是最完美之存在，得仰賴神恩或光啟（divine illumination），這就與蘇格拉底或柏拉圖所言之先天觀念論，稍有差別了。其後的洛克（John Locke）大唱經驗主義，排除先天觀念說法，或許皆基於科學立場，盡掃哲學及神學上的先天觀念說。

3. 他最中意聖奧古斯丁的一種論辯，即由疑始，而以不疑終。疑者心中必有一不疑，即堅信己之疑。可見「疑」者也必有一「信」，即「信」心中之疑。聖波納文都藉此發揮，有人肯定地說：「人是驢子」，雖此信是假的，但他心中有「信」，且確信。有人對「人是驢子」有疑，此種人也有「信」，是信其可疑，可見兩種人皆有其「信」。相信「上帝的存在」者，對此是深信不疑的；而不相信「上帝的存在」者，對此種不相信，也是深信不疑的，二者不都同有「信」嗎？這是否淪為玩文字狡辯技倆，有待商榷，但邏輯上是能站穩住腳的。

(三) 神學與哲學之合一

上帝帶來神光，使哲學所探求的真理，在光照之下現形。哲學缺神學，真理無法顯現。神學也等哲學來昭告信徒，上帝存在的事實絕不有疑。神學家手持上帝之光，引導哲學家步入真理的神殿。希臘哲學家的最大遺憾，就是少了這道上

帝之光照，由此觀點言之，聖奧古斯丁就比柏拉圖及亞里斯多德取得較有利的地位，享有神恩之賜。柏拉圖還強調理念的形上世界，差一點就上抵神境；至於亞里斯多德，由於較著重於感官世界，因之就聖波納文都的角度衡量，亞氏就不如其師了。

取聖奧古斯丁的說法，上帝皆善；哲學家或凡人所言之「惡」，只是「少善」而已，他們也有成善的可能。「欠缺」（Privation）觀念，出之於聖奧古斯丁。

亞里斯多德認為萬有宇宙恆在、時間恆存，這是拂逆聖經教義的。上帝從無中生有，這才是「創」字的真諦。上帝創萬物之後，時間才開始；且宇宙之「時」，也有終止之時。聖波納文都深信此神學論，與亞里斯多德保持距離，這種立場，聖托瑪斯是不認同的。二者在神學上的差異，屬於神學史之事，此處不提。上帝與人，或上帝這個創造物主及被創造物，或理性的人與非理性的動植物，或生物與非生物之間的關係，可以用「分受」（participation）、類似（resemblance）、類此（analogy）、比例（proportionality），或「形同」（likeness）等字眼，予以說明。二者之間有層級，有階梯，但關係緊密。

萬有的一切皆是物質（matter）與形式（form）的組成體（hylomorphic composition）。物質是潛能性（potentiality）的所在，形式則是實踐性（actuality）了；二者之間有上下位階。潛能性在產生實踐性時，除了由潛能中取材之外，另有新加；前者只是傳，後者則屬創了。上帝創造萬有，創造都在萬有之產生時出現，不完全皆秉諸遺傳（traducianism），否則下一代與上一代就完全無別了。人之異於禽獸，也是如此；人不同於天使，不同也基於此。

由此也可知，一切的知，若只本諸於感官，則該知是不確定的；本諸於理性，也是不足的，因為欠缺來之於神性。只有上帝之光，才能獲得絕對真理。哲學之知，必有缺陷；只有神學之知，才保證無誤。換句話說，由感官的具體經驗而「生」出抽象又形式的理性知識，二者有同也有異。同來之於「傳」，異則本諸於「創」。同理，由抽象知識又上抵睿智知識，也是如此。感覺（sensa-

tion）、知覺（perception）到智覺（intelligence），有高下位階，都需「光照」
（divine illumination），尤其是後者。哲學家不可在百尺竿頭上止步不前，應更
進一步地上臻神學之境，否則在絕對眞理上難免會出差池。出神（ecstasy）而完
全浸於上帝的語文（the word of God）即聖經中，至福即現。

四、大亞爾培（St. Albert the Great, 1206-1280）──道明派

　　求學於義大利東北部的帕多瓦（Padua）大學，授神學於德國北部的科隆
（Cologne）大學。1245年在巴黎大學獲博士學位。1245-1248，聖托瑪斯爲其門
徒，其後兩人共赴科隆研究道明派學術，以此爲住居所在，雖因擔任行政職而稍
分心，但也於1277年赴巴黎爲其高材生聖托瑪斯（死於1274）仗義執言。

　　巴黎大學在當時的學術風氣上，被目爲新學的亞里斯多德哲學已地位竄
起。大亞爾培是個溫情主義者，心胸開放，因之展雙臂迎新學之加入；但對傳統
勢力的新柏拉圖主義及奧古斯丁說法也不排斥。此種新舊結合的業績，大功告成
於他的傑出門徒上。神學爲主調的他，對於亞氏的批判不留情面，尤反對阿拉伯
哲學家艾瓦洛斯（Averroes）。

(一)觀察乃爲走入眞理之門

　　大亞爾培難能可貴的是，他在實驗科學上占有史上不小的地位。注重實驗與
觀察，對樹木及植物親自體驗，且佐以先人之見。此外，則運用推論。二者都是
眞理的兩大效標。若南極不能住人，則北極亦然，因爲太冷。南北極若有動物，
則一定長有厚毛以禦寒，且是白色。他又說，住在地球「下方」，不必擔心會掉
下，因爲「下方」是相對性的。他也特別注意候鳥的習性，及各種植物的特徵。
就觀察所得及推論所至，二者之優先順序上，他舉前者是眞理的最後判官。有
人「先驗式的論斷」（*a priori* arguments）認爲，「赤道」（torrid zone）無法住
人，但卻違反客觀事實。亞里斯多德曾言，蝕或月暈（lunar hallo），五十年只

會出現兩次；但他本人及他人，卻在一年內目睹過兩次，可見再大的權威，都該在事實之下彎腰認錯。大亞爾培的好奇心、實驗性及親自觀察，使他在教父哲學的時潮中獨樹一幟。也因之使他較中意於亞里斯多德哲學，雖然亞氏之說，謬誤也不少。

(二) 神學與哲學的關係及分別，應予釐清

1. 神學是依啓示的，不憑自然理性，可以說是屬於形上哲學（metaphysical philosophy）。形上學也是第一神學，視上帝爲第一存在（the first Being）。信了才能知，信（faith）先於知（knowledge）。

2. 哲學靠自然理性來得出第一原則。神學之理性則是超自然的。哲學之用處頗多，不可輕視。他本人就喜歡用辯證法來作爲神學推理。不單如此，哲學也可獨立成科。

以哲學來論神學，雖然他也承認這不是首要的，因爲啓示性的神學，只依推論性的哲學是無用武之地的。但至少就次要性而言，是有其功用的，可以封住異教哲學家或對基督教義採敵對態度的學者之口，後者是無知的，態度是野蠻的，如禽獸一般的自以爲是，連自己無知也不知。光憑哲學，無法證明神學的重要啓示眞理，如上帝創萬物，有始也有終，宇宙萬有不是恒存的等。

神學與哲學之分際，極爲微妙又神奇。大亞爾培有時也言之不詳，只遊走於先哲及聖經教義之間，既保持距離，但又擬與之親近。此種作爲，由他的大弟子接棒，卻後來居上，使神學與哲學之關係，分及合皆一清二楚，可惜較其師短命。當聖托瑪斯去世時，作爲其師的大亞爾培聲淚俱下，傷心不已。當時學者在論評他人之說時，所引者皆已作古，唯獨對大亞爾培例外，連對他不同調的羅哲培根（Roger Bacon）也告訴世人，大亞爾培的地位與亞里斯多德、艾維斯納及艾瓦洛斯同，他的言論都爲時人所引用。博學多聞，興趣多方；除了實驗科學上，展現其貢獻外，他的及門弟子托瑪斯其後的地位，也是大亞爾培引人注目的原因。有其師必有其徒，同理，有其徒也必有其師。

第四節　聖托瑪斯（Thomas Aquinas）（一）

　　大亞爾培早就看出，全球尤其西方基督教世界中最重要的學術資產，是亞里斯多德及阿拉伯哲學家的著作。批評、指謫、糾正這些「異教」哲學家並無不可，忽視之、貶低之，就愚不可及了。若步入教父哲學的末流遺風，只計較於文字，單注重枝節，則必造成對文化的重大傷害。

一、生平與著作

　　天主教闡釋聖經的早期權威是聖奧古斯丁，晚期迄今則由聖托瑪斯獨占鰲頭。生於義大利離那不勒斯（Naples）不遠處，5歲時入卡西諾山（Monte Cassino）的本篤寺院（Benedictine Abbey）求學，待了9年之久（1230-1239），該寺院信徒被菲特列二世（Emperor Frederick Ⅱ, 1194-1250, 1220-1250在位，這位大帝輕視教皇權威）驅逐，他乃返那不勒斯大學（University of Naples）就讀，時年僅14歲。由於受當地道明派僧侶的影響，遂於1244年，20歲時加入該教派。其後又曾是巴黎大學學生（1245-1248），陪其師大亞爾培至科隆（Cologne），師深悉這位愛徒的才華，乃大力挖掘之，又注入了興趣多元的個性、開放的心胸、無書不讀及手不擇卷的習慣。或許在好奇心上，師勝過生，但在組織力上，則青出於藍，充分利用亞里斯多德哲學來作為工具，將浩瀚的學問，化神學與哲學之敵而為友。亞里斯多德本人即以組織力見長，其師柏拉圖或蘇格拉底，則個人的獨見較多。托瑪斯長年受其師之陶教薰化，把亞里斯多德著作一一整理且建構了體系龐大的哲學系統，托瑪斯循此路線，將神學與哲學作了整合工作。此項工程之完成，他是功不可沒的。

　　《神學大全》（Summa Theologica）是他的代表作，雖一生只享半百時光，卻奮力著書不斷，是個多產作家，但皆環繞在神學與哲學的綜合統一上。以僧侶、哲學家及神學家，又是基督教徒身分，完成一以貫之之道。一個人有很多種身分，但作為人，這是不能置疑的。

就哲學而言，托瑪斯取亞里斯多德的主張，認為第一哲學或形上學，是研究存有（being）的，但存有乃是上帝從無中所創，那是神學領域，也是希臘哲學家所未及之處。人通往上帝之途徑，一般而言有二，其一是始自人的內在意識，這是主觀（subjective）的，也是波納文所所中意的；其二則相反，由外而內，從感官經驗（sense experience）作起點，亞里斯多德有此傾向，托瑪斯信之，是客觀的（objective）。哲學家利用理性及客觀事實，證明第一哲學的存在，甚至上帝之存在；但體認上帝創造萬有，以及領會人生之最終極意義，則需有一種奧祕的神學頂冠其上。若「哲學」止步於此，則是不足的，也非最終極的。

二、神學與哲學的關係

神學與哲學的糾纏，爭議多時。到了托瑪斯時代，他作了正式且明確的分野。

1. 哲學及其他人類所形成的學門，植基於理性的「自然光」（natural light of reason）所樹立的第一原則，依人的理性皆可領會，也是人類運用理性的成果。

2. 神學則除了哲學所運用的理性之外，更要賴信仰、權威、啟示。

依論證來說，哲學的「結論」（conclusion）恰只是神學的「前提」（premise）。

哲學知識由感官經驗始，運用理性，往上推及上帝之存在；神學卻從上帝的存在為起點，往下「光照」上帝所創造的萬有。

從「知」的角度而言，哲學家的知，神學家自能知之；但神學家的知，哲學家是有所不能知者，也有所能知者；所能知者的哲學家已不只是哲學家，他還有神學家的造詣。神學家的知，是啟示性的知；哲學家的知，是理性式的知。神學家的知，來之於神光啟示（the light of divine revelation）。二者探討的對象（materially）同，但得知的「方式」（formally）有別。

3. 神學分兩類，一是獨斷式神學（dogmatic theology），一是自然神學（natural theology）；前者完全取資於啟示，後者則摻有哲學成分。托瑪斯認為，幾乎全部的哲學都該以「知上帝」為要務；至少，大部分的哲學研究，都得先預設有一種自然神學，也就是形上學。形上學是探討上帝的，自然神學或形上學，是研究哲學者的最後一階，已踏上此階者，所需的能力、探究及反思，比常人為多。即令如此，哲學家尤其是異教哲學家雖也可證明上帝的存在，但他們對上帝的認知，卻常真假參雜其間。比如說，不相信「三聖合一」（trinity），不承認有神寵（divine providence），也拒絕接受上帝即是造主（Creator）。如同天文學家對天文知識雖有進境，但仍對宇宙萬有之奧祕惘然無知。其實這一領域只是次要的，反而是人的道德必要性，更該為人生共同關注的所在，這才最為緊要，上帝在這方面的啟示最多。人、科學家、或哲學家在這方面是脆弱無助的，必得賴上帝伸出啟示的援手。若上帝創造之前早有「時間」，也早有「存有」在，則時間及存有又是誰創的呢？神學家可知的，哲學家不一定知；但哲學家所知的，神學家必知。

4. 神學家指向超自然，哲學家則止於自然；神學家心中有上帝。在實際社會中，哲學家關心的終極性權力是「國家」（state），神學家則把目光放在「教會」（church）。在國家內所享的幸福不是真正幸福，只有在教會裡享的幸福才是至福，才是絕福，也是真福（beatitude）。

哲學家隊伍裡，亞里斯多德是隊長，「是最頂級者」（*par excellence*）。對亞氏哲學的評語，他最具「寬容心」（charitable sense），堅信亞氏哲學最能與基督教之啟示，融洽相處。在這一點上，托瑪斯的態度就與波納文都相左。托瑪斯了解極少數的人才真正領會上帝，且需費時甚多，有時還難免真中有假，有時是匆下斷語，有時則迷惑於情緒或想像。形上學獨立自存，但難免出錯；波納文都對亞氏形上學的敵意較深，乃基於阿拉伯哲學家艾瓦洛斯等人對亞氏哲學的評論而來；若先入為主的就認為，形上學家與神學家之不合，是水火不容式的，則評論時的用字遣詞，就與相信二者有交集處時，出入較大了，且引發讀者的觀

感，也就天南地北。托瑪斯本著一家親的立場，將亞里斯多德哲學大力吹棒，此種作風支配了其後的哲學發展；尤其取亞氏邏輯推演，當作神學研究之工具。哲學與神學各有本務工作，不必相互排斥或分出高下。

三、知識論

　　扮演哲學與神學之間親善大使的托瑪斯，對亞里斯多德哲學尤為崇拜，這是他異於奧古斯丁之處。在知識論上，他走常識之途，承認感官印象是知識之源。亞氏的十大範疇，他服膺至極。本質（substance）是常在的，其他九個範疇，都是偶有性，存在物也因之彼此有別。春天時眺望窗外，李樹發芽長葉；秋天則葉色變黃，但李樹的本質仍是李樹。到農園一看，落葉松剛剛下種；不久，小苗變成大樹了；田野的牛來回走動，姿態各異，有時站著，有時蹲下或躺在地上，吃草反芻或入睡；但作為牛，是不變的。

　　更深一層去思索，則更能體會出存有界的奧妙。當牛吃草時，草已前後有別；經由牛胃的消化，草的顏色及大小，也前後不同。牛吃下草，使牛肉增多。草與肉是分殊的，二者之間不一定有直接或立即關係；有時是間接且要經過一段時間。「質料」（matter）與「形式」（form），此種亞氏的「形式質料說」（hylomorphic composition），他是接受不疑的。質料就是潛能性，形式就是實踐性。

　　存有（essence）及存在（existence），就如同潛能及實踐一般。先是「存有」，後才有「存在」；前者一，後者殊。光只是潛能性，分別不出彼此的差異；俟實踐性出，則個別性就呈現了。黑人與白人之受精卵，在「形式」（潛能性）上可能同，但實踐性則相差不小。

(一) 以知識來證明上帝存在

　　上帝之存在，此種認知，並非先天的。許多人不信神，不悉上帝的存在；

且以為否認上帝之存在，並非不可思議或不能領會的。此種說辭，聖安瑟倫早已警覺到自然神學（natural theology）是不能成立的。自然神學家以為人人皆「自然」或「天生」的就體會出上帝之存在，其實這不是事實。相反的，證明上帝之存在，不是一種無用的累贅。因為從反擊上帝存在的論證當中，也可看出他們振振有詞，如同在二十一世紀的今日，一股強有力的哲人把上帝的概念排除，且大多數的男女青年也接受一種無神的教育。因之要證明上帝的存在，就需大費周章與唇舌。

聖托瑪斯認為知悉上帝之存在，此種知不是天生的。雖然人天生就以幸福為人生旨趣，卻多數也天生地以為幸福就是聲色享樂，腰纏萬貫，而不知只有與上帝為伍，才能真正得福，這也是真理之所在。不承認天下有真理者，本身必也承認一種真理，即天下無真理。知「上帝之存在」，此種知不是本能（intuition），而是思索（reflection）。

上帝是存在的，此命題中的述詞（predicate）必存於主詞（subject）中。「人是動物」此句，「人」是主詞，「動物」是述詞。動物包括人在內，人是理性的動物；若有人存在，則必有動物存在。上帝是「存有」（essence），若有「存有」，則必有「存在」（existence）。存有是潛能性，存在是實現性；實現性中必有潛能性，但潛能性不必然就有實現性。此種說法早已提過。下兩句更一清二楚：

1. 人是動物：人與動物同階，動物包括了人。

2. 人是理性動物：人與動物不同階，人之位階高於動物，因多了「理性」。言及「人」，則「人」的潛能性中的「理性」及「動物性」必存在；人一定會實現動物性，但人也必實現「理性」。一提「人」，則「動物」及「理性」必皆存在。

「思索」而非單依「本能」，才得以知悉上帝的存在；尤其若在心內思索之際，又能佐以外感官經驗之助，則知之力道更強。這是托瑪斯特別強調的，也是他與波納文都在這層上稍有不同意見之處。先驗（*a priori*）證法較弱，後驗（*a* posteriori）證法較強。哲學家之中，柏拉圖重先驗，亞里斯多德重後驗，托瑪斯較偏愛後者；在因與果上，由果知因，比由因知果較具體。

(二)上帝存在，證法有五

1. 動：感官知覺必悉，「動」是一種不可否認的經驗事實。亞里斯多德早提出，動乃是潛能性變成實現性的現象。一物之動，必有推動者，推動者即上帝。

2. 因：一切果皆有因，第一因即上帝。

3. 由偶有性之存在，而推出必有必然性存在，此必然性即上帝。

上述三證有個共通性，即無窮序列必有止時，止於第一動或第一因。托瑪斯在此特別提出，序列與時間無涉；由父生子，子生孫……推出必有個第一父，第一父之「前」無父，即是天下一切之父。父生子，有時間上的先後，是同位階的，或橫斷面的（horizontal），屬於「生理上的生」（biological birth）；但上帝之「生」是「創生」（created birth），位階較高，是直線或縱貫面的（vertical），與時間無涉，也與歷史無涉，且是必然的。

其次，數學上無止境的序列，也是「量」而非「質」；但「永恆」、「最後」、「最終」等，是本體論上的說法（ontological explanation），屬於「質」，而非「量」。

4. 由事實界中的完美、真、善等的程度，即由比較級推論到最高級。上帝即是最高級。

5. 從動機觀點，也是目的論（teleological）觀點論之，無機體之變化，本身並未含什麼動機。石頭的動，不是基於自發自動；飛羽必有發射者，發射者之動作，不是隨隨便便的，其心中必有所圖；雖各人的動機或許有別，但宇宙卻必有個協合的秩序，因之「設計者」（Designer）、「治理者」（Governor）、「建構師」（Architect）這種名詞遂出。康德很支持聖托瑪斯此類說法，創造主（Creator）之名，隨之而至。

(三) 以否定方法來認知上帝

知「上帝是什麼」難，知「上帝不是什麼」則較易。定義由「種」（genus）（肯定）及「差別性」（differentia）（否定）來決定，如人是活的、有感覺的，是動的、理性的。「人」與「非人」，則有「差別性」。

活的──人與牛無別，但與石頭有別。

有感覺的、動的──人與牛無別，但與植物有別。

理性的──人與牛有別。

「人」與其他存在物的「差異性」，即「否定性」，止於「理性」；但與上帝的差異性更多又更高。「否定」，不是「欠缺」；相反的，卻極爲豐盛。人不是石頭，表示人有的，石頭不一定有；但石頭有的，人一定有。上帝超乎一切「是」之上，一切有的「是」，上帝一定有；但上帝有的，一切不一定有。

以肯定句描述上帝，不如以否定句的否定來得好。上帝是完美的、純粹的、善的……。

這是「肯定」式，但不全也不足；因爲上帝不「只」完美、「純粹」、「善」而已。

上帝不是物的，上帝不是變動不居的……。

「否定」式的作答，可以給滿分。上帝的屬性，都超出人智或人的領會力之外。認爲「上帝是完美的」，這是以人的完美來了解上帝之完美；但二者又怎能同屬一位階呢？以人的完美，可「稍悉」上帝的完美，但也頂多是「稍悉」而已，卻不能「盡悉」。

(四) 人之知上帝

不能用「是」（is），頂多用「似」（as），或是「喻」（analogy）。托瑪斯舉健康爲例：

1. 這牛是健康的。
2. 醫學是幫助健康的。

3. 紅潤的膚色是健康的。

「覺」有「感官上的覺」，也有「心智上的覺」；前者依「肉眼」，後者則靠「心眼」；二者之間，有比例關係，也有「類似性」（相仿性）；但二者不全同（univocal），卻也不模稜兩可（equivocal）。健康對牛，健康對醫學，健康對膚色，三者之意義不全同，也不全異。

類比也是一種比例：8與4之比例，同於6與3，也同於2與1；但8不是6，也不是2；4不是3，也不是1。不過8與4有比例性（resemblance of proportion, *convenientia proportionis*）；而6比3與4比2，則有比例的相同性（resemblance of proportionality, *convenientia proportion alitatis*）。但二者在「比例性」上，是「類似的」。

上帝「似」「太陽」（God as the Sun），是說，太陽之對肉眼，猶如上帝之對心靈。但太陽是物的，上帝可不是物的；把上帝「喻」為「太陽」，是作象徵意義（symbolically）而言。說上帝「似」太陽可，卻不可說上帝「是」太陽；也不可說太陽「似」上帝。人（或一切被創物），（相對）於上帝而言，都是不完美的；即令人（或一切被創物）之完美，也不能完全等同於上帝；「仿」上帝時，其完美性「似」乎同於上帝。把太陽喻為上帝，必以二者「同」具有一種屬性（attribution），即「光」；但上帝不是只有光而已，其屬性比太陽之有光，這種屬性更多。

以人的語言文字這種不完美的工具來描述上帝，無法把上帝的全部屬性全盤描述出來。不幸的是人除了人的語言文字這種工具之外，又別無其他利器可供使用；當人說上帝「預知」（foresaw）後事，此種敘述極為不妥。上帝無過去、無現在，也無未來，則又怎「預」知呢？上帝的知，絕非人之知可比。人不知的，上帝知，因此，若以人的角度言之，上帝是可「預知」的；即可預知人之「知」是多麼的不足、多麼的貧瘠，又多麼的有欠缺！

四、上帝創造萬有

上帝即是第一因。且一切偶發性的存在，必由於必然性。可見上帝是萬有的創造主，是由無中創出有，而非有中生有。若是由有中生有，則前者之有，又如何存在呢？前面言及上帝如太陽，但太陽是有形物，而上帝是無形的；有形物必由無形物中出（ex nihilo），這才合乎「創」字之本意。「創」一定是無中生有，而非無中生無。

萬有之存在既由上帝所創，故萬有之存在與上帝之關係極為密切，是依屬也是主從關係。上帝是主，萬有是從。

1. 創由上帝所專享，一切存在物無此能力：「創」來之於上帝的自由意志，不是被逼的；且創也必由於善，心意最佳；創是給，而非取。

2. 時間也由上帝所創：萬有由上帝創出之後，時間才開始；萬有不是永恆的，只有上帝才永恆；萬有皆短暫。上帝喜歡什麼時候創造，悉由上帝決定，啓示早有明示。這不是哲學爭議問題，卻屬於神學領域。

3. 上帝萬能（Omnipotent）：但上帝能把人不創造為人，而為馬嗎？上帝能使不該發生的也發生了嗎？或上帝會使矛盾之事發生嗎？

矛盾之所以發生，因為是能力欠缺；上帝是萬能的，因此不會創生矛盾之事。其次，人是猴子嗎？人是理性的動物，馬不是理性的動物，人若是馬，本身也是矛盾的；「人馬」（human horse）或「馬人」（equine man），這都是文人耍嘴皮、搞文字遊戲而已，萬能是不包括矛盾在內的。

上帝所創的此一現實世界，是最佳的創造品嗎？答案是肯定的。上帝的創造，都是極品，無惡質或劣貨。比如說，上帝為何不創馬且有理性呢？理性的馬比現有的馬不是更佳嗎？當馬有理性時，在「定義」上，已非馬了。馬的本有性是無理性的，本有性不變，偶有性則有增減，比如說，馬的體力可加減，人也是。人是理性的動物，此種人的本質性千古不易，但若稟有神恩（grace），則附加超自然力了。

　　至於此一既已創造出來的現實世界，是上帝所創造的可能世界中最完美的嗎？其後的哲學家如來布尼茲（Leibniz），是樂觀地以肯定句作答。但現實世界不是也弊端叢生嗎？惡人當道，善人未能善終。不過，也不可以一時來衡千秋，一切還未到蓋棺論定時，且人智對天恩之高深，著實難測。

　　「創」萬有，包含惡、罪、兇嗎？這些都與「善」矛盾。上帝萬能，不容矛盾生；矛盾是欠能、缺能、少能，前已言之。其實，聖奧古斯丁早已提及，萬有中無「惡」，惡只是一種欠缺，即缺善；萬有中無惡在，只是少善而已，仍然有善。而欠缺也該有明確的對象，石頭無視力，視力對石頭而言不是欠缺，但對人來說，就有欠缺的可能。

　　惡有兩類，一是物理上的（physical），一是道德上的（moral）。前者之存在，為上帝所許，也是所願。宇宙一切，必含有一些物理上的欠缺、不足，及不完美。以人而言，人必會有身體或心理上的苦痛或災難，未有如此，又哪能彰顯樂及健康的意義與價值呢？至於道德上的惡，乃因上帝賜予人的自由意志所造成；人選擇惡而遠離善，咎由自取，人自己該負責任。自由是人的本質性，無自由者，本身就不能稱為人，人也因自由而自發自動地愛上帝，不是被迫的，這才是真愛。人因為有自由，因之更能近上帝，這是人比其他動物更享有的優勢。但人若因有自由而卻利用此種自由選擇權來為惡，觸犯了上帝，這也是上帝大雅大量所允許的，理由在於視之為一種過程、工具或手段，使人更能體認出更大的善。聖奧古斯丁不是有先例嗎？要不是他早歲步入歧途，怎有日後的懺悔呢？曾握過屠刀者，一旦「自由」決定放下，不也可立地成佛嗎？物理上的惡及道德上的惡，都是存在的事實，上帝早知之，是用心良苦的；改邪歸正者對上帝之尊、敬、親，更甚於常人。

第五節　聖托瑪斯(二)

　　把神學與哲學合而為一，合則兩利，分則兩害，這是聖托瑪斯在學術史上的最大貢獻。他高抬亞里斯多德這位「異教哲學家」的地拉，奉之為「至聖先師」（the Philosopher），早先由柏拉圖哲學領先的光芒，對比之下，稍見黯淡。

　　沿著亞氏的哲學，托瑪斯在心理學、知識理論、道德哲學，甚至政治哲學等，也都有一番闡釋與發揮。本節特在這些方面稍作整理與評論。

一、心理學

(一) 身心合一論

　　人是理性的動物，這是亞里斯多德的定義，人是形式與質料的合成體（hylomorphism），這也是亞氏之論。人的實質形式（substantial form）就是理性心靈（rational soul），此種特質，使人異於其他存在體。人有「身」（body），但也有「心」（mind），心也就是理性的心靈。理性心靈發揮了植物性、動物性，甚至人的「智性」（intellectual operations）。

　　柏拉圖的身心二元論，心與身分為二，此種說法，托瑪斯是不認同的。心身合一才屬正確，因為只有心身合一時，理性功能才運作，生效用。心無身，怎能生植物性的消化、動物性的感覺、及人性之理性功能呢？理性心靈一離身，人即死亡。心身合一，不但不損及人，且有利於人：不可小看身的部分，沒有身，感覺動作及消化功能盡無。聖奧古斯丁認為，肉體的五官發展感覺功能，聖托瑪斯則相信，心身合一時，肉體的五官之感覺功能才生，身心二者在展開感覺功能時，是不切割的。

(二) 身心功能有高下位階

1. 植物功能：有消化、生長、繁殖三種。
2. 動物功能：有外感官（即五官之運作），內感官即想像、記憶等。

3.　（理性）人功能：智力的積極及消極運作。

(三)內外感官

外感官有五，內感官在動物界中也有數種，一種是本能的運作（instinctive operation），如鳥「判斷」小枝葉可作築巢之用，這不只是視覺（外感官）功能而已。視覺只針對「色」，但對「音」無感。另一種「內感官」是想像（imagination），即感官知覺的擴散。第三種是分辨（distinction），如狗能由感官知覺而知一個人是主人還是陌生人。第四種是記憶（memory），即感官知覺的保留。

上述諸功能，人與動物無別，但人有下述特殊功能：

1.　意志（will, *voluntas*），或企圖心，尋求「至福」（beatitude）。不過尋求至福即令極為明確，尋求至福之途徑則殊方，手段也不同，工具也各異。羊憑本能，判斷狼來了要快逃；但人在判斷取善去惡時，卻得憑知能。理性之運作，就異於本能了；比如說，決定散步與否，考慮之一是，散步是好事一樁，有助於健康；之二是散步費時，該改為寫一封信趕在郵差取信前完成。最後的決定，意志力扮演重要角色，但有時並不完全聽取，卻要取決於理性力。判斷屬於理性，但判斷的自由，卻歸意志力管轄。托瑪斯所言之自由，帶有智力的性質。

2.　意（will）力與智（intellect）力相比，較不具高貴性：智力是一種心靈上的吸收力、消化力，是內在的；意力的外在傾向較明顯。道明派較重視智力，方濟派則取決於意力。智力作用把外在的對象掌握於「知」之中，結果，外在的對象受控於人之智力下；但意力的展現，也可把外在的對象任「意」指使。尤其是在下述狀況下，意力之高貴性較明顯。當人的一生要全依智力完全領會上帝，這是辦不到的、不完美的，頂多只能以「喻」的方式，間接的；此刻意力能直接地與上帝相親；「愛」之感動性，大過於「知」。雖然上帝之外的知識，憑智力以悉之，比意力來得更可靠；但「知」上帝是不如「愛」上帝的。就主智主義的立場言之，聖托瑪斯是依亞里斯多德路線的；但就主意角度來說，含有的柏拉圖

思想也是聖奧古斯丁陰影之所在，且基督教徒的立場就極為明顯。

(四)心理學與知識論的關係

感官知覺是知識之源，無先天觀念存在；但感官知覺的知識，只及於殊相，卻未抵共相。動物野獸有感官知覺，但不能形成一般概念（general ideas）；心靈能力則可及於共相，即抽象而不止於具體界而已。感官知覺的知，只是殊相上的知；只有心靈能力上的知，才是共相上的知。前者的知，是不全的，後者才完美無缺。看下述兩例：

1. 看到有人禿頭，由此而說人都是禿頭的。

2. 看到有人不禿頭，由此而說人都不禿頭的。

上述兩例皆非正確的認知「人」。「人是理性的動物」，人用理性，才能正確地了解「人」。感官知覺是被動的，心靈能力上的知，是主動的；前者有灰暗處，後者才明晰。如同光照一般，陰影盡除。將客觀的外物、形體物、具體物，予以抽象化、符合化、形式化，而為內在的心靈理念。知識由此分成兩大類：

1. 客體物之認識，始於感官──殊相界，如蘇格拉底這個具體有形的「物」。

2. 主觀概念之形成：心靈能力運作的結果──共相界，知蘇格拉底是個「人」。

若五官盡缺，則知識等於零。知識是無先天性的，即無先天觀念（innate ideas）在。但心靈卻存著一種潛力，可以把具體物予以抽象而形成觀念。若無具體的感官印象來作為知之源，則心靈可以說是一塊白板（tabula rasa）。

人類心靈智力（human intellect）之運作，也由感官開始。感官只對形體界有感，非形體界卻可透過形體界而給感官以刺激。物質界及精神界有交集帶，人之認知上帝，即藉由此種間接方式而來。形體界是偶發性的，非必然性的；形式界或精神界才是必然的，但共相卻可藉殊相來展現。上帝必有一些行動或發作，他稱之為影像（phantasm），那正是知悉上帝存在必不可少或缺的資源。即令知

上帝只能用比喻式的，但也可獲悉一些上帝的性質。心智力將影像的神意解說開來，整理之，闡釋之，如同乩童解謎底一般，不只作字面解，還作寓意解，人智之大過於動物之知，在此顯現。由形下上升到形上，由地而抵天，由目可見的到眼所不及之處，雖無法盡悉一切，但稍懂一二，也於願足矣！人智是比不過上帝之智的，上帝之智超乎人智之上。比較下述兩句：

1. 石頭是無智的。
2. 上帝是無智的。

以人而言，石頭無智可言；但上帝之智非人智可比，上帝之智，人智不能盡知，超乎人智之上的「智」，人是無該種智的，因之該智是無智的。上帝之智，人智是不及的，聖經啓示告訴世人，上帝是三人同一性（God is three Persons in one Nature），即「三聖合一」（Trinity）。了解此一層次所需的智慧，人智是無的。不過人智雖不足，至少有人智存在。

二、道德論

聖托瑪斯的道德論，也本諸亞里斯多德。亞氏認爲，人生以追求幸福爲最高樂趣。此種「幸福論」（Eudaemonism），哲學家與神學家是口徑一致的。幸福之極致，是冥思性的（contemplative）、理論性的（*theoria*），即天人合一，與造物主遊，跟上帝這不動的動者爲伴。人生是有目的性的（teleological），也是智能性的（intellectual）。不過亞氏的幸福說，是實踐在今世，而非在來世，是在地上，而非天國。就亞氏而言，幸福的人就是哲學家，而非聖者。且與幸福相隨的是友誼，穩健（moderation）甚至是外物（external goods）的滿足。

聖托瑪斯步亞氏後塵，比較強調行動的自由，這才富道德意。行爲若非基於自由意志，則無善惡可言，也不具責任意。行爲的自由意旨，朝向著善。善有大善及小善之分，前者是普遍的（共相），後者是個別的（殊相）。共善（大善）的具體化（殊善化，殊相化），必不可與共相性的善相違。大德與小德不可

相衝，異於支那孔子的名言，「大德不踰矩，小德出入可也」。大德若予以小德化，並不具體化於財富的擁有上，因爲財富只是構成大德的工具，而非目的；也不小德化於聲色之愉悅上，因那只不過是肉體之樂而已；更不表現在權力的掌控上，因爲濫權則災難更大，惡果更嚴重。至於哲學式的冥思，藉哲學爲慰藉，也非善策，因不足以完全令人智及人意發揮得暢快或淋漓盡致。比如說，形上學的研究樂趣可以抵達絕學之境嗎？可見亞氏的幸福論所言之幸福，是不完全的，是今生式的，而非天國式的，也是人世的。知悉上帝，才不亦快哉！

(一)上帝才是最終幸福之寄託所在

今生所悉的幸福是不全的，來生之福才是至福。不過今生之福，卻可爲來生之至福鋪路。亞氏之福只及今生，聖托瑪斯之福是要接棒到未來的天國。亞氏對來世的福，隻字不提，托瑪斯則兼及天國之福。今生之福是不安全的，只有加上來世之福，才算是「至福」（beatitude），但享有來世之福者，必仰賴超自然的神恩之賜（Supernatural grace）。

國家或政府有義務幫忙現世的人獲得幸福，教會則有責任扶持信徒追求往生之幸福。今生之福有得也有失，來世之福則永保永存。今世之福的獲致，必花代價，來生之福卻可分文不計（gratuity）即得；前者是有條件的，後者是無條件的。前者的條件之一，就是視人爲理性的動物，而非只是具植物及動物功能而已。

(二)德（virtue）有兩類

一是知識上的德（intellectual virtues），一是行爲上的德（moral virtues）。二者之交集，就是謹愼細心（prudence）。謹愼細心時，與德合一而不分，合乎亞里斯多德的金律──持中（mean），不趨極端。謹愼細心是理性功能的展現，控制了欲性及情性，守貞（virginity）、安貧（voluntary poverty）。若由理性運作又佐以上帝的靈光，則是一種行爲上的德，介於過與不及兩極之間，恰到

好處。

理性的運作之一，就是求生存，愛惜生命是其中之一。因之，自殺是不道德的；其次，養兒育女是人性的展現，是一種美德，這是人的自然天性，自然天性成爲自然法，二者都具德性。既不武斷，也非任性。人基於此種天性，產生義務感。但義務之遵守方式多，不能千篇一律。比如說，生存或生育及教養子女，是一種天生的義務，但生存方式有多種，吃的種類也不可勝數，守貞不一定是完全戒慾，安貧者在精神（心靈）上卻極爲富足。

(三)基於人的天性而生的自然性

這是依理性而生的戒律，千古不變。人不可因情、欲或偏見，而忽略了自然法。

但自然法之外，另有超自然法，這是聖托瑪斯與亞里斯多德不同的地方。超自然法本諸於上帝，自然法源出於人。自然法的目的觀，是假設性的（hypothetical），若言命題可眞可假；超自然法則是斷然性的（categorical）、絕對性的、必眞的。自然法之「上」，有個超自然法，猶如人之上有個上帝（God），僕人之上有個主人（Lord），造物主之上有個造物主（Creator）。亞里斯多德的「德」，視人爲最後的獨立體，但聖托瑪斯的德，則將人視爲倚上帝而存者。

三、政治論

道德本諸亞里斯多德，政治論亦然。但聖托瑪斯在二論之上，皆補加了宗教因素，認爲政治上的「國」（State），並非最後的目標，而是「教會」（Church）。以物質觀點即經濟條件來評釋歷史的馬克斯，認爲亞氏生於希臘的城邦，托瑪斯則活在中世紀的封建社會，二者對政治社會的見解難免因此而異。這或許也可說是二者在政治論上產生不同主張之因，但卻非唯一的因，也非主因。作爲神學家的聖托瑪斯，一心一意以爲人的「此世」是不足的，寄以來生，

才完滿無缺。人與神之關係，大過於人與物之關係。

(一) 人是政治動物

　　與亞氏同，聖托瑪斯認為國之存在，是一種極其自然的安排，也是理性的安排，這種自然除本能之外，就是理性。人在自然狀態下，不能離群索居，人不只是理性的動物，也是一種社會動物，同時也是政治動物。動物一出生，就有羽毛足以禦寒，能游也能走，更能飛，無雙親之助就能獨立生存，人反是。人在這方面的天然性上，輸給動物許多；人與人若不能合作，人種將自我滅絕。此外，分工也成必然，不能如支那農家的許行一般，一切都得自己來。人與動物的最大差別，在於人會使用語言，其後是文字，此種優勢，非群居動物中的蟻或蜂可比。

　　社會之形成，是極為自然之事，政府的存在亦然。政府猶比個人，個人有頭有心，來作人身的主宰，以控情制欲，這是小我。社會人這個大我，必得有政府來依理行事。政府之存在，不是一種必要的惡，相反的，而是一種必要的善。人群中的賢及能，必有高下、優劣、強弱，讓賢能者治人，不是一種善舉嗎？聖奧古斯丁認為國家或社會之存在，乃因於「原罪」（original sin），聖托瑪斯並不以為然。人有自私心，這也是人性的自然現象，也是必然的。但自私或為我（egoism），若不妨及他人，則又有何不可。自私也是自利，功利色彩（utilitarianism）極為明確，亞氏是認可的，托瑪斯也不例外。但利己之中，也有一種是「開明的利己」（enlightened egoism）。且除此之外，為了個人及社會的永續，在滿足物欲及情欲之後，也必然思及更高層次的理想之善，那是共有的，即共善（common good）。共善如遇任何阻礙，政府必有義務排除；遇有其他社會之入侵，或自己社會內的崩解時，前者以武力解決之，後者則以刑法伺候。

(二) 人更是教會的動物

　　教會高於政府（國家）。精神、來世、永生之層次，高於今生及物質界。人必有宗教信仰，教會之存在，是人類信仰之有形寄託。因之，人一方面隸屬於政

府，那是自然性的；一方面也依付於教會，那是超自然界的。

教會與政府之關係，該各守分際；教會不過問政府處理人的「自然」事宜，政府也不干涉教會的「超自然」領域。不過，善行是德行，最高的德行是信奉上帝，與上帝同在；此種境界之抵達，光視人力是不足的，得依神恩之賜。政府之職責，不只使人人得人間幸福，還須更上一層樓的追求「至福」（beatitude）。至福只存於天，而不在地。政府之施政，不只使人人「止於至善」，還得與上帝同在的「止於至福」。「理性」（reason）是政府之所依，「信仰」（faith）則是教會之歸屬。信仰是高於理性的。同理，教會也高於國家。神學是哲學要緊跟其後的。教會是主，政府是僕。阿拉伯的艾瓦洛斯一群人（Averroists）認為哲學該獨立自主，政府亦然。聖托瑪斯駁之。教會與政府二者之間的關係，在當時極為敏感，衝突事件頻傳。

(三) 個性（個人）與群性（社會）之關係

部分小於全體，個性居下，全體居上；這是自然的、必然的，也是理性的。個人是不完美的，群體才完美。個性顯示個人之德，群性則表達群體之德，個性要遵守群性，法之訂定，乃基於此，極致就是訂了死刑，死刑可以剝奪個人之生命。而個人犧牲生命以保家衛國，則是一種足以褒揚讚美的公德，即勇德。

不過，追求公德者，其實也在滿足私德。因為若公德不存，私德也必不能存。此外，一個人不只附屬於政府或國家，他更是教會的一員，是上帝的信徒。除了履行自然義務之外，還有貫徹超自然的天職在。萬一教會與國家不合，作為教會及國家的一分子，要何去何從，確實也是頗為實際的難題。

教會及國家，二者在發威時，是否具有極權獨裁（專制）（totalitarianism）意。聖托瑪斯在法律理論上的見解，是與此無涉的。他說，法有四種：

1. 永世法（the eternal law），依此而生神的積極法。
2. 自然法（the natural law），依此而生人的積極法。
3. 神的積極法（the divine positive law）：依上帝之啟示，經由耶穌宣導

者。

4. 人的積極法（the human positive law）：俗稱爲國法，制裁也因之而出。

比如說，謀殺爲自然法所不許，人的積極法就得訂出處罰謀殺罪的細節，或立即性的處分，才能具有「積極」性的法律效率。違反自然法的法，不是法，而是曲解了法（the perversion of law）。

公布法的王或治者，權力都源之於上帝，他有責任善用權力，絕不可拂逆自然法，或要求個人作出違法亂紀之行爲。爲了自私或個人利益而立的法，或在分配義務時，不公、不義、不均，這是暴力而非法律。

此外，治權之基礎，本於上帝，人人只聽上帝的，而不是聽人的。因之立法者（人）之力道，絕非不可侵犯。若統治者在位時，不爲全民福祉著想，而只在謀私利，或濫權誤法，這種人已是個暴君（tyrant），但若予以殺害（弒君），聖托瑪斯是要譴責的。他要言不繁地提及，反抗暴君將造成更大的惡，比如說，若抗暴不成，則暴君惱羞成怒，可能更爲兇殘，更爲專斷獨裁；若抗暴成了，則換來的可能是更加殘酷的暴君。將暴君去位解職，是合法的，但此事又談何容易。事先設計好，選上之君既守諾言又保護臣民，是上策；但又有何種妙方可以阻擋選上的王不會變成暴君呢？事先防範重於事後之補救，又有誰有此先見之明？他的答案有點分權意，即有些權放在貴族手中，有些則由衆民承擔，即某些官員之產生，是民選式的，而非官派。

(四) 政府類型

仿亞里斯多德之說法，最佳的政府有三類型：

1. 依法而生的民主政治（law abiding democracy）。

2. 貴族政治（aristocracy）。

3. 王權政治（monarchy）。三制中最佳、最團結，萬衆一心，對和平最易達成。

最壞的政府也有三類型：

1. 政棍型，不負責任的民主政治（demagogic and irresponsible govern-ment）。

2. 寡頭政治（oligarchy）。

3. 暴君政治（tyrant）。三制中最壞。

依「理」而治的政府最佳，理可制情並節欲。蜂有蜂王，上帝主宰一切。但找人間之王並非易事，退而求其次，即是混和式的憲政設計（mixed constitution）。最高的王，權位稍受控於民選的官員。在這方面，他不持權力絕對論，卻也不支持自由放任制（lassez faire）。治者之角色，在增進全民福祉，尤其是提升全民的經濟生活條件。權力不是無限的，更非完全獨立的，更非不負責任的。若治者不盡責任，則在下者，有權力予以反擊。他不是一個極端的父權高高在上或教皇至上者（populist）。守秩序（order），比例性的上治下（proportion subordination of the lower to the higher reign）。下者不必然要為奴為隸（enslavement），或完全無德（moral annihilation），這才是聖托瑪斯的真正政治哲學。

中世紀哲學早期，柏拉圖的勢力大；晚期則亞里斯多德站了上風，由大亞爾培（St. Albert）率先起步，聖托瑪斯則全面化的將亞里斯多德哲學體系融入了基督教神學裡。一來，當時的亞氏哲學來勢洶洶；二來，如能將異教哲學中最具影響力的亞氏哲學納入基督教系統裡，這種功勞必為史所稱羨，也最具實用性。但此處該注意的是，托瑪斯認為的「實用」，是把「用」列為第二，「真」才是第一。因為，依他的研究，亞氏哲學所含的「真理」，是他心服口服的；「真」在先，「用」是殿後，這與十九及二十世紀歐美學派的實用主義（Pragmatism）恰好相反，後者以為「有用」（usefulness）就是「真」（true）。嚴謹來說，「用」及「真」是兩大範疇，二者有交集，但也有分別處。

哲學是理性活動的極致，那是人最亮麗的成就，幸福也因之即享；但人不只是人而已，人是上帝的創造物。思及神學，才是至福。前者短暫，後者永恆。把亞氏之人的幸福，延伸到能體認上帝之存在，才是絕對的福，這是聖托瑪斯一生

最大的致力所在。

聖托瑪斯的論點，受到教會當局譴責的，都屬神學的領域；但他的闡釋，其後獲得正統教會的首肯，迄今是天主教世界中最偉大的神學家及哲學家。在宗教勢力如日中天時，亞氏哲學能與神學並駕齊驅，甚至二者相處融洽，聖托瑪斯的貢獻，居功最偉。當時學界有股氣氛，以「雙重真理」（double truth）來分受給神學及哲學。換句話說，依理性而生的哲學，是一種真理；憑啓示所得的神學，是另一種真理。「雙重真理」不只可應用於神學與哲學上，且以神學爲依歸的兩大修士派別，道明派及方濟派，也各有各的真理觀。托瑪斯是道明派的最重要代表。方濟派的學者認爲，真理雖可從理性獲致，但情意成分不可小視。

中世紀末期，道明派哲學家及神學家，幾乎都依附於托瑪斯名下，雖然天主教教會當局於1323年才冊封其說爲正典，離他去世已有半世紀之久。除了極少數的該派學人膽敢持有異議外，絕大多數的道明派信徒，都奉他爲最高的哲學及神學代言人。

第六節　方濟派哲學家(一)

道明派重理性，方濟派則有神祕味。此種神祕味，主旨在解宇宙萬有之謎。他們倒深愛於實驗科學上，對數學尤感興趣。在中世紀以神學及哲學當道時，吹來一股異風。

一、（羅哲）培根（Roger Bacon, 1212-1292）

培根求學於牛津（Oxford），格羅斯特（Robert Grosseteste）傾囊以授，使他獲益良多，對師之敬無以復加。深悉數學及透視學（mathematics and perspective），汲取古人之智慧，源源而至。其後至巴黎講學數年，對當地之教授卻不敢恭維；評亞里山大（Alexander of Hales）的著作，笨重過於一頭馬。神學家還過問哲學，他深不以為然。既無知於科學與語文，卻浪得虛名，還胡亂闡釋聖經教義。至於亞里斯多德，他倒豎起大拇指稱讚，但對亞氏遭拉丁譯作之誤導，他毫不容情地指責，假使他有權在手，寧願悉數予以焚毀。

巴黎大學的學者群中，唯一令他欽佩的是彼得（Peter of Maricourt），因為後者在科學研究上有一番成就，曾製作一聚光鏡而使遠處之物起燃。此事書中曾記載過，但未曾有人再試過。他的靈感是，光說不練則一事無成。知識並無「先驗」（a priori），要靠實驗的「後驗」（a postpriori）。

1250年他加入方濟派（Franciscan Order），且在牛津任教到1257年。由於上級對他起疑而生敵意，導致不可公開教學，如同台大哲學家殷海光教授的遭遇一般，頂多只能寫作但卻不許出版。1266年，教皇克里門四世（Pope Clement IV）是培根友人，邀請培根把著作送至教廷。但不久教皇即去世，手稿是否到達羅馬，亦未可知，即令已達，教廷態度又如何，也是未知數。1277年，培根對占星術（astrology）的意見，引發方濟派首領的不悅，被判為標新立異，1278年入獄受刑，囚禁到1292年時去世，死後埋在牛津的方濟教堂（Franciscan Church）。

(一) 無知之因

科學上的發現，方法之正確是必要的。在演繹（deductive）及歸納（inductive）之運用上，他的貢獻，實在大過於其後晚他約三個半世紀出生的另一培根（Francis Bacon, 1561-1626）。《大著作》（*Opus Mains*）中首先舉出無知之因有四：

1. 屈從於不值得依賴的權威（subjection to unworthy authority）。

2. 習慣之奴（the influence of habit）。

3. 眾人之偏見（popular prejudice）。

4. 顯小智以掩蓋大無知（making a show of apparent wisdom to cover one's own ignorance）。

前三項之無知，前人的亞里斯多德（Aristotle）、塞內加（Seneca），及艾瓦洛斯（Averroes）早已提及。但第四項的無知，最是危險，那是一切無知之源；前三項無知，都來自於第四項。比如說，亞氏所言被認為是權威，是真的，但艾維斯納（Avicenna）曾指正過，而艾瓦洛斯又指正過艾維斯納。亞氏之「學」並無「實驗」成分。不經實驗證明之學，皆非真理，皆屬無知。教父輕視科學探討，以為科學研究不具價值，這都是前人犯無知之過。時過境遷之後，吾人可諒解他們受時潮所蔽，但現在則不可再重蹈覆轍。偏見是一時的，總不可讓偏見持之以恆。數學及語言學是探討真理的重要學門，今人不可等閒視之。

(二) 神學作為一切學之王

一切真理皆藏於聖經教義（Scriptures）中，解其祕，則需有宗教法（canon law）及哲學（philosophy）之相助，二者都是理性功能的展現，理性本身就是上帝。哲學不是異教人士的發明，卻是啟示於教會長老（Patriarchs）者。異教人士之哲學，不應擅自予以反對或譴責，也不該無條件的接受，卻應善盡吾人之理性職責，使先人之成就趨近於完美無缺。真理之最後一哩路，是往上帝邁進，絕不可因為真理與神學立即性的關聯而小看之。一切的真理，最終都止於上帝。

(三)《大著作》的第三部分，指涉語文之欠缺科學研究

　　未悉希伯來（Hebrew）及希臘（Greek）語文者，在闡釋並翻譯聖經教義時，就難免錯誤百出；抄文有錯，也將錯就錯。阿拉伯文也是必須研究的。但只懂語文，也不盡然就能善盡翻譯的職責。

(四) 數學是其他學科之「門戶及鑰匙」（door and key）

　　數學是一門「內在省思」（quasi innata）性的學門，較少依經驗，是一切學門之先。邏輯及文法，都遵照數學原理，天文學甚至神學也有賴數學之助。由此可知，天比地之意義性大得多，可解決聖經經文中的紀年問題。舊太陽曆，即西元前46年由Julius Caesar所訂之Julian Calendar是不精確的，其後由奧古斯都（Augustus, 63B.C.-14A.D.）修正為一年365天，每四年為閏年。培根也提及光及光之反射（reflection）、折射（refraction）及光之放散（propagation）；蝕潮現象及地之球形狀等。地理學（geography）及占星術（astrology）他也不放過；占星術被疑為宿命論（determinism），此種猜忌是無道理的。天體之運行，確實支配了地球上人類的各種事件之發生，也影響了人類的天然性格，但自由意志卻一點也不受其左右。吾人要善予運用自然知識以作為人用。培根欣悅於亞里斯多德之力勸其徒亞力山大大帝，對待某些部落時不應獨斷獨行的任性，應評估一下，改變他們的住居地點，或許因為氣候之不同，可以左右人們的品德。

(五) 光學（optics）

　　他提及眼球的構造、視覺原理、條件反射、折射，以及光學之實際應用。將鏡子置於高處，以便反射出敵營之動態布置；利用折射定理，可以顯微，遠可以近；雖他未真正製作出顯微鏡及望遠鏡，但他的光學理論，早已暗示出此種儀器，不久將問世。

(六) 實驗科學

　　推理可獲正確結論，但若不佐以經驗的實證，則難以去疑。幾何學家要有圖

及表，理由在此。許多信念是無事實證據的。經驗有兩類，一是身體感官上的，又佐以工具及他人可靠的目擊。一是精神上的體驗，這就需要神恩（grace）了，如出神之奧祕感受。前者可用以延年益壽用，如醫學上解毒藥之發現，或發明爆烈物，將劣質礦物轉換爲金，並予以鑄造，且去除異教人士錯誤的鬼魔迷信。

(七) 道德哲學

此學門地位高於語言學（philology）、數學及實驗科學。因爲道德哲學所探討的是人之行善或爲惡，且涉及人與上帝、己與人，及己與己之關係，屬於神學領域。神學之尊貴性及莊嚴性，在此顯現出來。在個人道德上，他選取希臘、羅馬、及伊斯蘭教哲學家的著作，尤其是羅馬斯多噶派的塞內加（Seneca, the Roman Stoic）爲典範。基督之啓示，不可或缺。信仰取得權威，對非信徒來說就不是啓示，而得依理性。哲學可以證明上帝之存在以及上帝的一體性及無窮性。聖徒作品之不可疑，乃由於他們的聖潔、智慧、神蹟，橫遭迫害時堅毅不拔；本身雖貧賤，又遇橫逆，卻一生不悔地與上帝同在。

在個性上，他有點自負，耐性偶有不足，有時批判過了火，但也指出當時科學研究上的缺失、道德沉淪、教會腐化。他走的實驗科學路線，後由小培根繼承，成爲新時代的新顯學。科學注重實驗，也強調方法；尤其求知態度之講求，都與哲學精神密不可分。老培根以數學爲萬學之基，這是柏拉圖哲學的基本學門，聖奧古斯丁心儀伯拉圖，老培根也因之染上了聖奧古斯丁的學術色彩。

二、聖奧古斯丁勢力再起

(一) 馬修（Matthew of Aquasparta, 1240-1302）

求學於巴黎，任教於以法科聞名的大學波隆尼亞（Bologna）及羅馬（Rome）；1287年成爲方濟派主教，更認定聖奧古斯丁是智慧的大水庫。知本

於感官經驗，但那只是肉體的運作，且感官動作不超出於物質界之外，心靈的運作更是構成知識的要件。此一重點，聖奧古斯丁早已提及。若缺乏神光之照射（the divine illumination），則真理無法獲致，那是上帝之降臨。

中世紀的大學代表學術力，教會代表精神力，帝王代表世俗力；三強鼎立中，大學的神學教授為帝王或教皇之權勢撐腰，各有人在。依聖奧古斯丁的《上帝之城》（the City of God），教會權最大，政治權居次，猶如心高於身一般。身心雖可分，但最後的主宰在心，而不在身。

(二) 羅馬的吉爾斯（Giles of Rome, 1247-1316）

求學於巴黎，1269-1272受教於托瑪斯門下，卻有己見，因之被教會當局下令取消他在巴黎大學任教資格。1285年公開同意收回己見之後，才准許恢復教職。在教皇與帝王為權起紛爭時，他站在奧古斯丁的傳統路線上，力主教皇權高於帝王權。兩權如兩劍，今世權不如來世權之利及銳。

若地上權出錯，則由精神權判之；如同上審下一般。但若精神權出錯，則只能由上帝判之。

教皇宣稱，帝王也是教會之一員，該俯首聽命於教會；教會的代表就是教皇，基督擁有全權。兩劍都在手，一是精神的，一是物質的；但實際上並不立即揮舞物質劍，只因一來不方便使用，一來也不擬持續用之，如此而已。在不得已之下，教皇是可制裁帝王的，帝王只不過是教會的副官（lieutenants），要聽主帥之命。

(三) 根特（比利時）的亨利（Henry of Ghent, 1217-1293）

出身寒微，但其後在教會中擔任要職，且在巴黎大學擔任文學院及神學院教授。理性力與意志力二者在優先主位的爭執上，他認為意志力形同主人，理性力如同僕人。意上理下，十足是方濟派的架勢。

三、鄧史考脫（John Duns Scotus, 1265-1308）

生於蘇格蘭，家族名為鄧（Duns）原是地名，死於德國的科隆（Cologne），埋葬於該市一座方濟教堂裡。求學於巴黎3年（1293-1296），在牛津暫留並執教（1303-1304），後回巴黎取得神學博士學位（1305）。年屆壯年時赴科隆，並死在該地。

他的作品，其後成為真品或贗品的爭議焦點，是哲學史上難以斷定的陳年舊案。不過比較明確的是，他保持方濟派傳統，為奧坎（William Ockham）及路德（Martin Luther）鋪路，革命性強。其次，他的見解與托瑪斯有別；在己見之下，修正了他認為前人的錯誤看法。不只對托瑪斯哲學小有所批，對方濟派前僧之見解，也並不完全接受。

在繼往上或許不必贅言，在開來上多加注意；如此，更見哲學史的進步意義。

(一) 步奧古斯丁也是方濟傳統，意（will）高於智（intellect）

此處，他特標出以自由（freedom）來取代愛（love）；雖然愛比知（knowledge）重要得多，愛上帝勝過於知上帝。但「生命誠可貴，愛情價更高，若為自由故，兩者皆可拋。」

(二) 作為神學家及信徒的身分，認定哲學家的論點都有所不足

形上學及倫理學，只止於人生界，而未及於來生。因之，亞里斯多德再如何偉大，都該佐以奧古斯丁的補充；托瑪斯之捧亞氏，實在太過頭了，應適可而止。托瑪斯學說，當然令他欽佩，但該指正或修改時，他也是不吝惜的，批判性是必要的。14世紀哲學的批判風，因他而起；具體的表現在奧坎剃刀（Ockham's Razor）上。有趣的是，奧坎的剃刀是朝向鄧史考特的。刀是兩面刃，不盡然只使一面而已。以意為主的主張（voluntarism）──心甘情願（自由意志）（鄧史考特），與奧坎權威主義（authoritarianism），正是刀的兩面刃。

(三) 知識論

1. 神學是否爲一門學（science）：聖托瑪斯認爲神學是一門學，是一門冥思性的學（a speculative science），鄧史考脫反擊之。神學若能稱爲學，也只是一種實際性的學（a practical science）而已，因具有實用價值，此觀點似康德。換句話說，不把神學當嚴謹的「知識」看，而僅具道德意。上帝之存在，「純粹理性」（pure reason）證不出來；但「實踐理性」（practical reason）則可。因爲如此，可以滿足「心意」。只要我「願」認爲上帝存在，上帝就存在；不必管是否我「知」上帝存在與否。科學是探討確實性（certainty）的。上帝之存在，此種「神學」，與確實性無涉。怎能取神學與幾何比呢？

不過，「學」的定義若視之爲「原則」，則神學也可成爲學。因爲神學之原則是高高在上的，絕對的，屬於上帝的；而幾何或數學原創，地位較低。托瑪斯的神學重知及智，鄧史考脫則以意及愛爲出發點，也不純屬康德或實用主義所說的神學。

2. 唯名論（nominalism）的立場：在共相與殊相的爭論中，他站在唯名論上。知識源於感官知覺，並無先天觀念之存在。「全體」（whole）或「部分」（parts）之概念，都起自於感官經驗，從而知悉全體一定大於部分。共相的知，只能經由殊相；無殊相，則無共相；無具體，則無抽象；無形下，則無形上。認識創造主（上帝），只能由創造物而來；了解完美，也必經由了解不完美這道手續。二者之間所使用的詞，必須意義相同（univocal），不可模稜兩可（equivocal），不許曖昧或有歧義。三段論式中的「中詞」（middle term）、大詞（major term）、與小詞（minor term），使用第二次時，必與第一次完全等同。

殺人者處死刑

創子手是殺人者
_____

創子手處死刑

　　上述例子中作爲「中詞」的「殺人者」，在前提出現兩次，但兩次的定義有別。因爲「殺人者」分成兩類，一是故意殺人者，一是奉命殺人者。故結論不一定成立，論證就無效了。

　　同是「人」，但分析之，人有理性、情性、欲性，只有理性的動物，才算是「人」。同是「手」，有左手及右手之分，左利的手與右利的手，功能有別，但作爲「手」，則二者合一。「知」也是如此。有感官經驗上的知，也有內心自覺的知，也有天啓的知。手之分左及右，這是指「名」，二者有別；但左手及右手都是實實在在的「手」。可見「名」上的同與別，是心理上的功能，是爲了認知上的方便。「概念」上的「共相」，屬於「名」；具體的「殊相」，才「實」。「共相」屬於「本質性」（substance），不可知；「殊相」都屬「偶有性」（accidents），是感官知覺的對象。前者如Socratesness（蘇格拉底的本質），後者就是Socrates（蘇格拉底這個歷史上眞有名有姓者）。

　　因此，知上帝這個最高最大的共相，必先由上帝這個第一因所生的果開始，果是殊相。哲學可及的共相，是不足的；神學的共相界，才最完美無缺。神學的概念，一點也不曖昧，更無歧義，是既清且楚的（univocal）；與由自然或被創造物所形成的概念，大爲不同。金與山，在自然界中（也是被創造物），既清且楚；但二者合一而形成的「金山」（golden mountain），則似海市蜃樓（mirage）或心靈虛幻（phantasm）一般。但神學的概念如三聖合一（Trinity），清晰度與金及山無別，不容有異議。這是神學與哲學的最大不同處，也是二學之共相最大的差別所在。

　　單由自然理性是不可能知悉上帝的基本屬性的，如無所不能（omnipotence）、無邊無際（immensity）、無所不在（omnipresence）、眞理（truth）、正義（justice）、慈祥（mercy）、神恩（providence）等。這些上帝屬性，都只能賴信仰才可得知。他雖引用了亞里斯多德的話，認爲一位未受過教育的人，也會尋求各種理由來解釋一切；但最終極的原則，是無法用什麼「理由」來說明的。即令偶發事件，光靠人之理性，也對之莫名以對。如爲什麼熱是熱的，唯一

的答案，就是熱是熱的，如此而已；這是邏輯上的「同語反覆」，如A就是A，不必什麼「必要的理由」（a necessary reason）。

(四)意志（will）是自由的

意志的力道凌駕於理性之上，意可指揮智（intellect）：理性之決斷，是非之斷定，是必然的，沒有選擇餘地；但意力則否。在行動上，意為主，智為僕。並且他又說，當意力毀了，其後果之害，大過智力失了。僧侶的他，實在擔心，若有人恨上帝，其弊害比不知上帝或不想上帝嚴重許多。有意為惡者，必是罪人；並且有意為惡者，必身體力行，惡行必生；相反的，只「知」可惡或只「想」及為惡者，不一定會有惡行。此外，愛比知更具價值、更完善，而愛與意是合一的。「愛意」由意可生為愛，願與上帝合，獲得至福，此種境界，非知或智可及。在與上帝的關係上，意比知為親，也只有意，才能使人與上帝緊密不可分，知則較間接。知上帝與愛上帝，前者較疏遠，後者則幾乎貼身。堅持意高於知，此種方濟傳統精神，正是他與托瑪斯最為不同之處；後者走的是智及理的路線，前者則步情、意、願、愛的步伐，但二者只是屬強調點的分歧，不是持極端相反的主張。評鄧史考特為非理性主義（irrationalist），或怪他是個不折不扣的自由意志論者（voluntaries），都不十分正確。但他標明，人不只具動植物性之「欲」及動物之「情」罷了，人性也有「理」，使人與一切被創造物有「幾希之異」（differentia）。但在「理」之上，有「意」之因素更不可或缺。「欲」、「情」、「理」之功能，哲學論證皆可獲得；「意」之境，則純靠「信」而來。在靈魂不朽，耶穌再生，或三聖合一，天國之獎懲等，這些說法，哲學論證無能為力。「信」是先驗的（a priori），力道比後驗（a posteriori）強過數倍，準確性是絕對的。

任何後驗式的證明（argument）或展現（demonstration），總會遇上「竊取論點」（乞求論點）（begging the question, petitio principii）的困局，即以尚待證明之論點為前提，作為論證的依據，好比乞丐向乞丐求食一般，乞丐本身根本

不可能作爲他人求食的對象，否則乞丐就不必向他人求食了。三段論式即是顯例，「凡人必死」，此一前提有待論證；以有待論證的前提當論證，則論證之有效性必大爲薄弱。理性論證，也是哲學論證，本身的此一缺陷，只好賴神學之助予以解脫。

(五)意高於知及智，意是自由的

由此推之，道德性本諸於意，也源於自由：行爲若非自由意願，則不需負責任；嘉許或責難，都與之不相干。愛上帝是最高的善，發自於愛上帝之此種情意，則行爲必佳。愛上帝者，動機最純、最良、最眞，恨上帝則必惡。

原罪（original sin）是何意呢？

罪（sin）之所以是罪，因該罪行是不准許的。其罪比惡（evil）本身爲小。在吃了某棵果樹所犯下的罪，就吃果樹這種行爲來說，不比吃別棵果樹來得罪大，因吃某果樹是被禁止的。不過，犯了十誡，則不只罪，同時也是惡。

罪（sin）是宗教的，惡（evil）是道德的。道德法則（德行的約束），就內容而言，不純只基於上帝的善變性或任性。亞當（Adam）偷吃禁果，這是上帝不准的。不准，是該種行爲本身是惡的，是有理由的；「不准」，不是隨隨便便下的。亞當該受上帝的處分，但他不是道德上的「敗類」，更非人間的「壞人」，「意」使他偷吃上帝所不許的禁果，上帝之所以不許，有不許的理由，但不是凡俗人所知的理由。至於十誡中的訓示，是凡俗人也「知」要信守不渝的，不只上帝不許，人間也不許。

十三世紀可以說是托瑪斯的時代，十四世紀則由奧坎引領了風騷；後者的批判性特強，前者雖也具批判性，但綜合性（整合性）更爲明顯。奧坎的批判精神，由鄧史考特發其端。

中世紀早期，教會的神父對希臘哲學的了解，以柏拉圖爲大宗，由於亞里斯多德哲學未爲時人所知。俟伊斯蘭教哲學家出，亞氏著作之被譯及闡釋大量問

世，托瑪斯應時而興，哲學及神學的整合，由他完成，且各予以應有的定位。既是宗教家（神學家），也是哲學家的他，把早期偏信仰的比重作了調整。時代齒輪一轉入十四世紀時，人神關係的對稱性上，人的地位開始往上提升，神本主義漸頹，人本精神（humanism）復活。中世紀（Middle Ages）也從此走入歷史。

第七節　方濟派哲學家(二)奧坎（Ockham）

　　古代哲學由希臘哲學奠基。當時之哲學是獨立自主的，也是人的理性高度發揮的學術成果。俟基督教興，神學勢力挾教會及政治威勢，哲學獨立性漸失，基督聖經教義高高在上，信仰攀居殿堂寶座。論證推理，並未獲信徒所崇。當信徒或教會中之教父碰觸希臘哲學時，是間接地取新柏拉圖學派的學說，時人誤以為傳遞柏拉圖思想的信徒僞狄尼修（Pseudo Dionysus）是聖保羅（St. Paul，一世紀）所改宗的基督信徒，故基督教早期的思想界裡，柏拉圖學說大受歡迎。其後亞里斯多德的哲學，經過伊斯蘭教哲學家的傳譯及闡釋，教父們始發現哲學新天地的來臨。從全盤心儀哲學與神學各自殊途發展，到二者整合成一「學」，乃是托瑪斯的偉大成就。

　　哲學是否甘願作為神學的奴婢，扮演次要角色，正是許多哲學家面臨的抉擇。巴黎大學以神學為主科，文學院教授持中立立場介紹亞里斯多德哲學，不加批判；神學院的教父則審查之、檢驗之；哲學與神學可以各走各的路，踏上陽關道或登上獨木橋，悉聽尊便，但二者也有交集處，且更有磨擦點。神學家中屬最重要的托瑪斯，認為哲學家依有效論證法則所獲的結論，絕對不會與基督神學作對。二者不合，必由於哲學論證的前提無法成立，或論證過程中出現瑕疵。神學是一盞明燈，照亮了哲學，也明示何條路徑是死胡同（blind alley）。不過，哲學也不必因此就別無選擇的取上帝之啟示當作推論的資料，因為哲學在本質上是獨立自存的，不依附於神學上。

　　作為獨立自主性的學門，批判是必要的。批判一起，任何綜合性或整合性的結局，總會出漏洞。就理論上言之，神學與哲學之蜜月期可得；但在實際行動上，則二者同床異夢顯然是不爭的史實。政治權力的爭奪，帝王與教皇之衝撞，你死我活的鬥爭，永無寧日。即令以調和鼎鼐著稱的托瑪斯，也認為教會有「間接權力」（indirect power）來指揮世俗事務。他的堂皇理由，是教會享有的超自然功能，優於帝王所扮演的塵世處理權。但二者無法取得和諧的平衡，使得整合

結果都是短暫的、不穩的，風波隨時再起。

　　同時，封建制度已漸解體，「國」之力道漸增。英國的執政者（王），已越來越不聽命於教皇。隔著英吉利海峽，英國已與歐陸漸行漸遠，我行我素。羅馬教會的傳統威勢，已時日不再；唯一的天主教會已不是羅馬所獨享，1378年出現的「大分裂」（Great Schism），法境亞維儂（Avignon）選出的教皇（1305-1377）與羅馬的「正統」教皇，各自開除對方，頓使教會的顏面掃地無光。

一、十四世紀哲學的特徵

(一)綜合由分析取代

　　十四世紀之前的「中古哲學」，最後以托瑪斯集其大成。注重綜合（synthesis）（整合），以教義辯答（a apologetics）為主。十四世紀的哲學，卻在此種方向上有所轉變，以分析（analysis）為重點；因之邏輯（logic）的重要性，取代了形上學（metaphysics）。不過此種轉向，並不十分絕對，只不過是程度上的差別而已。以分析見長的十四世紀哲學家，就是牛津出身的奧坎（William of Ockham, 1300-1350）。十四世紀之前的中世紀哲學家，彼此批判也成風，但卻都信守共同的形上原則，及宗教啟示真理；因之異中有同，且同的比例是多於異，十四世紀則同異之消長，恰好與前有別。

(二)科學的分量加重

　　十四世紀的大學，尤其在巴黎，科學的角色較為突出：數學之進步，有目共睹。奧坎對經驗科學情有獨鍾，他特別強調本能的靈感（intuition），而對殊相的興趣，大於共相，觀察是良方。加上阿拉伯人的數學成就，以內在的數學推理，加上外在的經驗觀察，二者相乘，乃成就了北義大利天文學的巨人伽利略（Galileo, 1564-1642），但這已是十六及十七世紀的事了。羅馬不是一天造成的。自然科學尤其是物理學上的大躍進，早流有十四世紀學人的血汗。

(三)「分」的明顯性，超過於「合」

哲學與神學的分分合合，猶如政治上、宗教上及社會上的分分合合一般；作爲合的主力之基督教信仰，表面上的「合」，已時不我與；宗教「改革」之力，已若隱若現，且爲1517年的革命，埋下了爆炸引線。政治上統一型的神聖羅馬帝國，早就四分五裂；經濟上的封建制度，解體多時；而觀念上的齊一思想，此種傳統說法，更由新大陸的探險加上奇花異種之發現，而破了功。這些因素，都支配了哲學新觀念之步入。

(四)靜的心態（舊）改爲動的心態（新）

動靜循環，新舊交換，這是天然或必然現象。哲學家之理念，不是憑空竄起，必以「古」爲依。人非上帝，思想可「傳」，不能全「創」；溫故以知新。十四世紀以前，思想家理念之源於「古」者，指不勝數，古籍之重新發現，考證、闡釋、解析如汗牛充棟。但中世紀神本思想，尤其教父哲學之唯實及唯名爭論，許多人痛斥其乏味、單調、咬文嚼字、空洞、虛耗時光；一股新活力，已蠢蠢欲動，以「人」本來取代「神」本，重今生之享受，少計及未來天國之獎懲。這股思潮，就是史上有名的「文藝復興」（Renaissance）。「新」，成爲時代的代名。

(五)共相殊相之爭

殊相的重要性大於共相：具體實物是哲學家思考的「起點」。亞里斯多德的十大範疇，可以化簡爲四大範疇。取「經濟」（economy）原則，奧坎的剃刀（Ockham's razor），是快刀斬亂麻。所謂的共相，是純屬概念性的；共相都「落實」在殊相裡。殊相就是具體的「物」（thing），也是「存在」（existence）。存在可分成兩大類，一是本質性（essence, substance），一是偶有性（accident）。亞氏的偶有性有九，可化簡爲三，即「量」（quantity），「質」（quality）及「關係」（relation）；其餘的六個「偶有性」，都隸屬於「關係」

之下；「四」可以說完的，不必說十，這是經濟原則。化繁爲簡，剃刀在這裡，恰好使得上力。

一般而言，修士（Friars）的兩大教派，道明派倚重共相論，方濟派則愛唱殊相調；前者的「信仰」（faith）高度，非「理性」（reason）可比，任何疑難雜症的思考問題，思想家殫精竭慮無解之際，就全歸給上帝的啓示，把聖經教義視爲最高的眞理。道明派雖希望哲學與神學並駕齊驅，或分庭抗禮，但內心卻視神學爲神聖不可侵犯。方濟派雖也是虔誠的信徒，由於在殊相上特感興趣，對經驗科學的具體物，大爲著力；因之，哲學的獨立性就相對的獲得尊重。

二、奧坎（William Ockham, 1290-1349）

生於英格蘭東南部索立（Surrey）的奧坎，是方濟派的一員。求學於牛津，攻讀神學。但牛津大學校長卻持著奧坎對神學的評論56議題，到法境亞維儂（Avignon）的教皇處表達譴責意，奧坎也親自赴會。由於氣氛對他不利，遂逃離亞維儂。不久，又加入教皇與帝王之權力爭議中。1349年死於慕尼黑（Munich），顯然是感染了致命的黑死病（Black Death）。

奧坎博覽群書，先賢著作他幾乎是手不釋卷，尤對亞里斯多德哲學，下過苦功；更要注意的是，他的創見性極爲顯著。持唯實論（realism）的鄧史考脫（Duns Scotus）之論點，他最不予苟同；改捧唯名論（nominalism或terminism）大旗。對亞氏邏輯及知識論大爲著力，但同時也對亞氏論點提出己見。在牛津期間，他寫出純邏輯及哲學議題；在慕尼黑時，對政治及教會爭議，則發言極爲猛烈，充滿情緒，這是否是雙重人格的展現？奧坎可耍出他的剃刀，砍向任何一方嗎？事實上，他的內心裡藏著的思想因素，是多元的；有經驗主義的及理想主義的，有邏輯的，又有神學的，但有一以貫之道嗎？這倒是頗費思量的議題。不過，大體言之，奧坎的學說，力主「單純化」（simplicity）及簡明化（clarity）。一種理念，三個字或一句話就說清楚又明白的，不必多費唇舌；若竟然

還要「一經說至數萬言」，則都可取出剃刀予以整理清除。作爲僧侶，他的神學身分異於他人的是，他的宗教論點，不完全要爲教義辯護。

(一) 奧坎的「一以貫之」之道，就是具體的物，乃是思考之源。

在共相與殊相的唯名與唯實之爭論中，奧坎一言以蔽之，以具體之物爲最實。個別物之存在，是不爭的事實；但個別之物，如「人」，各地各時所予以定義或敘述的文字及語言又殊異，漢文寫爲「人」，英文寫爲「man」，法文則是「homme」，且發音也不同，但其所指，都同而不殊。

由具體之物，又引發出彼此之間的「共」與「殊」；以「人」爲例，「人性」的「基質」（essence）無時空性，所有的人（無時空性）皆同。但「人的性格」，卻人人各異，且其異也皆是不可否認的事實存在（existence）。稱蘇格拉底是「人」，與稱柏拉圖是「人」，因這兩位歷史上眞正存在的「人」，都是有相同的「人性」（human nature）；但兩個哲學家的「個性」（personality），卻不一定相同。X與Y都可符號化這兩個人，就其「同」而言，都源於Xness及Yness；但X與Y卻是兩個字母，兩個符號，兩種寫法，也唸法不同；好比支流一般，但支流必有源頭，源頭處皆同。

由具體的物而引發的用字遣詞（term），構成爲知識或學術的要件，若無前者，則必無後者；後者是人所建構的（fiction）。後者是共相，共相只不過是一種「名」（nominal）；若無具體的物，則該名是「虛」而已（fiction有虛構意）。古代的辯證（dialectic），也是其後發展出來的邏輯（logic），就是在探討用字遣詞之間的關系。三段論式（syllogism）之形式及內容，就是如此。辯證及邏輯，成爲萬學之學，也是萬法之法。

論證之準確度有三：一是百分百的論證。數學或科學實驗上的展現（demonstrative reasoning）屬於此類，如2+3=5，或畢氏定理（數學）及水之分子爲H_2O（化學）；古典邏輯的演繹論證（deductive）屬此。這種亞氏邏輯，是《老工具》（*Organon*）。

二是可能性的論證（probable reasoning），其「眞」屬「概率」性（probability）；這就是其後發展的歸納論證（inductive）。培根的《新工具》（*Novum Organon*）屬此。準確度是可能的，而非必然的。

三是狡辯式的論證（sophistical reasoning）：金及山，二者皆是具體存在的事實；合在一起，必也是不可爭的事實。但「金山」，卻是「空辭」（empty term）。可知論證之準確度，十足地須以具體經驗爲基底。「經驗上的眞」，才構成知識的要件：「如人飮水，冷暖自知」。人因爲有五官，感官知覺才是最可靠的知識。「火是會發熱的」（all heat is calefactive）。支那名家之言「火不熱」，是就「火」之「名」而言，而非依「火」之實作立論基礎。搞好「名」與「實」之分，就能釐清此種謬辯。

「砷是有毒的」（arsenics is poisonous），舉世皆然。對「人」而言，因試過而證實。

奧坎對「辭」之研究，以及在傳統邏輯（三段論式）之探討深度，貢獻良多。有些辭，獨立自存，不依於他辭。如奶油（butter）、金（gold）或山（mountain）；稱爲「定名式的辭」（categorematic term），附屬其下的辭則是「依附詞」（syncategorematic term），本身不能單獨存在；如英文的「no」或「every」等「形容詞」，只說「no」而不言及「no man」；或只提「every」，而不連上「every house」，則了無意義。學者可以在「no」或「every」兩字大做文章嗎？不連上具體的「man」或「house」，則又有何所「指」呢？

在上述邏輯領域內，奧坎雖仍注重亞氏的演繹邏輯（老邏輯），但已爲歸納邏輯這種新邏輯開了先河。歸納邏輯注重個別的實體物，也是經驗世界的存在物。試看下兩句之差別：

1. The man is running.
2. Man dies.

1之句，具體的有特指（*significatio*）；2之句，則是「設定」（supposition），認定所有的人皆如此；2之句也形同亞氏三段論式的「all men are mortal」（凡人必死）。1之句是殊相，2之句是共相。

(二) 無「先天觀念」（innate ideas）

具體的實物是知識的起點，但不是終點；個別物品作爲知識或思考的源頭，但眞正的科學或嚴謹的學術，是要形成普遍式的命題（universal propositions）。如同數學上的公設（axioms），普遍式的命題，是先由具體的直接感覺（直觀，intuition）爲始，是經驗的，而非「先驗的」（a priori）。全部大於部分。

此種概念之認定爲眞，第一須先了解該句的用字遣詞；其二，由具體經驗證明，該命題（陳述句）屬實，是「絕對眞理」。「直覺」知識（intuitive knowledge）是直接的，中間並不需媒介物；不是間接的。如人飲水，冷暖自知，也必直接知。直覺除了五種外感官的直接感受之外，另有內省式的直覺（introspection）。內覺及外覺，都是直接的覺，不假手於第三者；且這些覺，人人皆有；此種「經驗」，也人人皆有。由「A引出B」，或「D是C之果」，此種因與果之「關係」，不是「先驗」（a priori）的，卻都在人人的經驗中。

其次，對任何存在物之敘述、說明或闡釋，採「簡」而棄「繁」之「經濟原則」（the principle of economy）。若兩種因素就足以說明，則不必提第三因素，否則是畫蛇添足，多此一舉了。

第三，若不能用觀察或人力無能者，則勿受語文之誤導。比如說，吾人可以把月亮移除，來看看月亮不在時，潮汐之變化受到什麼影響嗎？或提出「異想天開」式的語文，如由動詞而成的名詞，如由do（動詞）而成doing（名詞），或由形容語、副詞、介系詞、連接詞等「依附詞」（syncategorematic terms）而成的名詞，都需注意，那只不過是具有「簡言之」功能而已，如no man would be ...（無人會如何如何），或every person is ...（人人會如何如何）。該全稱性命題之「眞」或「假」，都必由經驗事實予以佐證，否則是不能成立的。在「定言命題」，即「必然性」（necessity）上，經驗學門之爲眞，幾乎等於零。「有

其父，必有其子」，此命題用上「必」字，在歷史事實（經驗事實）上，是不「必」然的。邏輯上的A及E式命題（全部肯定句及全部否定句，即全稱性語句），屬此類；在I及O式命題（部分肯定，部分否定句）上的真或假，則是概率性的（probable）。

(三) 形上學

知識來自於經驗。內感及外感的自覺經驗，都是形下的，那麼有形上的嗎？奧坎同意亞里斯多德之所言，形上學是探討「存有」（being）的，但「存有」，是何意呢？存有必「落實」於具體經驗中。存有本身，不是孤離的，獨立自存的，它必須具有「關係」意。簡言之，形上與形下，都不是絕緣體，也非封閉式的，卻二者關係密切。支那古訓中的五倫，父與子之間，並非單獨的個體，卻因之而生「親」，乃構成為五倫，使父子有「親」，夫婦有「別」，長幼有「序」，朋友有「信」，君臣有「義」。否則就了無意義可言了。

「形上學的對象」此一問題之提出，猶如問了「此一世界之帝王或基督王國之教皇為誰」一般。王或皇，各地各時皆不同，權力大小或強弱也有別，彼此之關係也極為複雜。

「存有」只是個概念，而非具體之物，是個「辭」、「名」、「文」或「字」而已，是抽象的、形式的，卻並不神祕，也不莫測高深。它與形下之物，不但藕斷絲連，且扣緊在一起。凡「存有」（essence），一定「存在」（existence），潛在性（存有）與實現性（存在）二者同時二而一，不可二分。形上是共相概念，形下則是具體的殊相。共相無殊相，則無法獨存，等於無根。無起點則又那有終點呢？殊相是優先的，共相才是其次的。如此，共相就無神祕性可言了。不過，知殊相是可保證的，悉共相則不必然有把握。

形上學的最高旨趣，是證明上帝的存在。上帝是絕對的，最高層級；無止境，也是萬能的。擬證明上帝的存在，自然的理性無法施展其功。過去的哲學家尤其神學家，每藉三段論式來證明上帝之存在。奧坎頗不以為然。他說，三段論

式的論證「展現」（demonstration），猶如數學之演算一般，不能增加新知，只是在炒舊飯。上帝「創」（create）萬物，此種命題之主要用詞，「創」，其意若是指「無中生有」，則上帝當然可以無中生有，這才真正屬「創」的本意。有中生有，不是「創」，而只是「傳」。若演繹法的命題本身就有問題，如同本身已屬乞丐一般，結論向前提「乞求」，不就是犯了「乞求論證」（begging the question）之謬嗎？奧坎此種說法，正中了其後提出新工具的培根之下懷。哲學思考可及於「傳」，「創」只能由神學家所包攬。上帝之「創」，作爲人的哲學家，是無法「知」的，只「信」之即可。

在唯名及唯實爭論中，奧坎鐵口直斷地表示，只有個別性才存在，共有性只不過是人的一種思維，一種概念，一種名字而已。殊相之存在，是不爭的事實；共相若也算存在，是存在於人的心中，具有運思方便之作用。簡言之，共相只具「名」意，殊相才「實」。人的「知」發揮在殊相上，若也能在共相上展威力，則該共相必有殊相爲其內容，否則就如同在空氣中舞劍一般，毫無「實」用意。

關鍵之點，是吾人在論證時所使用的「詞或辭」（term），應予以「具體」的闡釋。若形上學探討上帝，則上帝這個「名」（概念），該具「實」於形下上。比如說，上帝萬能。「萬能」之意，是無所不能。而無所不能，是否包括「不能」或「無能」。舉例言之，上帝在施展萬能中，「能不能」創出自相矛盾之事件？如是，則與矛盾律作對；如否，則上帝之「萬能」，不是自打嘴巴嗎？上帝之能，受了限，又如何展現萬能呢？其中癥結，在於「萬能」二字作何解。自相矛盾或自打嘴巴，表示的是缺能、欠能，甚至無能，又怎可說是萬能呢？其次，上帝能否確知未來之偶發事件？如：「我決定明早散步或在家看書」。一來上帝之知，是無時間性的，好比上帝創萬物一般，時間也是上帝所創，且一創時間之「後」，時間就存在；時間之有先後，是由「人」而生的；對上帝而言，無此問題。因之，「明天」會如何，對上帝而言，了無意義。就「人」的自由意志來說，「明日」之事如「選擇」散步或不散步，此一命題，由「選言」（disjunctive）作連結，即「或」（or）；「或」有「兩意」，一是「相容

的」（inclusive），另一是「不相容的」（exclusive）。其次，「今天」、「明天」、「昨天」等，是「人」的用語，在上帝看來，了無意義。任何時間內，都是「當下」，無過去、未來、現在之分；「明日」要如何，此一問題，如同「現在」要如何一般；而現下要如何，立即或現下即可知，無「或」的問題存在。

解決形上學、共相、殊相等諸問題，在論證上的用辭，須費心闡釋。凡不具形下意的形上概念，都只是文字遊戲而已，虛度時光。奧坎此種見解，令世人大開眼界。哲學步出神學之繭，甚至也衝出傳統哲學之圍籬，實在是思想史上的一大進步。上帝也創出一種人，該種人是恨上帝者。

如此，不正表示上帝的「萬能」嗎？但「恨上帝」，該歸「罪」（sin）於上帝嗎？或因此使上帝的萬能受到限制了嗎？不，上帝賜於人「自由意志」，人享了自由意志，可以背叛上帝、反上帝、恨上帝。但都只不過是「一時」而已。「一時」，就上帝之「無時」而言，又算什麼呢？「無時」是永恆的，「不要看現在，要看未來」；這句格言，不是許多人的座右銘嗎？

「萬能的神性」（divine omnipotence），哲學論證不及於此，那是信仰的所在。一信及此，則陽光普照。所有經驗上的因果律，都具偶有性（contingent），非屬「先驗式的推演」（*a priori* deduction）。偶有性之存在，乃因為有個外力在支配一切。此一外力，即上帝。上帝會出其不意（超出人意）的以A為因，而取代了B，中世紀的思想家，幾乎都一致認為這是無可奈何的。對於神意的任情「干預」，只有接受，不能也不敢有怨言。

奧坎對此另有新解。作為僧侶的他，仍對神意之無所不在，及神能之無止境，無法忘情於他的整個思想系統中。其次要敘述的道德理論及心理學說，或明或暗的，也染上了此種顯明的色彩。

(四) 道德理論與心理學說

道德理論與心理學說是合併論述的。以經驗起家的奧坎，對於經驗界的肉身或物質之存在，是絕不有疑的；但精神、心靈甚至睿智之運作，則非憑哲學論證

得知，卻必賴啓示。

心之指揮物，靈之引導身，二者關係並非直接。人是心物合成體。爲何如此，哲學論證沒必要，也不可能獲準確答案；「信」之就好，且憑經驗即可。

1. 人之心靈展現兩種功能，一是感官知覺上的功能，如由肉眼而生視覺，由耳朵而生聽覺等，但二者可合也可離。目盲者無視覺，但聽覺照樣存在，有時也因此使聽覺功能倍增；其次，在感官知覺上，人與動物有同也有異。二是理性功能，在此一層面上，人與動物之同較少，異較多。感官知覺及理性功能，二者之間，衝突之事頻頻發生，這都是經驗界的常識。

2. 理性動物最主要的特徵，就是自由。自由是一種力道，也是一種權。依此任何人可以不分青紅皂白（indifferently），且也偶爾地（contingently）產生一種效應，該效應之出現或不出現，都與力道無關。

人人擁有自由使力的權，並非依先驗推理而得知，卻只依經驗即可查覺。明明理性告誡之事，意志卻偏偏不相伴而行。

意與理作對，這是經驗談。此外，由意而生出自由決定。人若失去自由，則道德感不存，獎懲也無意義可言。超出己力之外的行爲，是不該被責罵的。

天生眼盲者（born blind）不該被處分，因視覺失能（blind by sense, *cae cus sensus*）。但若盲目行動，則該受責備。

在實際行爲上，意力大過於理力，這本是方濟派所特別重視的。理是必然的，不變的，但意力則搖擺不定，是偶發的。意之發作，可排除焦慮（anxiety）及悲傷（sadness），膽量十足，什麼都不怕；免於恐懼（freedom from fear）所享的自由，最是幸福，幸福是人生目的的極致（last end），卻具體化於上帝上。除此之外，意不盡然都會滿足任何行爲；但若不朝向上帝，則焦慮及悲傷就會染上身。

就幸福而言，人的自由意志可以要幸福，也可以不要幸福，這是有選擇性的，不是必然性的。但除了盼望上帝之外，雖擁有除此之外的一切，都難免焦慮及悲傷上身。這純屬信仰問題，而非哲學問題。經驗告訴我們，與上帝同在，是

有可能的，不過即令有此可能性，許多人也不願如此。

　　自由意志此種明顯存在的經驗事實，使得行為即令已養成經久的習慣，有時也會逆意或叛理而行。避苦求樂，這是「常情」，但卻也會出現異例。為國捐軀是「理」所當然，但不少人並不選擇此途。意志之自由，無常規之途可循。

　　上帝「創造」出人的自由意志，也因之，道德義務感及責任心遂生。行為的善惡，結局純由人負責，不能歸咎於上帝。上帝是萬能的，人是缺能的；有人就是不信神，以為神是「邪」，猶如小孩不聽老人言，結果吃虧在眼前一般。既然行為由當事人全權決定，則後果當然要由決定者承擔。不少人不甘願把命運全交由上帝決定，或百分百信上帝，以為諸事皆由己作主，因之後果如何，還可歸諉上帝嗎？

　　這麼說，奧坎的道德論，是帶有威權（authoritarian）口吻的。

　　總而言之，人既是上帝所創，自有義務全依上帝之意而行。人意仰神意，完全聽令於上帝之命，及上帝所禁止的。

(五) 政治學說

　　處在教皇與帝王之權位爭奪正值如火如荼之際，奧坎自然無法置身度外。由於立即性又迫在眉睫之問題亟待解決，他有關政治方面之寫作，自難以系統性予以評價之。教皇享有絕對的至高無上權，又不守份內職責，飛象過河地置喙於俗世界事務，侵犯了帝王權，這是他極力反對的。他的政治論文，涉及兩事，一是帝王與教皇之關係；一是教皇與教會成員之關係。至於政治社會及政府之安置事宜，則不在討論之內。武斷式或任性式的絕對主義（absolutism），他是反對到底的；同時，他也要求遵守中世紀由來已久的習慣及法規，而不主張走革命的路線，極端地悉數予以廢除。

　　1. 在教皇與帝王之爭權上，奧坎強烈主張國家獨立於教會之外，帝王權不受教皇權之干擾。且就教會本身而言，教皇在教會內也不該享有超然的絕對權。他所指的教皇，是位於法境亞維儂（Avignon）的教皇。帝王權來之於臣民，非

源於教會。教皇若干預帝王權，是不該的，侵犯了不屬於教皇所管轄的領域，撈過界了。基於上帝賜予人人都有自由意志，此種個人的自由權，不可剝奪，除非有人同意，心甘情願地放棄此自由權。但人是群居動物，因之，自己的自由以不劫奪他人自由為度。所以自然的自由權（natural right）之外，另有人為的限制，「社會」、「國家」、「政府」組織因之出現，這是傳統及習俗的（conventional），也是後起的，晚於自然。以政府為例，政府所享的「公權」，乃由人民所授，人民可同意公權之享有者是世襲，或靠選舉而生，則公權之享有者若違背民意，人民有權予以去位。若世上有些地方未成立政府，教皇無權也無責任命他人為當地的治者，尤其當地人民期望自選治者時。

任何享權者，都不許權力無限擴大。中世紀的哲學家及神學家都有如此的一般性政治學說。權須依法，遵習俗；為了生存，私有財產權是不可侵犯的，個人的生命權也是至高無上的。因之，自殺是不被允許的。聖托瑪斯及奧坎這兩位重要的僧侶，雖分屬道明派及方濟派，在這方面是異口同聲。

若從實際的帝王與教皇之爭權上而言，奧坎率直地為帝王說話，不惜得罪教皇，行動上確有震撼社會之效果，為其後的宗教改革定了路標；加上政治理念及世俗權力之集結，現代國家之意識已隱然成型。奧坎也為文提及，即令在教會中，教皇所享的精神權，在及於教士或信徒時，也不許大權獨攬或濫用；教皇與教徒之間的關係，猶如帝王與臣民之關係一般。人民既有權將帝王去位，同理，教徒也有權力讓教皇下台。在宗教大分裂（Great Schism, 1378-1417）的四十年中，宗教審議會運動（Conciliar Movement），如同帝國中有議會運動（Parliament Movement）一般；不許集全權於一身。其後的三權分立理論，初影已現。制（check）及衡（balance）之設計，才是免於政權及教權腐化的妙策。教皇享有最高權（Supremacy），猶如帝王一般，理論上是必要的，但不可獨斷獨行（tyrannical），而不尋他人之諮商。方濟派的行政管理，比較具有權力的制衡機制。

(六)影響

由奧坎而引發的奧坎運動（the Ockhamist Movement）或唯名運動（Nominalist Movement）風起雲湧。奧坎一向主張，名或詞（辭）之性質，會影響論證的有效性。有些及門弟子以及雖非門下，但知悉奧坎著作者，都同意此說；還包括道明派神父在內，唯名論與經驗主義關係密切，認定名或詞，只不過是一種思想時為了方便而使用。「名」這種「共相」，本身不是一種「實體」（reality）；只有具體的殊相，也是經驗範圍之內的實物，才「實」而不虛。

步此道者，來自於牛津大學的墨頓學寮（Merton College, Oxford），有些還是該大學的校長（Chancellor），文學院的教授或學者，以純邏輯立場來質疑形上論證；神學院的神父（教父）們，較強調人類理性的脆弱性，以啓示眞理爲最後倚靠。但無論如何，奧坎及其從屬者，都一致認爲，論證時的共相命題，都該指涉著殊相。「字」或「名」（words），都有其「物」（things），且「物」先於「字」（things before words）。此種傾向，爲經驗科學作導火線，也終止了中世紀停留在文詞之爭的學風上，而挺進具體經驗之尋覓及探索。「現代」（modern）之曙光已現。

傳統或形上的三段論式，是演繹式的，但只要違反了矛盾律，則論證之有效性即失。換句話說，共相中若有一殊相與之有違，則共相的「必然性」就動搖了；因與果之關係（causal relationship），只要有一反例（counter-examples），則「必」（necessary）就不存，而只具「可能性」（probable）而已。支那人常說的「虎父」必有「虎子」、「天下大勢，分久必合，合久必分」，都只不過是情緒性的發洩而已，不是邏輯上該出現的「用字遣詞」；「漢奸必亡，侵略必敗」、「不是敵人，便是同志」；此種說辭，異例很多，矛盾屢現，「經驗事實」就足以反駁。

傳統邏輯上的「因果原則」（principle of causality），及「本質性偶有性形上學」（substance accident metaphysics），都只具可能性的眞，而非絕對性的

眞。至於「上帝一辭」，那是屬於「信仰」（faith）領域；將上帝界定爲全眞全能、無所不在、無止境等，那都是邏輯無法證實的，只不過是給上帝一個「概念」（concept），一種「名」（term），如此而已。證明上帝是至善，等於證明英文的dog就是漢文的狗，或爲何取該動物稱爲dog或狗一般，是「不十分確定的」，只不過是約定俗成，如此而已。

1. 奧坎的思想，總的來說，正處在中世紀的隧道途中，已快到盡頭，陽光乍現，「現代」的世紀（*via moderna*）即將接續而來之時；命題中的辭類分析，是他的長項；而分析扣緊著經驗事實，對傳統形上學給予無情的攻擊，也不客氣地對三段論式的演繹，採取破壞性的指責。一言以蔽之，演繹式的邏輯，由共相推到殊相，認定這是「必然的」、「絕對的」、「千古不變的」；但問題在於演繹式推理的「前提」，很難由殊相的經驗事實予以驗證。因之，與其說結論是「必然的眞」，不如改以「相對性的」、「可能性的」、「概率上的」眞，較爲妥當。若涉及上帝之存在或三聖一體，此種頗爲敏感性也具危險性的議題，則以那是屬於「辯證式的論證」（dialectical argument），而非「實物性的論證」（demonstration）；前者只在「名」上打轉，後者則以「具體經驗」爲依歸。「具體經驗」式的論證，不可抵觸「矛盾律」（principle of contradiction）。傳統形上學在論及「上帝存在」議題時，是早已先把上帝定義爲「存在」；既已承認上帝存在，則何必再費邏輯予以論證呢？試看下例：

God exists.（上帝存在）
God is the supreme unique Being.（上帝是最爲獨特的存有）

而「最爲獨特的存有」，其意就必然表示「存在」，如同

狗是存在的。
dog是存在的。

　　漢文的狗，等於英文的dog；二字之「名」異，卻「實」同。實指的是具體的經驗事實，此種論證，即當前邏輯上的「tautologies」，台大殷海光教授把它譯為「套套邏輯」。簡言之，就是「A是A」（重言，同語反覆）。此種命題（敘述）「必」真，但對知識之「增加」，並無幫助，「故」無法出「新」。也是其後培根（F. Bacon）所指責的蜘蛛結網式的知：體系完整，密不透風，但卻受網所束，「跳不出網羅」。亞里斯多德在邏輯上最大的貢獻，即以演繹的三段論式出名。但演繹法也只不過是邏輯的一種而已。中世紀人受束於此，未開闢新天地；奧坎的歸納法，預示了其後另一邏輯領域的來臨。此一說法，不只是「思想」而已，且已漸漸構成為「思潮」了。當然，奧坎及其同路人，也肯定神學的啟示真理，但那屬於演繹，而非歸納。

　　2. 演繹邏輯是「分析性」（analytic）的，「必真」；歸納邏輯則是「綜合性」（synthetic）的，「可能真」。前者是「信仰上的邏輯」（logic of faith），後者是「自然邏輯」（natural logic），也是「經驗上的邏輯」（empirical logic），可以以實物，具體地展現（demonstration）於人人之前，但只要有一例外，則「必真」就令人起疑。例外即是犯了矛盾律，以「漢奸必亡」為例，若舉出「不是漢奸也必亡」，則「漢奸必亡」此一命題，就不能成立了。但神學上的領域，非屬具體經驗上的「事實」，不受此限。傳統上用來證明上帝存在的因果律（the principle of causality），不是分析性的命題。分析性的命題，是主詞已含有述詞，如「白馬是白的」。「白馬」這一主詞（subject），「必」含有「白」這個「述詞」（predicate），因之該命題「必真」。而「白馬」是「白」的，屬「套套言」，如此而已。亞氏哲學大受道明派的托瑪斯所頂禮膜拜，方濟派的奧坎卻一語道破演繹邏輯之不足處，連道明派神學家也有不少支持者。

　　3. 舉因果律為例，因與果二者之間的關聯性，不是必然的，不是分析性的，只是可能性的、綜合性的。由「果」（effect）推到「因」（cause），那是由「現象」（phenomenon）溯到「本質」（substance）。現象是偶發性的（accident），偶發性無法悉數盡舉，理論上可作此種要求，但實際上辦不到。比如

說，蘇格拉底「是」什麼，在「是」這個動詞之前的主詞，即蘇格拉底，「本
質」是什麼，或「因」是什麼，由這「本質」（因），生出什麼「果」（偶發
性），其數量是數不盡數。亞氏以九種範疇予以歸類，但那也只是「歸類」而
已。若具體「展現」於具體經驗上，則車載斗量，數之不盡。若只舉出部分（現
象），就代表整體（實質），則是以偏蓋全；只能是偶然性的眞，是經驗上的
眞，而非必然的眞（邏輯上的眞），由因而生的果，數量也難以勝數；有一因生
數果的，也有一果由數因生的，誰又敢鐵口直斷地說，一因「必」生一果；或一
果「必」由一因而生呢？

4. 矛盾律不可犯：由於具體經驗事實中，彼此矛盾之事常有，因之由殊相
而生的共相，也就是只憑少數或多數證據而未由「全部證據」而得的結論，不是
絕對的「眞」，只是相對的眞而已。「全部證據」是無時空性的。信以爲眞的只
有兩種，一是親身體驗的事實，但該眞只停留在親自體驗的事實上；非親自體
驗者，則須存疑。此種知，吾人不須擔心，也不必恐懼出錯，那是親自體驗者
「自明的」（self evident）。二是憑駁不倒的證據（irrefutable testimony）而得
的知。此種知來自啓示，屬於神學及信仰的領域。任何來自於具體經驗的事實本
身，都不會產生自我矛盾，「我看的是一朵花」，與「我看的不是一朵花」，兩
個命題是不相容的，不可能同時並存。但一提及「我」時，即肯定「我存在」，
這也是自明的，不疑也不必爭的「事實」，提及「我」而不同時相信「我存
在」，這是矛盾的。不過，「上帝存在」此一命題，若只依感官經驗，則由此而
得的「眞」不是確實可信的。神學及哲學各有分際，不容相混，肯定地相信上帝
之存在，或因果律之存在，在「理」上是不必然的，但卻合乎「情」上的需欲。
信神，頗具實用價值。其後的康德也持此說。道明派的托瑪斯，以「理」來證明
上帝的存在，方濟派相信上帝之存在，乃本諸於「情」的需求。上帝之存在，不
採論證的方式，卻在於使「情」有所寄。

5. 人是上帝所創，在這方面，人作不了主；但上帝卻同時也賜予人「自
由意志」。因之，愛上帝，恨上帝；愛鄰居，恨鄰居，悉聽尊便。不過，恨上

帝或恨鄰居爲上帝所不許，猶如上帝禁令亞當及夏娃吃禁果一般，可是這兩位男女都不守神規，因之後果自負。失明、失聰、失智等，此種自然缺失（natural deformity）肇因於上帝；至於道德缺失（moral deformity），此種「罪過」（sin）呢？原來是本於人之「意」（will），則咎由自取，怪不得上帝，道德清廉（moral rectitude），該與人相伴而生。

6. 一切眞理的最後也是最高的準繩，就是不准違反矛盾律。此種準繩，有一見即直接得出的，也有間接的。後者如幾何證明題之「演算」，如三段論式中的有效論證中，前提若眞，則結論必眞。

全部是眞時，部分一定也眞。如此，才不會違反矛盾律。但下兩例有必要比較一下：

(1) 我看到花

　　我看到花，所以花是存在的

(2) 我沒看到花

　　我沒看到花，所以花是不存在的

可以因爲「我沒看到花」，就因此推定「該花是不存在的」嗎？花存在，只因未由「我」看到，就確定花不存在嗎？花之存在或不存在，不可單由「我」決定。「存在是不存在」，本身犯了矛盾律；但「存在或不存在」，不能單由一個人「看」或「不看」來作主。「我」沒看到花，該花照樣存在，並不因我看或不看，而左右了該花的存或不存。我若心不在焉時，眼雖有看花的舉動（act），卻無視（無意識於）花之存在。客觀的存在與主觀的意識，二者並不完全相合。不許違反矛盾律，才是純正的眞。即令是神力，也不會剝奪或排除此項原則。

7. 兩物若不同，則證明其中一物之存在，並不保證也一定能證明另一物之存在。若B與A同，或B是A的部分，則A存而B不存，這是違反矛盾律的。但若二者有別，則A存B不存，或A不存B存，這都是純正的眞。此種邏輯，涉及到「量化」（quantification），是A、I、E、O四者之間的關係。

A：全量肯定句∃(x)Ax

B：部分肯定句(∃x)Ax

E：全量否定句(x)-Ax

O：部分否定句(∃x)-Ax

四者之「眞、假」值，初步邏輯的教科書都會介紹。

8. 因果律之所以成立，傳統上都因爲A出現之「後」，B就出現，且屢試不誤；但過去是如此。可保證未來也必如此嗎？手指放在火上或火邊，有熱的感覺，這是人人之經驗，次數增加，都是如此，但這只不過是增強其可信度而已，亦不必然都是如此，因與果是兩事，這兩事並不完全同；不可只由於其一存，就保證其二必存。火會熱，熱是火的表象（現象，呈現）。火生熱，熱之存在，火或許也存在。但二者之關聯性，只是「可能的」，而非「必然的」。白色與白物，二者關係也是如此。官能心理學（faculty psychology）發現，認知能力經過鍛鍊，可遷移（transfer of learning），但該遷移也只是概率（probability）而已，是「可能的」，而非「必然的」。有記憶之現象，就認爲必有記憶官能；有想像行爲，就認爲必有想像官能；有推理動作，就認爲必有推理力，若認爲二者有必然的「因果」關聯，此種說法，都須保留。對因果之批判，其後的休姆（David Hume）有更詳盡的發揮。由因推不出「必」有果，由因也推不出「不必」有果；同理，由「本質」推不出「必」有現象，但也推不出「不必」有現象。「可能是」（may be），與「是」（is），二者不等同。

奧坎運動中標榜的唯名論或概念論（terminalism, conceptualism, nominalism），尤其在形上學的本體論證（ontological argument）中，所提的三段論演繹，都針對亞里斯多德哲學而來。中世紀末期（十四世紀之前），有不少亞氏從者或闡釋者，如艾瓦洛斯（Averroes），對亞氏哲學崇拜到五體投地之地步，咸認奧坎對亞氏不敬，且對攻擊亞氏者採取不容情的打壓，動用教會權威，全副武裝的進行一場你死我活的鬥爭；不知自己有可能是從昏睡中驚醒，卻對異己怒目以向，似乎準備把蘇格拉底的悲劇再次上演。從道德的善，此種價值層面而論，既言知之可信度只是相對的，可能的，則道德法規此種主觀性更強的領域，「可

能性」就更爲明顯了。「上帝能令人（理性的動物）恨上帝，守此格言律令的理性動物，比信守愛上帝者，功勳更高。因爲人在恨上帝時，要下更多功夫，神規是任情的，人規的武斷卻更爲明顯，因之恨上帝者更需費力。」奧坎此番說辭，聽者必定瞠目咋舌。他之遭遇，也就不言而喻。

奧坎運動形成了一股批判風，批判者不只挑戰古聖先賢，且也把箭靶朝向奧坎本人。剃刀刮別人鬍子，得先刮自己的顏面；以食指指向他人者，另四指是指向自己。但此種爲學態度，卻是積極的、健康的；邏輯之朝向「可能性」一層面，而不堅持由必然面一手包辦，表示某些層面也是肯定的，絕對的。演繹邏輯、數學及立即性的感受（immediate perception），並不以懷疑一切爲抱負，尤其對啓示眞理，是堅信不疑的。

奧坎之風，在新成立的大學是陣陣風行。唯名論與唯實論都在歐洲各地的新舊大學上爭寵，二者之消長，也顯示出高等學府之發展軌跡。奧坎運動中的唯名論，把形上學用邏輯的剃刀刮了又刮，刮出許多推論上的鬍渣。當然，邏輯之精微性（refinements）及挑剔性（subtlety），若步上雞蛋裡挑骨頭的路，則學術研究的火力將減弱。

9. 科學研究順勢而興：奧坎之風也是唯名風，注重歸納邏輯，也強調具體經驗事實；在「共相」（universal）問題上，步向「唯名」──認爲抽象名詞只具「名」或「詞」意，只有五官感受的實物才「實」，此種學風，也就造成了地理上的大發現或自然科學尤其是天文學上驚天動地的大進步。唯實主義（realism）頓興，在十五及十六世紀是「主流」，恰與中世紀的「唯實論」（realism）大異其趣，不得不作區別。

亞里斯多德認爲知識源於經驗，奧坎同意此說；但經驗之變化多端，是否有一致性的經驗，或無出入的經驗，則人人不敢保證；若一出現「反例」，則違反矛盾律了。舉「動」（motion）爲例，亞氏以爲動有自然動（natural motion）及非自然動（unnatural motion）兩種；火勢向上，是火之自然現象（勢所必然）；向上拋一重物，如石頭，石頭朝上動，那是非自然的動，亞氏對此非自然的動有

所解釋，他的說明是因爲石頭被人往上拋。石一離手之際，石續往上動，理由是石頭周遭之氣一直往上，直到該氣弱了，石頭就自然地往下掉；而往下掉是石的自然動。奧坎對此解釋，深不以然，因爲不能解釋所有「動」的現象。當時還未有地心引力（gravitation）的惰性法則（law of inertia），以及推力（impetus）之觀念。如在眞空中拋物向上，或由上往下掉物，不管是一塊鐵或一羽毛，則雙雙落地或到頂的時間皆同。同一種現象（果），其因皆不一定相同。以拋物爲例，有直線往上拋者，有斜線拋物線式的，有平面式的，也有由上往下式的，另外甚至有一直轉動但不變位置的，如紡紗機上的旋轉頭（spinney top）。此外，也有非純粹屬科學問題，而更是哲學或神學問題的；人之拋石頭，猶如上帝之拋（創）星球運行，但爲何石頭會靜止，而星球卻運轉不息呢？因爲石頭之動會遇阻力，而星球運轉則無阻力。

　　地動說也由「經驗」予以解釋之。地球上的光或熱來之於太陽，因之地球繞著太陽轉。一種現象，若憑經驗或事實就可以詳說細解，則不必另舉其他原因，這也是奧坎的「經濟原則」，亦是奧坎的剃刀原則。眞理之效標有二，一是事實，一是推論。但推論的有效性，也終得與事實扣緊。因之，經驗事實是檢驗眞理的「最後」標準。自然科學以求眞爲首務，此種效標，也是奧坎效應之一。把經驗事實的「呈現」，一一儲存起來（saving the appearance），不許遺漏；也以觀察到的資料作爲憑依，以此作爲科學或邏輯推論的「假設」（hypotheses），最能滿足奧坎的經濟原則。

第三章

現代哲學的黎明期

　　中世紀哲學的特色，是哲學幾乎全由教會包辦，神學家探討哲學最為熱門。由於神學家倚仗啟示眞理，以聖經教義爲最高不可逆的權威。開明的史家遂諷刺，長達十世紀之久的中世紀爲「黑暗時代」（Dark Ages）。神本第一，人本其次；天人雖合一，但天的比重特大，人是微不足道的，人似乎活在隧道裡。還好，時間齒輪的轉動，隧道已至盡頭，曙光已現。這是指十四世紀到十五世紀時期。本章即專指此時學人之哲學思想。

第一節 現代思想的醞釀期

由中古步上現代，此種時潮有許多跡象。其中之一是政治上的。

一、政權至上論

中世紀人的政治權力觀念，咸認兩把劍，一劍在教會（Church）一劍在帝國（Empire）；二者都是獨立存在的。托瑪斯是此種主張的代表。政府與教會分屬不同的團體，教會關注人的精神或超自然層面上的福祉，政府則操心人的現世事務，由於前者的重要性超過後者，故在價值及尊嚴上，教會高居於政府之上。不過，教會也不能因此過問各地政府的立法。治人之權，雖皆源於上帝，但上帝卻也願意政府及教會並存；並且未有教會之前，政府早已存在。教會存在之後，也並不搶奪政府份內職責，或要求政府屈服於教會之下。二者相安無事，各管各的，涇渭分明。

理論是如此，實際運作時，卻齟齬頻生；二者之爭權，是不爭的史實。造成的紛擾、傷害及災難，不得不激起哲學家花費心思，謀求一種合理的權力理論。隨著奧坎運動的來臨，任何學說都要以具體經驗為本，不是來自於「先驗」理論，不能憑空捏造，且理論也一定會影響實際。

曾擔任巴黎大學校長不到一年（1312年9月-1313年5月）的馬希里奧（Marsilius of Padua），生年不詳，是否死於1343年也不確定，高唱政府權力獨立於教會之外。教權干預政權，最為他所痛恨，也是對教權的曲解。因為聖經教義並無隻言片語及於此，義大利北方的紛擾，他歸咎於教皇之過問政事，他一生憧憬著如同柏拉圖及亞里斯多德式的希臘城邦政治，對於但丁（Dante）那種大帝國式的雄心，他一點都不感興趣。

本諸於亞里斯多德的政治學說，他認為政府本身自足，以照顧人民之生存，且過善良生活為本務。亞氏之後的政府，構成分子除了人民之外，另有教士。但教士如同人民，都是政府的一分子。執政府職位最高的王，由兩種方式產

生：一是民選，依民意行政；一是非民選，也不行民意，民選政府不是世襲者最佳。至於法之存在，只當消極用，不作為積極功能，目的在於防止爭端。並且，法之制訂，若在現世上未能有制裁或處分，則失去了立法意義。因之，來生在天國或地獄，此種宗教法之獎懲，在國家中是不必要的。法之實質性，表現在立即性的報應上，法律與道德無涉，更與宗教絕緣。

法之制訂、立法、及司法，都出之於民；民是全民，或是舉足輕重之民。舉足輕重之民可以量計，且更該以質計，是有代表性的。至於官員，則要「依法行政」，貫徹法之執行；且行政官員由選舉產生（*pars valentior*）。法由民立，官不能立法，官只能行法。官階最高者不必集中於一人，但享有最高的行政權。若最高的行政官犯法，或不履行該負之責，則需受指正，必要時由立法者予以解職。不能集全權於一人身上，該分權。至於立法權及行政權二者位階，孰高孰低，此一問題，留給其後的政治哲學家去操心。

教會理該是「絕對的安貧」（absolute poverty）。捐給教會的財產，屬於捐贈者所有。教會只有使用權，而無所有權。教會制訂的各種法規，若無政府的核可，都不適於國民。宗教法（Canon Law）與民法，或羅馬法（Civil Law, Roman Law），分屬不同領域，也管轄不同的人民（俗民或教徒），他要求教會要聽令於政府。因之教會對國家事務無置喙餘地，此種政治理論觀，不正是向中世紀告別嗎？

伊斯蘭教的艾瓦洛斯（Averroes），早就把信仰與理性作了二分（dichotomy）。人之前途有二，一是在國家裡走自然路，二是在教會中步上超自然路。前者是哲學路，後者是啟示路；河水井水兩不相犯。教會給政府幫上的忙，是創造出一種道德及精神上的條件，如此而已。不幸的是他活的時代，教會的聲明及舉動，都擾亂了社會國家的和平與安定。艾瓦洛斯被公認是闡釋亞里斯多德的重要學者。

馬西里奧的上述政治學說，1327年4月27日被教會譴責；他的論點，未為時人深入研究。1517年，他在這方面的論著《和平保衛者》（*Defensor Pacis*）印

刷出版時，恰是宗教改革之年。

二、以地方語文取代拉丁，作爲傳述神祕經驗的語文工具

以經驗爲師是哲學思潮之一，但經驗直接的感受是個人的、直覺的、本能的、主觀的，也具有神祕感，因爲他人不必然有該種經驗。經驗也是表象的，如天動說而非地動說。人人的親自經驗，都是每天太陽繞地球轉。此外，既然許多經驗是個別的且是地方性的，因之以地方語文作爲媒介，此種趨勢也是水到渠成。神祕主義在十四世紀興，是對邏輯推理及抽象又形上思考的一種反擊。

(一) 神祕哲學之興

共相問題的爭論，唯名及唯實兩派各不相讓，彼此心意無法轉換；與上帝之接近，更無法得逞；內心也深感愧疚或不安（compunction）。此種神祕經驗之體認，遠比深究邏輯演繹之有效性，或字辭定義（definition）之精確性，更能心安理得。

> 服侍上帝的卑微凡夫，遠比深思熟慮於天體運動的哲學家卻忽視了自己，好上數倍。
>
> 動口舌於既深藏又曖昧不明之事，又有何益？承認對該事無知，在最後審判時也不會被斥責啊！
>
> 過問「種」及「屬」（genera and species），對我們而言，又有何關係！

上述諸問，來之於「共生兄弟會」（Brethren of the Common Life）的重要成員。該會是歐洲十四世紀重要的教會組織，影響教育極爲深遠；共生兄弟會強調自己內心的「見證」（witness）經驗（體驗），才表示對上帝的最大虔敬。

(二) 地方語文（vernaculars）之使用

「經驗」最「實」的，莫過於自己內心的個別感覺，特殊性最為強烈。此時此刻表達出來的語文，都有地方色彩；當地的人聽來，領會度最高。因之，有些教士以日耳曼語（German）佈道，而以法蘭德斯語（Flemish）或法語（French）講經者，也漸漸成為氣候。雖然拉丁還是最強勢的「國際」及「學術」用語，但由於各人在各地的體驗（經驗）不一，使用帶有地方性或個人性的用語，較為「傳神」，也是順理成章之事。地方語言也是日後的「國語」，日耳曼語即德語，法蘭德斯語即其後比利時及荷蘭等國的語言。

神祕性哲學在哲學史上早已存在。十四世紀日耳曼地區盛行的神祕哲學風，特色之一就是將神祕「體驗」，用當地信徒熟悉的語言陳述出來。理論佐以實際。真正的信仰，情愛而非理智，才是主軸。愛上帝，此種人人的體驗，時有殊異；若愛與知二者交集，則抵「靈光之見」（beatific vision），與上帝合一了。

(三) 邏輯重理，文學重情

古代的希臘及羅馬思潮，恰好在這兩方面各顯神通。文學的浪漫，羅曼蒂克（Romantic），字根是「羅馬」（Rome）。教父哲學的名實之爭神學意味濃，亞里斯多德的三段論邏輯也施展其神功；中世紀的神本色彩太重，時間又長，基於人性的厭倦心理，反彈必屬常事。大文豪兼詩人但丁（Dante, 1215-1321）以義大利文寫作；「文藝復興之星」的佩脫拉克（Petrarch, 1304-1374），厭煩於亞里斯多德的辯證，呼籲古文學的復活，以文學詩歌美藝，來取代枯燥又煩人的邏輯，又以地方語文即義大利文著書。新的學術大衣已披上了，僧侶的斗蓬已漸除。

文藝復興的人文主義（humanism）運動，有恢復柏拉圖尤其是新柏拉圖主義的趨勢，而對亞里斯多德的邏輯，採取批判的主場。在七種文雅科目（seven liberal arts）中，修辭的重要性大增；辯證（dialectics）即邏輯（logic）的功能

大減；雄辯家（orator）的地位，高過於哲學家（philosopher）。這不是羅馬人最爲自豪的嗎？而修辭或雄辯家的目的，並不純只「巧言」或「美言」而已，也不旨在說服他人，卻要求在口語或文字表達上，能夠有實實在在的洞見。因之，文藝復興時代的學人，心目中最爲他們所敬愛的古人，是西塞洛（Cicero）這位羅馬雄辯家，而非柏拉圖或亞里斯多德。前者是「言之有物」且聽者悅耳，又在心理上有美的享受，富有道德意義兼人格感。比起教父哲學時代的哲學家，更具「人味」（人文味）。遠離艱澀、枯燥、咬文嚼字，那種「番蠻人」（barbarians）的非文明風；平實地敘述一己之切身經驗，對人生百態作寫實又生花妙筆地描述，總比費精耗神地計較邏輯名詞，更具人生意義及旨趣。

1. 就道德而論，羅馬人在這方面的立言也較大眾化，非如同希臘哲學家或教父們的高談闊論。德本身，就是人生之歸趨。爲國捐軀，不願有不公不義之舉，此種人必能永垂不朽，爲後人所景仰；相反的，作出羞於見人的不名譽事，貪生怕死，此種人必爲後人所蔑視；即令他益壽延年，認爲一死即百了，不必擔心生前之作爲，此種人並非眞正的了解「德」，法律之制裁或懲罰是必要的。羅馬人在這方面的建樹良多，追求善，是人人可以辦到的事；擅長於哲學冥思，這只是少數人所獨享的福氣。至於專精於某一枝藝，那也不能作爲人人的寄望所在，但作個好人，是無任何藉口或托辭的。人若不求善而往惡，則人種早已絕跡，又哪能出現哲學家、哲學王或鐵匠、駕船舵手呢？避苦求樂，躲避危險，人與動物無別；唯一差異在於，人是行德的動物。

2. 就知識層面來說，人文主義學者走的是懷疑路線：知若指的是「全知」或「完美」的知，則人無此能力。啓示的知來自上帝，該種知非人之智或理性力所及。知若本於感官知覺，那是經常變動的、不可靠的；若來之於內省（introspection），雖肯定了自我，但自我的概念是什麼，也爭論不休。不過，絕對的眞知雖不可及，人倒可得逼近式的正確知識。而獲得此種逼近於眞知的知，只能靠觀察，而非依亞里斯多德及教父哲學的邏輯（Aristotelian-Scholastic logic）；後者只作文字或字面上的定義。由於眞知是系統、全面、無時空性的，這是人力

未逮的，怎可「以一蓋全」或部分代表全體呢？建設性而非破壞性的知識建構，此種人文主義學者的問題，留給接棒的哲學家去解決。

三、教廷該不該獨攬教會大權

一開始時，尼古拉（Nicholas of Cusa, 1401-1464）教宗（1447-1455）在教會權力理論上的看法，與前述的馬希里奧在政府權力理論上的見解相同。「議會」制度的建立，才能安全又長長久久地保障「政」與「教」兩種至高權力之存在。尼古拉幼時受教於荷蘭北部德芬特（Deventer）的共生兄弟會，後入學於海德堡（Heidelberg, 1416）及義大利東北部的帕多瓦（Padua）大學，獲教會法（Canon law）博士學位。涉入宗教審議會（Council）的經驗，使他體會到解決教會大分裂（Great Schism, 1378-1417）的醜聞，有必要訂下規則，限制教廷（Holy See）不可由教皇（Pope）集大權於一身。「獨裁」（despotism）及無政府（anarchy）是兩極端，皆非他的所願。政府（王、帝、君）的權力，不是直接或立即的由上帝手中取得，卻得經過人民的同意。同理，教會該有個代表大會（General Council），由教徒選出代表，議決教廷重大的宗教議案，成為教會的最高權力單位，享有教皇的推選及去位權。教廷及俗世政府，聯邦式的型式（federation）最佳。由寡人全權處理，不如將權力分散，攬權不如分權。

但其後他改變了心意，認為教會權性質，異於政府權。教會權直接來自於上帝。上帝是至高無上的，代表上帝的教會人物，即教皇，也類似上帝一般，統一而不分歧。異中一定要有同，同不是在消除異。但這在實際運作中，卻困難重重，也頗不實際。形上界最後結合為一種又和諧又超越一切的整合體，把最大量（maximum）及最小量（minimum）整合為一。形下界則多元、多方、殊異、相反、相衝。

人之了解上帝，此種知識是無窮盡的，也是有缺陷的、不足的。精於數學的尼古拉以圓形比喻上帝，方形比喻形下的具體物。圓形之內可以置入無止數的

方形或角形；角形的邊再怎麼多（polygon），不完全等同於圓形（circle）。因之，教會職權與政府職權，二者性質殊異，不能雷同；二者的同，是逼近式的（approximate），如此而已。所以一切的人間知識，或科學，都是「揣度的」（conjecture），準確性不可能百分百。他作有《論揣度》（De conie cturis）一書。以拿手的數學爲例，以上帝是無窮的，此一觀念套上三角形的邊或圓形的直徑，若邊或直徑無限延長，則三角形「逼近」於直線，而直徑也逼近於圓周長了。此種觀念，給其後的數學大師，也是微積分的發明者兼哲學家來布尼茲（Leibniz）很大的啓示。

奧古斯丁把神的世界稱爲上帝之城（the City of God）。人若與上帝接觸，於暗中認知或曖昧裡認知，總比不上在明亮處或清晰地認知，還來得「逼近」於眞知。尼古拉支持此論點。中世紀是上帝至上的世紀，史家稱爲「黑暗時代」；那時的人對上帝的了解，比其後有了光的啓蒙時代，或許未來得更爲精確。因之，來源於上帝的教會權，與本諸於人的政府權，性質本就不同，不可以一概而論。此種從知識論角度推演到政治論上，也如同理念（原本）異於影像（抄本）之柏拉圖觀念一般。人的臉，本來就只有一個，但不同鏡子裡反映出來的臉，卻千變萬化。

由上述的教（皇）權絕對至上，而帝（王）權相對的立論，又延伸出知識上眞理的絕對性（必然性）及相對性（或然性）結論。天國的上帝世界裡，無「上」（up），也無「下」（down）；無時間（time）上的長或久，只有「時程」（duration）之多或少。後者只是爲了人的方便，是相對的。舉「動」（motion）爲例，最具「經驗」意。如人立足於地球上，就以爲地不動，而感到日及月，皆繞地運行；若人站在地球之外的星球來觀察地球，則會感到地在動。當年阿基米德（Archimedes）這位力學始祖曾說過，能找到一個定點，再給他一根槓桿，則他就有辦法把最重的地球挑起來。問題是宇宙中有個永恆不動的定點嗎？理論上可作此要求，但實際上難以辦到：「汲水疑山動，揚帆覺岸行」，這是人人都有過的經驗。天上一年，人間不知已過多少歲月。上帝創了時間之後，

「時間」則已轉爲「時程」，因之有西元多少年之別；陰曆年又與陽曆年不同；時間是一，時程倒多。尼古拉此種說法，等於是其後相對論的主張。天文學的「定論」，也只是「暫時性」的、「揣度性」的。十分鐘的「時間」（time）各地各時皆同；但打一場球結束的「時程」（duration）則殊異，有的是一小時結束，有的則要費比一小時更多的時間。

上述的論點，無疑的，皆以「人」的角度出發。人是個小宇宙（microcosm），一個小世界（a little world），有身，也有心，有物也有靈；雖是大世界的一部分，卻最能反應大世界且也反應得最爲完美。無「人」這個小宇宙，則無大宇宙；大宇宙是「共相」（universal），小宇宙則是「殊相」（particulars），是個別的（individuals）。由「殊」而組合成「共」，是神祕的。這些說法並不新穎，過去的哲學家早已提過。但尼古拉認爲，宇宙是無止境、無邊界、無窮的（infinite），人外有人，山外有山，天外有天。此種大開眼界的說法，激起了時人對大自然的思索與實際的探討，新時代的來臨，似乎在此早已有預卜。

第二節　自然哲學的探討

尼古拉說，人所住的地球，在整個宇宙中是極為渺小的。以地球為宇宙中心的說法，是不確的。地球在大自然中，並不獨享有特權；而人只是個小自然。不管大自然或小自然，尼古拉都認為「神」意都貫穿其間。因之他的「自然」，是「神本」（Theocentric）的，也是上帝為宇宙中心的。此種說法，十足是中世紀人的普遍說法；不過他卻也提出一種自然觀。既然地球這個星球，是大宇宙裡數不盡星球中幾乎微不足道的一粒小球，但大小宇宙都有神在主宰，屬於泛神論（pantheism）或世界靈魂（world-soul）說法。前者論調指稱的自然，都具有目的意；後者則傾向自然意或機械意，且有解謎去祕的傾向，宗教味較淡。機械論的衝力、吸力、引力（sympathy）及斥力（antipathy）存於一切。物質及精神，心及身，都是如此。

文藝復興既以人本取代神本，雖然宗教信仰之虔敬不可或忘，但禱告悔過不是人生的全部。不少學者轉而對自然界大感興趣，也對數學進行研究；有人從醫，科學家與哲學家身分二者兼包。甚至對煉金術（alchemy）及巫術（magic），也甚為投入，相信人該獲有自由身，積極的進行創造性思考及實驗活動，人力不該受限於各種陳舊觀念或受圍於傳統束縛。

一、「物活論」（hylozoism）

「人」是個「小宇宙」。人頂著天，立著地。人由身及心所組成，有物質也有精神。人「體」內有礦物質，利於人之「活」；更不用說人也有植物質及精神質了。醫生最清楚此道，如同支那《本草綱目》之所言。並且，人之生命另有許多無法解釋的神跡。人文學者中，醫生甚多；他們之入迷於巫術（magic）或占星術（astrology）原因在此。疾病有普遍症候，但也有個別性；診治的大夫就應擴大視野，不應只受限於局部。萬有的一切，皆有求生的本性。「物」不是死的，卻是活的。「活物」不只充斥於人這個小宇宙，也遍佈於大宇宙的「天」

（Nature）；且天人感應。人文界所發生的事，必受天文界所影響。宇宙的一切，不管是大宇宙或小宇宙，都是有靈的，都是有則有序的。因之，數學之探討乃是眞正智慧之源。

二、自然的探討

自然的探討導致科學之突飛猛進，也使科學與哲學分途，但這是十六世紀以後的事。十六世紀之前，哲學包羅萬象，有宇宙論（cosmology）或稱爲「自然哲學」（natural philosophy），其後由物理學（physics）所取代；有機體哲學（philosophy of the organism），其後變成生物學（biology）；傳統屬於哲學的心理學（philosophical psychology）就是其後的科學心理學（scientific psychology）；甚至從前的道德哲學（moral philosophy），就是現在的社會學（sociology）。不少學者的身分，是哲學家與科學家兼具。比如說笛卡兒（Descartes）是數學家，霍布斯（Hobbes）是力學家（mechanics），黑格爾（Hegel）對歷史科學（historical science）情有獨鍾，柏格森（Bergson）是生理學（biology）及演化說（evolutionary hypothesis）的專門學者。

科學之進步，影響哲學甚深。但哲學也使出大力，來支配科學的演進，尤其在二者分道揚鑣之際。

(一) 態度與方法，是科學道別哲學的關鍵

1. 事實的直接觀察，而非仰賴古聖先賢的著作，尤其是亞里斯多德的學說，以及神學上的立論，才是眞正獲得經驗資料的途徑。最鮮明的學術史實，主角是伽利略（Galileo, 1564-1642）。由於光靠經驗事實的觀察，證明不出地動；且繞日轉動，人人之感官反而相信是太陽繞地球運行。太陽中心「說」（heliocentric）是一種「假設」（hypothesis），如此而已；比地球中心「說」（geocentric）較能使人免受「呈現」（appearances）的誤導，「救了呈現（帶給）常

人的錯誤」（saved the appearances）。文藝復興時代，早就有學者大膽地指陳，大宇宙中的太陽系系統，數量數之不盡，但願地球上的人，千萬別以爲地球是所有世界之中心。太陽中心論只是一種猜測、揣度、假設（有可能假），但天文學者若單賴觀察，則進步有限；假設之外，數學的演繹不可或缺。十三世紀的方濟派培根（Roger Bacon）早就點出，天文學非靠數學不可。

當然，觀察是第一步。物理學家一「看」，動若不依動律，則有必要修正動律。天文學家必賴某些觀測的事實，化學家亦然，生物學家更不用說了。經驗事實是很平民化的，絕大多數人都信之，賴之，也領會之，了解之。而依數學演繹的科學理論，不少是艱深難懂的，「事實」並不立即、直接、一目了然地與之有聯繫。不過，科學家一定想辦法將數學的演繹定論，如同數學演算一般，依邏輯程序，「下凡」到經驗事實上。血液循環論，並不純依「先驗」的推論（*a priori* reasoning）。經驗事實的「呈現」，古人所信賴的，多半不是全面性的事實，只是片面或局部而已。支那人以爲人之性善，猶水之就下，殊不知水也有往上噴的。提出反例，也拯救了「呈現」（saved the appearances）之誤。

2. 依實際上的觀察所得，促使科學大躍進的學門，是解剖學及生理學（anatomy and physiology）。天才大畫家達文西（Leonardo da Vinci, 1452-1519），早已預言血液循環論；1615年英醫生哈維（William Harvey, 1578-1657）證實其言；光學（optics）上，他也預測光的波動說（undulatory theory of light），甚至還計劃安裝飛行器（flying machines）、降落傘（parachutes）及改良式的大砲（improved artillery），還將這些新發明以圖示之。可惜當時未公開發表，因之時人不爲所動。

3. 傳統的許多說法，是依「呈現」作論斷的。但呈現出來的事實並非百分百；古人習以爲常的，今人視之爲奇；現代人有共識的，古人一定大感奇怪與意外。以血液循環論來說，古代名醫，希臘的格倫及希伯克拉底（Galen and Hippocrates）對此一無所知。事實是檢驗眞理的最後標準。但有些事實，通常是不能呈現的，必依人造的實驗。1586年，荷蘭數學家斯蒂文（Simon Stevin, 1548-

1620）製作了兩個鉛球，其一的重量爲其二的十倍，從30呎的高度掉下，兩鉛球卻同時落地，攻破了亞里斯多德的理論（落體速度與落體體重成比例）。此實驗，伽利略晚三年也以實驗證實，且論文上也比伽利略早18年問世。遺憾的是未引起波浪。尤值一提的是支那人引以爲豪的指南針發明，卻只見其「器」，未見其「理」，知其然而不知其所以然。英物理學家吉伯特（William Gilbert, 1544-1603）是研究磁學的權威，1600年發表《論磁石》（Demagnet），證明他的實驗；羅盤針指出南北向，是因爲地球本身就是一個大磁棒。群星繞行，速度不同，各以磁力相吸或互拒。

(二)天文學的重要發現

1. 伽利略（Golileo Galilei, 1564-1642）是文藝復興時代科學家群中的北極星，生於義大利比薩（Pisa），在該地大學學醫，也研究數學。1616年由於他的天文學觀，惹上了異端審判所（Inquisition）的麻煩；1633年，他雖正式撤回他的說法，卻還被拘禁一段時日，但他仍持續不間斷地進行科學研究，直到1637年因目盲而終止，1642年辭世，該年恰是牛頓的生年。喜愛靈魂輪迴說的，又多了一件可資論證的「事實」。伽利略不只對天文學貢獻超大，且對流體靜力學（hydrostatics）及力學（mechanics），也有出奇的發現，並推翻不少亞里斯多德在這方面的見解；後者認爲物體形狀及其大小，才是決定該物在液體中或浮或沉的要件；伽利略以實驗證明阿基米德（Archimedes）之說才屬實。物體密度（density）的大小，才是主因。除此之外，液體之密度也不可忽視。在故鄉於1174年破土而在1350年始完工的比薩「斜塔」（the Leaning of the Pisa），高約55公尺的塔頂上，實驗兩物輕重不等但卻同時落地，結果聲名大噪。深信大自然按數學法則運行。

經驗的事實是殊相，屬偶有性，例外甚多；通則不易，變化無窮。但如也能理出一些定律或法則，則是一種重大的發現。有游水經驗的人皆知，在海水游泳比在溪水的泳池中游，較易浮起，較不費力；其「然」如此，其所以「然」，則因海水的濃度（密度）較淡水重，以經驗爲師，是自然哲學家的爲學基本態度。

只向客觀事實低頭，絕不向權勢彎腰。至於進一步的探究，如空氣的浮力及地心引力觀念，那是其他自然科學家的劃時代成就。一石塊及一片薄紙，同時從高空落下，石塊必比薄紙快速抵地。

2. 提出最驚天動地的天文學說，又一改過去權威學者如托勒密（Ptolemy，2世紀B. C.）的天動說之天文學家，就是哥白尼（Nicholas Copernicus, 1473-1543）。他是波蘭籍傳教士。十四世紀的人，早已領會到太陽由東上升，向西下沉；此種「呈現」，並不足以證明其真相與此相同。當時的物理學家相信，地球是自轉的；但哥白尼除了認為地球自轉之外，還繞靜止不動的太陽一圈；以地動說取代了天動說。新教的路德（Martin Luther, 1483-1546）不喜此種「假設」，但伊斯蘭教官方並無隻言片語反駁；只是這位天文學巨星的地動說，熱心支持者也不多；修正哥白尼的假設，使之更為精確的是另一天文學家，晚了約一百年才出世的開普勒（John Kepler, 1571-1630），是一名新教徒。

望遠鏡（telescope）的發明，使天文學的進步更如虎添翼。支那人說：「欲窮千里目，更上一層樓」；這是「苦肉計」。試問更上一層樓時的視野，又能擴展多遠？且眼力不達，渺茫更甚。天文學家藉望遠鏡之助，一「看」月球上有山有土，與地球同。更使虔敬的信徒訝異咋舌的是，太陽竟然有黑點，以太陽「喻」上帝者不得不力斥為妖言惑眾的異端邪說，頂撞了教會威權，不少天文學家也因此有了生命上的威脅。教會的學術迫害史，實在是罄竹難書。

嚴肅地來說，從經驗事實或可觀察的試驗結果，要斬釘截鐵地宣佈，天文現象之真正事實屬「絕對」，這是有待商榷的。哥白尼的地動說，引發教廷的不悅；幸而雙方有私交，且哥白尼辯說他的「發現」，只不過是一種「假設」（hypothesis）──有可能是「假」；但伽利略則更進一步地斷定，地動說是「絕對真理」（absolute truth）。地動說或太陽中心說，如以「假設」作為前提，則教廷大概還可大度忍受，但一旦目之為「絕對真理」，則「異端審判所」（Inquisition）必忙個不停。加上伽利略的人格特質，擇「善」自以為是正確之論，命運就不如哥白尼還能免牢獄之災。

第三節　第一位現代化的科學家──培根（Francis Bacon）

　　中世紀人認為古聖先賢中最大的學術權威，莫大於亞里斯多德。大學師生沉迷於亞氏的邏輯，即名之為《工具》（*Organon*）的著作，必是必修科；以《新工具》（*Novum Organon*）直接向老工具挑戰的學者，是英人培根（Francis Bacon, 1561-1626）。後者力倡實驗，高喊知識的實用性；為學若不能有利於人生，並增進學術的廣度及深度，則形同垃圾，可以棄之如敝屣。在《新工具》一書中，他明確地表明，印刷術的發明、火藥的製作，及磁力（magnet）的使用，已改變了萬物的面貌以及世界的狀態。首先出現在文學上，其次展現在作戰裡，第三則在航海中。

　　這些新發明，都不是植基於亞里斯多德的物理學，卻皆取資於自然界本身直接與大自然相親。培根本身也是個作家，寫作具人文味，染有文藝復興的人文主義（humanism）精神。由於他大力吹捧人的科學力可征服大自然，因之與義大利的人文就明顯的有了區隔。新的邏輯工具是歸納（induction），該換掉老工具的演繹（deduction）。冥想沉思（speculation），靜心打坐（meditation），都不是為學的良方。通神論者（theosophists）及入祕探幽的新柏拉圖者（neo-Platonists），都只在溫故，卻對知新束手無策。煉金術者（alchemists）該更上一層樓地成為化學家（chemists），巫術（magic）師不可專依魔法騙人。中世紀人該快速步出門檻，迎向新科學曙光讓它普照於大自然天地。

一、生平及著作

　　出生於倫敦，12歲就入學於英國第二古老大學劍橋（Cambridge）。不滿於該大學之古風，乃憤而退學；其實更老的牛津（Oxford），保守心態最為顯著。培根跟在英駐法國大使身邊，度過兩年時光。1584年（23歲）入國會，平步青雲；1618年還授貴族階為哈德福郡（Hertfordshire）的男爵（Baron Vesulam），

同時位居大法官（Lord Chancellor）要職。1621年更晉升爲子爵（Viscount of St. Albans）。但同年卻被政敵指控在任內收賄賂，導致丟官也失去了國會議員職，罰了鉅款且被囚於倫敦塔（The Tower of London）。事實上，數天之後即被釋放，罰款之事也不不了之。他坦承收了訴訟人的紅包，但判決時並不受此影響。只是此事只有天知、地知、己知，如此而已，又有誰能證實其真假？因爲在培根的時代，如同臺灣在支那國民黨統治期內（1949年之後），「有錢判生，無錢判死」、「法律千萬條，比不上黃金一條」一般。作爲大法官如此重職者，竟然還有非份之想，品德操守著實有嚴重瑕疵。但當時政爭不斷，被對手逮到把柄，使他百口莫辯。在道德情操上，培根不是一位清廉的執法者，但也不是個視財如命的貪官汙吏。高風亮節當然配不上默爾（Thomas More, 1478-1535），但也非雙重性人格分裂症者。培根著作甚多，丟官之後塞翁失馬，反而在學術研究上收穫頗豐。光是書名，即可一眼看出他擬向傳統道別，另起爐灶。《新工具》（*Novum Organon*）、《新亞特蘭提斯》（*New Atlantis*）、《學術的增進》（*The Advancement of Learning*）等，就知他以新代舊；且知識之探討，旨在增加新知，不應停留在舊學上。「溫故」只是手段，「知新」才是目的。

二、學科之分類

(一) 依人的心靈能力，他把學問或學術科目，分成三大類

由記憶力（memory）產生歷史（history），想像力（imagination）產生詩詞（poetry），理性力（reason）產生哲學（philosophy）。

1. 歷史又分人文史（civil history）及自然史（natural history），且也涉及文學史（literary history）。

2. 哲學又分三領域：與上帝有關的神學（*de Numine*），與自然有關的自然哲學，與人有關的人的哲學。上帝（God）、自然（nature）及人（man），是哲學的三大研究地盤。哲學好比一棵大樹，有樹幹，但也有枝葉；有共也有殊。

物理學（physics）是殊，後物理學（metaphysics, 即形上學）是共，二者皆探討
「因」。

(二) 形上與形下

1. 物理學探討動力因（efficient cause）及質料因（material cause）。

2. 後物理學則針對形式因（formal cause）及目的因（final cause）。由於目
的因也是最後因，但「探討目的因，是貧瘠的（sterile），如同處女（virgin）已
奉獻貞操給了上帝，是不孕的」。不如研究形式因。

「四因」說，早就由亞里斯多德提出，培根因循舊貫嗎？不，他在舊瓶中
卻裝入新酒。後物理學（即形上學）既探討「形式因」，形式因就是「定法」
（fixed laws），即固定不變的法則。熱的「形式因」，即熱的「法則」（the
form of heat is the law of heat）。物理學及後物理學，二者合一；前者是動態的，
後者是靜態的、冥思的、沉想的。探討物理學，是要了解物之屬性，以便使人力
來制物，人使物，人役物，人用物，人甚至控制物，而不為物之奴，人是物之
主。物要聽命於人。文藝復興使「人」的地位提升，培根更進一步要求，人向物
進軍，以作為人用，「制天」取代「順天」。理出「物」之則，乃是哲學家的最
重要基本任務。

(三) 自然哲學與數學

1. 自然哲學（natural philosophy）該有運作性（operative），而非只是冥想
性（speculative）而已。運作性的自然哲學，分為兩部分，力學（mechanics）及
奇術（magic）。

(1) 力學（mechanics）：物理學的實際運作。

(2) 奇術（magic）：形上學的實際運作，但不是指迷信或耍魔法，卻在於把
「潛存的形式或法則」（hidden form or laws）挖掘出來。返老還童之所
以可能，是利用食物的消化性質及發揮肉體上的「精神力」（bodily spir-

its）等，則可以延年益壽；以「養生、沐浴、塗油、正確的醫療、恰當的運動等」（by means of diets, baths, unctions, the right medicines, suitable exercises and the like）為主要方法。

2. 數學：自然哲學的「附屬」（appendix），就是數學。

(1)純數學（pure mathematics）：包括幾何（geometry），以處理連續性的抽象量（continuous abstract quantity），如3或5，及算術（arithmetic），以處理間斷性的抽象量（discrete abstract quantity），如3隻筆、5粒水果。

(2)混合數學（mixed mathematics）：有音樂、天文、建築、透視（perspective）、宇宙誌（cosmography）等。但天文學現象，不能純依數學來解決，否則易生錯誤的假設，天文學是物理學的一部分。培根並不完全排斥太陽中心說，但也不欣然接受。天動說或地動說，都可把呈現出來（appearances）的經驗現象解疑（saved）。二說之爭，不能全憑數學及抽象推理。其實，伽利略呼應哥白尼之太陽中心說，是他仰仗兩大武器，一是必然的演算（necessary demonstration），即數學；二是長期的觀察（observation），太陽中心說在釋疑解惑上，較具優勢。

(四) 人學及神學

1. 人的哲學：包括人類學（anthropology, *philosophia humanitatis*）及政治哲學（political philosophy, *philosophia civilis*）。

(1)人類學：人體之研究可細分為醫學（medicine）、美容學（cosmetics）、運動學（athletics）及美藝（*ars voluptuaria*），包括音樂等，這是指肉體部分。至於心靈部分有心理學、倫理學及邏輯。判斷之正確，是人類學的要務。判斷有二法：其一是歸納法（induction），其二是三段論式（syllogism），即演繹法（deduction）。

(2)政治學：人過社會生活，也就是政治生活，可獲利較多；與友伴共同生

活，政府可保護個人免受傷害；且又可展現個人能力於群體中。

2. 神學：啓示性的神學表示，宗教也有神法（divine law）；即令人的意志或人的理性反抗之、抵制之，人也得遵守之。此外「神祕性」（divine mystery）即使再如何令吾人無法可信，或更爲不可能之事，只要一心向神的信，即可，如此更能顯示出光榮無比。信仰之勝利，乃是更爲高貴的。這並非表示，理性在基督教神學上無能爲力，而是企圖在信仰的神祕性上，更能使理性了解神性的奧祕。至於人的不朽性等重大神學問題，就交由神學家去操心，哲學家不必置喙。

三、《新工具》（*Novum Organum*）

(一) 知識即權力

爲學（哲學）的態度，開宗明義，即一清二楚地表達如下：

知識與人力，二者所指的是同一回事（knowledge and human power come to the same thing）。

征服自然，首需服從自然（nature cannot be conquered except by obeying her）。

上兩句引言，都是石破天驚的。學科知識之探討，旨在擴張人力來控制自然界；首先就需眞正的知悉自然，了解果，如不悉因，則是次等的知識；知其然而不知其所以然，在這方面，蠻人不比文明人差，但「因」與「果」，不是那麼單純，卻有深淺、遠近、複雜與簡單等之別。

老工具無法探討眞相，不能得到眞理。三段論式充斥著命題（proposition）、文字（words）及概念（concepts），若這三者語意混淆又抽象，則由此而建立的結論，是不穩固的。殊相的個體物，必須經過耐心的細查，且漸漸步步爲營地得到較一般性的共相或公理。若無足夠的殊相作爲證據，就不可一躍便勿

忙下定論：這是極其危險的，也是未成熟的。

先從殊相的個體物下手，這是歸納法（induction）的重點，先人也知悉。但若只是忙下論斷，這是他反對的。「一葉知秋」型的說法太危險了，只憑少數個例，怎可作為通案呢？知識由感官知覺起，但當中必賴心之合作。傳統的老工具謬誤之大，是源於下結論太過草率，既「不合理，也幼稚」（unreasonable and puerile）。

(二) 去除「偶像」之蔽

人為何產生「不合理也幼稚」的心態，乃由於受到偏見（prejudices）或先入為主（preconceptions）觀念的影響，導致扭曲了事實真相，對具體殊相的經驗予以錯誤的解讀；如同臺語說：「眼球被龍眼換掉了。」心存「偶像」（idols），不予以根除；認知之前，未有此驚覺，則難以保證會得真知。此種現象，老培根（Roger Bacon）早已指出。偶像種類有四：

1. 種族的偶像（*idola tribus*, the idols of the tribe）：人性之脆弱，阻止了客觀判斷的產生。此蔽，各種族皆有。感官觀察物，尤對展現於視器官的那一面須特加注意，別依此以為是全貌。即令佐以工具式的觀察，也難免有此誤。

其次，對早已成習的想法，早就相信的觀念，或合乎己意（正中下懷）者，及引以為樂的印象，不只保留較久，也極力為它辯說；相反的，對異例、反常、厭惡之印象，則儘快丟棄。此外，人難免受情緒的意氣用事（will and affections）所支配。加上多數人只相信感覺可及的，卻不知看不到的那一面或許更為重要。

耽於以偏蓋全，認為抽象結論可以遍及一切，毫無例外，且肯定此「結論」恆久不變。最後，他也警告世人，勿以人的觀點或角度視物。如「睫毛之生，好比眼簾之籬」（quickset），用以護目；皮及膚之堅實，是以禦嚴寒，及防赤熱；積雲下雨，是以供地球水分，這些說法在物理學上都說不通。這些想法，「勾勒住了船，使之無法航行到遠處。」導致於物理原因之尋覓，被忽略

了。只知人因而忽視物因；前者才有發言權，後者只好噤聲。以爲「人是萬物的尺度」，這對萬物而言，是不公平的；以人的立場解釋萬物之因，未能得知萬物之眞因。「人」種也是「物」種，人卻妄自尊大，替物說話；人心就是物心，人理即是物理，人之情也是物之情。支那的宋明理學，就是犯了此謬。「天視自我民視，天聽自我民聽」、「萬物皆備於我」、「萬物靜觀皆自得」等，此例太多，指不勝數。長睫毛可以護目，上帝眞是巧奪天工。上帝造人，確實是製造出最頂級的成品，果是乎，果不是乎？

2. 洞穴的偶像（the idols of the cave, *idola specus*）：犯此錯者，尤受個人的氣質、教育、閱讀所影響；局部化、特性化、個別化更爲明顯。目光受到獸穴或洞口所限。若以蠡測海，以管窺天，則失眞是必然的。此種警告，柏拉圖早已預知。

3. 市場的偶像（the idols of the market place, *idlola fori*）：源於語言媒介而生的蒙蔽。語言文字有時無所指謂，或無相應的物作爲其描述的客體。有些文字或語言，如不與上下文一起聯看，而只予以孤立或隔離，則歧義與曖昧（ambiguous and vague）就勢所難免。菜市場人多口雜，言屬「謠」者必多。希臘辯者也早已指出此弊。

4. 劇場偶像（the idols of the theatre, *idola theatri*）：過去的哲學體系，只不過是如同劇場表演。其中不實或虛假者有三：

(1) 強辭奪理式的（sophistical）：代表人物是亞里斯多德。他的辯證法，傷及自然哲學。

(2) 經驗取向式的（empirical）：取材既窄又少，觀察也模糊不明。當時的化學家以及1600年出版《磁力學》（*De magnete*）英國醫生，物理學家的吉伯特（William Gilbert, 1540-1603）爲代表。

(3) 迷信式的（superstitious）：帶有神祕色彩如畢達哥拉斯派哲學屬之，更精緻化卻也更危險的，莫如柏拉圖及柏拉圖學派者。

經驗雖是眞知的來源，但只依經驗，是不足的。暗中摸索，隨便抓住一線

索，即以爲可以得出眞正的正確方向可以迎向陽光；不如燃起火把，以清楚道路。經驗是要計畫的、要試驗的；但只憑試驗次數之多，也不足以濟事，須有更完善的安排就序，條理分明。

(三) 以熱爲例，說明眞正物理科學之歸納研究成果

1. 先舉出熱一旦呈現時的各種案例，如太陽光線、磁石互擊的火花、動物的內臟、咀嚼金蓮花（nasturtium）等。

2. 反例：如月光、星光、彗星之光，對皮膚而言並無熱感。

3. 熱度之增減表：動物一運動，熱度即增；發高燒時體熱也增。把加熱時或減熱時，二者作一比較，發現何種狀況存在或不存，且存在或不存之程度，是否與熱之增減相一致；或冷熱不同時，何種性質不受冷熱之影響而依舊存在。

他大力譴責英國大學只賣弄文字，以曖昧又深奧語辭嚇人。他走在時代前端，且異想天開地出版他的夢幻作品《新亞特蘭提斯》（*Nova Atlantis*），預期將會有飛機及潛水艇的發明，的確是現代科學的領航家。可惜他未重視數學的價值，並過分誇大歸納法的運用，以爲只要正確工具俱備了，則人人之智慧就可拉平。「留給腦力的銳利（acuteness）及稟賦（strength of talent），插上手的不多。」工欲善其事，必先利其器，有圓規在手，庸劣者也能畫出一漂亮的圓形，實在把方法的功能極大化又神奇化了。科學研究中，「假設」的提出，不可或缺；此一部分，歸納法使不上力。他或許也知「假設」之重要性，但此部分的成就，不得不歸功於後繼者。

第四節　第一批現代政治哲學家

由中古邁向現代，在政治思想上，有下述明顯的爭議話題：

第一：王權至上乎？中世紀學者咸認爲政府與教會的關係，該是政府自給自足，保有獨立性，不受教會之干擾；尤其在非關宗教事務上。且主張教會隸屬於政府之下，雖然他們也並不喜歡絕對的威權主義。教廷及政府，都應有協調權力的機置，設有審議單位。憲政味十分濃厚，但十五及十六世紀時，政治上的絕對主義（political absolutism）現象卻是常情。

英國在都鐸王室（Tudor, 1485-1603，即Henry Ⅶ 1485-1509到Elizabeth Ⅰ 1533-1603），西班牙在1469-1598年，法國從1453-1789年，帝王都持生殺大權。除非暴斃、被謀殺，或駕崩，否則無人敢攖其鋒。權力之大，如同支那歷代皇帝。

權力如同鴉片，上癮的吸力超強，絕對的權力在手，一呼百應。「君要臣死，臣不得不死」。法國在大革命（1789）之前，「君權神授」及「朕即天下」之作風，肆無忌憚，這些都是歐洲當時大國的政治實情。但政治理論家，包括新教及舊教，都認爲治權該有限制。法不是單一的，卻有三：一是永恆法，即宗教法（canon law, eternal law）；二是自然法（natural law）；三是積極法（positive law），也就是「民法」（civil law）。自然法是最高法，自然權也最爲神聖不可侵犯。王權政體（monarchy）並非唯一的合法政體，希臘先賢對此早已提及。

第二：各地或各邦割地自雄。地方分權的政體，實不利於經濟狀況之改善，人多口雜，行政效率大打折扣。不如把地理上有明顯疆域的管轄區，整合成單一的國，如英、法、或西班牙；至於義大利，在文藝復興時代，雖文教鼎盛，各地貿易發達，卻無統一型的國出現。義大利在當時只是個地理名詞，而非政治名詞。政治理論家的馬基維里（Niccolò Machiavelli, 1469-1527），對此尤覺敏感，他相信爲了達到建立一安全、穩固又統一的政權，非走權謀霸術之路不可。

　　第三：同樣呼籲建立統一又中央集權式政體的另一政治理論家，是英人霍布斯（Thomas Hobbes, 1588-1679）。兩人相隔約一世紀時光，二者之立論，皆本於心性上的自我心理（egoism of individuals）。阻止各地之分崩離析，唯有賴強有力的中央政府，才能確保人人的安全。離群索居，最無法使人人享樂取利；唯有在中央政府的強力保障下，人人才能既安居又樂業，既幸福又美滿。

　　第四：統一型又中央集權型的國家一旦建立，則民族（種族）（nation）之意識，也跟著萌生。單一種族而形成的國（nation-states），可以使種族情與國家情二合一。人人營造共居的社會生活，植基於所有人的同意，至少也默認大家簽的契約（contract）。掌權者要履行簽約或人民同意所交付的職責，大權獨攬或受限制，也本諸於此。其中含有濃厚的道德意味。

　　第五：中央集權式政體，涉及自然權利（natural rights）及自然法（natural law）。「集權」是程度問題，有絕對或有相對。自然法及自然權利之中，私有財產（private property）最為重要，帝王權再如何絕對，也絕對不許侵犯個人的私有財產，這是個人同意賦予帝王權的最後絕不退讓的底線。一旦私有財產權不保，人人可以行使抵抗權，這是所有政治理論家一致的共識。

一、馬基維里

　　基本態度是政治權力之增減，不必考慮道德因素；方法及技巧之「術」第一。為達目的，可以不擇手段。他呈現給有權者的一本著作《君王論》（The Prince, 1513），以成敗論英雄，是中心要旨；成者為王，敗者為寇。守信或正直廉潔（integrity）等良好素質，對一位君王而言，是不必然要具有的；但在表面所呈現出來的，是擁有這些好素質，卻是必然需要的。

　　仁慈、忠誠、人道、對神虔敬又正直，這都是好素質，但君王在需要時，卻可反其道而行。因為人民之判斷，大半都以最後成果來評定好壞。為了國家之安全及全民之福祉，在達成此光明正大的宗旨之過程中，即令要些非道德的權

謀，也在所不惜，且也理直氣壯。目的既正，則方法也必正（the end justifies the means）。若社會趨於無政府狀態（anarchy），人人必災難頻頻，君王須處心積慮阻止之。試問又有何種品德比這更為高貴？就道德而言，使人人免於無政府狀態之苦的君王，不是最高的道德嗎？固了權，又持了權，是政治人物的最大目標。不此之圖，則一切道德上的良好品質，終將落空。大德既擁有，則出入性的「小德」，又有何妨？支那的孔子也早有此明示。至於嚴格到要求大德及小德皆完美無瑕疵，這是強人之所難。

(一)道德與政治的分野

二者雖有交集，但也有各自獨立的領域。馬氏也知悉，道德敗壞，政府腐化，則社會必解體。他感歎義大利人之操守，比起古代世界，是大不如前。他不反對基督教的倫理觀，不過對於教徒之崇尚忍辱負重及卑微（humility），甘願受苦受難，卻認為這是對基督教義的錯誤解讀。此說其後使尼采（Nietzsche）眼睛一亮；尼采也認為該種倫理觀，是弱勢族群如蟻蜂式的品德（herd morality），超人（superman）必嗤之以鼻；因為對方必軟土深掘，得寸進尺。馬氏評論，許多人以為世事早已定調，人之命運，上帝早應就安排好；他反而倡導人力可為。君王奮鬥奪權，是該讚美的。得勢在位又享大權的君王，必是能力超群者，出類拔萃，鶴立雞群。若令出不行，處士橫議，則再好的法，也是形同具文。

基於人的自私及自我本能，一旦處在無法又無天的敗壞社會裡，必大展人的醜惡面。惡人趾高氣揚，更為囂張；善人備受蹂躪，萬民企盼的是有強人出，或許才有拯眾生離苦海的可能。一人治是最好的解決途徑，柏拉圖的理想國就是如此。治者是哲學家皇帝（philosopher-king）、創造萬物的是上帝（God）、救世者是上帝的「獨生子」，都不是複數而是單數，馬氏的政治理論，在此合乎古道。

任何共和國或帝國，初始之時就秩序井然，或能百分百改造舊體制。此種狀況是少之又少，甚至絕不可能。除非由一人包辦，這已是一種通則了。因此，有必要單靠一個人來設定方法，且依他之心意，來進行各種組織工作。

此種說法，是針對他當時所處的義大利情勢而言。由君王一人立法，由立法來進行道德行為的獎懲，則該國必統一又強大。道德不能主宰一切。在軍事上，「兵不厭詐」；作戰還要講求誠實，此種「理論」，還未能成為實際，政治亦然。

(二)政治理論以實情為依

義大利在馬氏時代，「諸侯」並立，卻相互不以人民利益為優先。米蘭（Milan）為行政中心的倫巴底（Lombardy），搶奪與肆虐為常事；南部的那不勒斯（Naples）及中部托斯卡尼（Tuscany），向人民強徵高稅，以榨乾百姓錢袋為能事。馬氏憂心忡忡，但願有個政治手腕超絕的君王，能一統義大利天下，使義大利從地理名詞轉為政治名詞。可惜他的此一願望，也得等到1861年時才有個義大利王國出現，1946年才出現義大利共和國。倒是馬氏力倡的政治不與道德發生糾葛之說法，許多政棍是樂此不疲，卻忘了馬氏之政治理論初衷。

平實而論，人人若一生皆秉持以最高的道德原則行事，包括政治生活，則在此種「烏托邦」社會還未蒞臨之際，人人將遭遇不易適應之苦難，不是早已斷了今生生命就是悲憤終生。倖而存活者，也因曲高和寡，孤掌難鳴，知音寥寥無幾，憤世嫉俗，無助於保國衛民。馬氏只悉古代義大利的羅馬共和政體，他如稍捻支那「聖賢」高談闊論以德治國而生的政治實情，必心有戚戚焉。原來在政治與道德不分的東方國度裡，百姓所享的安全與福祉是多麼的不堪入目，不過，執政治學獨立於道德之外，首倡者卻是馬氏。

二、默爾（Thomas More, 1478-1535）

　　英格蘭大法官默爾（Lord Chancellor of England）被英王亨利八世（HenryⅧ）斬首，罪名是不承認英王才是英格蘭教會（Church in England）的最高權力單位。默爾是舊教徒，信奉天主教，認為羅馬教廷可以指揮各地教會，包括英國在內，因之犯了大忌。在政治理論上，他未讀過《君王論》，卻在《烏托邦》（*Utopia*, 1516）一書中，強力表白與《君王論》針鋒相對的主場。他取柏拉圖的共和國為榜樣，極力批駁當時的社會及經濟狀況，心中浮現出一種理想的願景，但願人人過單純樸素的生活。名與利，都如過眼雲煙，稍縱即逝；商場上的剝削，大傷人文氣質，人性已大為走樣。默爾的此番說法，現代的社會主義學者，是額手稱慶的。

(一)美化農耕為主的社會

　　貴族階級一興起，古代農業自耕的社會組織從而解體，默爾對此，頗覺惋惜與指責。農地之出賣，把肥田變為牧場，以供養牛牧羊之用；木材賣到外地，變成奇貨可居，獲利甚豐。貪財又聚財於少數人手裡，致使多數人貧無立錐之地，飢寒交迫；國家又制訂嚴刑峻法，來處分偷竊犯，但走險者不減反增。民以食為天，既吃不飽、穿不暖、住無定所，則冒死者必前仆後繼。政府忙於征戰搞外交。兩軍對峙時，苛稅及酷政，必烈於平時。息事時士兵返鄉，已無田可種，犯罪率之高，甚於往昔，罪惡案件層出不窮。

　　以家庭為社會單位的農耕式生活，是默爾的夢想，農業家庭中，無私有財產，一切都是家人所共有。錢也不必存在，紙幣金幣銀幣，更不用說了，彼此以物易物（barter），猶如白人以白洋布交換印地安人的土地一般。人人都是農夫，但卻不可目不識丁，是要接受教育的。生活既無虞、不匱乏，一天勞動6小時就夠了，閒暇時光則充作文化活動之用。只有戰俘或被判為罪犯者，淪為奴工階級，工作之量較多也較重。

(二)宗教寬容

　　強調農業生活的默爾，在信仰上則不提基督教的啟示，卻單純地以自然宗教釋之：大部分的異音或論調，都應予以尊重，不許厭煩、迫害之，而是都該寬容以待。但若有人不信上帝之存在，福音之必臨，靈魂之不朽，來生之獎懲，則這些人不許服公職，他們是居人之下的（less than man）。自然宗教及自然道德，是不會出問題的；私底下對自然宗教及自然道德，有何想法，都不必介意在心。宗教戰爭對他而言，是不可理喻的；因信仰而開打，他必駭異莫名。不過，若一個人在信仰上不在乎，認為信什麼都毫無差別，他是不予苟同的。

(三)道德與政治不許分離

　　政棍口口聲聲營造公共的善，卻從中賺取便宜，己利盈取，不可勝數，這是他要厲聲譴責的殘渣。善待受刑的犯者，如同他持信仰的寬容一般。此種心態都走在時代前端。以道德來牽制政治，這是有點保守的，也是返觀復古式的，一心一意以互助合作為共組社會生活的大前提。只是時代齒輪並不向後轉動。這位基督聖徒（1935年被教會封為聖者，Saint），帶有濃濃的人文主義色彩，處於資本主義將崛起的時代裡，隻手難以撐天。

　　義大利的馬基維里，政治眼界不滿於義大利各地諸侯的各自為政，乃期望有個君王能統一全義大利；但他是否進一步，企盼有個帝王能統一全歐洲，且統一全地球上的各洲。默爾在這方面，目光是以羅馬教會權力最大、最絕對，各地教會都視之馬首是瞻。英王為了離婚事與羅馬教皇鬧翻，自認是英國教會的權力至尊者（Supremacy），默爾公開反擊，遂導致上斷頭台的厄運。

三、虎克（Richard Hooker, 1553-1600）

　　影響洛克（John Locke）政治理論甚大的虎克，先釐清了自然法（the natural law）與永恆法（the eternal law）之異同；永恆法是上帝法。自然法有二，一是

無自由意志者所行的法，一是有自由意志者所行的法；後者即指人，人之法，有遵守不遵守的問題；前者則無此問題。人因有理性，經由理性而形成一般性的法，也是大家都同意遵照且信守的法。

(一) 三法之區別

1. 永恆法：即上帝制訂的法，書寫於聖經教義（Scriptures）中。
2. 自然法：無自由意志者所守的法，如礦、植、動物及有些人所信守者。
3. 自然法：有自由意志者所守的法，理性的人，依理而行。

　　天主教會堅持聖經教義及教會傳統，二者合一的法，但取決於教會傳統者多。過去的宗教法，既本於永恆法的聖經教義，權威性最高；新教則堅持回歸到原有的聖經教義本身所生的永恆法，不理會教會傳統的法規，並且以自我的闡釋（即良心的運作），作爲理解聖經教義的資源，排除教會傳統的說明。虎克認爲，要是聖經教義此種永恆法意義明晰，則取之爲最高權威乃理所當然；其次，若聖經教義之經文，語意晦澀或曖昧，則該參考教會傳統；第三，若經文及教會傳統都有待澄清，或不足以適應新的情況，則理性才是解決紛爭的最佳利器。理性在立法中的重要性，明顯現出，是現代與中古甚至古代的最大差別處。自由意志，正是理性的一種象徵。

　　理性的運作，使人領會離群索居，根本無法維生並謀生。尋伴結侶，乃是自然現象，也因之形成自然法。政府、社會、國家法規之出現，乃勢所必然，共營互利生活。

(二) 同意（consent）之觀念

　　同意，乃是成立民事政府（civil government）最不可或缺者：無同意，就沒有理由認爲自己可以作爲他人之主人，或爲他人作判斷。衆人同意立的法，也需本諸於有利於良好生活而來，這才符合自然的要旨。若治者立的法，不明顯地取之於上帝，或不本諸治於人者之同意，則該法無權威可言。此種治者，等於是暴

君。未經大眾批准的法，不成爲法。

　　取代大眾同意的便宜方式，就是有議會（Parliaments）或審議會（Councils）等集會（assemblies）之單位，進行同意工作。若大眾無參與立法工作，則立的法又怎能獲得大眾的尊敬？合作是永恆不斷的，我們此一代與先一代共存，先一代則也與更先的一代共存。各代之共存，表示各代要相互合作，共同立法，也共同司法。

　　至於超自然的義務（supernatural duties）所定的法規，則來之於上帝所啓示者，在這方面，虎克對托瑪斯的意見，不加減一字一辭；契約或同意（contract or agreement）之理念，由他提出。政府之存在，不是純屬人爲的造作，卻是自然的產物，國家或政府，也非只是在糾正人性的自我觀念而已，這是消極的；其實，政府、國家、社會的積極功能，不可小視。

　　至於信徒之隸屬英國教會或基督教會，二者並不衝突，因都不違反宗教或理性。英國人也是基督徒，而基督徒可以屬於羅馬教會，也可屬英國教會；二者無甚區別，尤其是英國是基督教國家時，更爲明確。至於天主教徒及喀爾文信徒（Catholics and Calvinists），他們也都是基督徒。

四、政治哲學家格勞秀斯（Hugo Grotius, 1583-1645）

　　自然法是依天性。人性、動植物性，甚至礦物性，都是天性。就所有生命體而言，人及動植物，皆本諸於求生此種本能式的天性，來訂出行爲的指揮法則。希臘懷疑論者卡內阿德（Carneades, 180?-110? B.C.），不承認一種稱爲普世性且必遵守不違的自然法，也懷疑自然法之存在事實，因爲人人都各取所需，且都各自爲利。但荷蘭學者格勞秀斯於1625年出版《戰爭與和平法》（*De iure belli ac pacis*），在《序言》（Prolegomena）即言：

　　人確實是一種動物，但卻屬於一種超級者。人的特色甚多，其中之一是：渴想過社會生活，活在社會裡，而非其他種類的生活，更擬過和平且有組織的生活，依人自己的智力來斷定……。因之，以一種普世性的真理來表述，可以確信的是，任何動物都秉其天性，來尋求各自的好處。此種真理的堅持，是不能讓步的。

　　此外，人更具備一種判斷力，「了解現時及未來的利與害，也知不趨利避害，將有什麼後果」。最後，「若不依此種判斷而有變卦，則一清二楚的是，違反了自然法，也就是說，違反了人性。」

(一) 人性，就是立法的準則

　　即使人並不缺什麼，也必然會生活在社會關係中。自然法吩咐也交代著，要遵守諾言，基於彼此之同意，共同簽約，而形成國法。因之，自然也就變成「共營生活法的大祖母」（the great-grandmother of municipal law）。單獨的個人是無法謀生的、不足的；在國與國之交流日趨頻繁之際，國際間也該有個國際法（the law of nations）；這不只是權宜行事，且也是一種「自然的正義」（natural justice）。

　　正義有個人的，也有群體的：好比德有公德也有私德一般。只求私德而不計公德，人人無法營造和平的社會生活，國亦然。正義與德，適用於個人，也適用於國家，且擴大成為國際。個人、國家及國際，都必要有遵守正義及道德之「法」。因之，戰爭也只能基於貫徹正義之行，不許只是為了個人及己國之利，而作出羞事；若純粹基於只是「愛己或愛國」此種「正當」目的，並不確保手段、方法、工具之正當性。

　　可見，戰爭與和平時期，都得遵守「公法」（common law），法雖有自然法（the natural law）、民法（the municipal law or positive law of states）及國際法（th law of nations），甚至有基督教會法（the positive Christian law）之分，

但皆由自然法所衍生。

(二)對治者之抵抗或叛變（resistance or rebellion）

在善者群中，一種原則，不論如何是確立不疑的，即若權威單位（anthorites）發佈任何違反自然法之律令，或不守上帝之旨意，則不必予以遵守。

一旦國王正式又公開展現成爲全民之敵，或不理國政，疏忽職守，則抵抗權或以武力予以抗衡，這是正當的。抗議不公不義之戰（unjust war），是允許的，雖然戰爭必帶來傷害。公義之戰有三：一是抵禦外侮，二是收復失土，三是「懲戒」（punish）他國顯然侵犯自然法。

1. 抵禦外侮：此種戰是防衛性的（preventive war），但要有明顯跡象顯示出外國確有侵犯之舉，不可只是爲防衛理由而出兵，這是出師無名的。其實外侮者是把利放在第一，或擬占有更佳土地，甚至以爲如此，可以使他國人民更能獲良好生活，或以拯救他國人民爲藉口。

2. 爲公「義」公「理」而生干戈，若一旦理站不住腳而生疑時，則應鳴金回朝。即令義正辭嚴，也不該冒然從事，在不得已時，也該以和平爲念。

3. 國際法該遵守，如同個人與個人之間該遵守諾言、合同、契約一般，是一種道德義務；但如能經過協調或仲裁，則該予以避免。一旦開戰，也該仿人與人之間的訴訟，程序要正當且合法。

五、教皇權與帝王權孰高孰低之爭議

中世紀時代雖已結束，但中世紀時，兩個最有權力單位的權力之爭卻未歇；緊接而來的文藝復興及宗教改革時代，此一爭議之熱度更未減反增，神聖的天主教會完全屈服於世俗的帝王之下，那是天方夜譚。教廷（Holy See）地位最高，幾乎重要的主教都一致認爲，教皇權雖對現世俗務不擁有直接權，卻享有間接權；世俗利益「必」爲下，精神價值最爲崇隆，「必」爲上；人生以追求超自

然爲目的。人世間的統治者，並非教皇的代理人（vicar），帝王的治權並非直接秉諸於上帝，君權不是神授的；君權之威勢取諸於政治社區，但最終仍源於上帝。換句話說，君權「直接」由人民所賜予，「間接」來之於上帝。前者有立即性，後者則無。

在王權高漲的時代趨勢中，掌中央集權制且也提出君權神授論的帝王，如英王詹姆斯一世（King James I of England, 1566-1625），對於上述天主教之言論，付之一炬。上帝的代理人雖是教皇，但教皇的代理人卻非帝王。帝王權乃是人民之同意所授予，因之當人民不同意時，或帝王違反、濫用或疏忽當時簽約所該履行的義務時，人民有權予以去位。此種政治學說，早在十一世紀即出現；十四世紀時，此說仍流行不已。「弒君」（tyranicide）猶如支那孟子之所說，只不過是「殺一夫」而已，不足以大驚小怪。擁護教皇權不遺餘力的耶穌會（Jesuit Society of Jesus），成立於1540年，不少該會成員公然爲文支持一種理論，認爲將暴君置之於死地，不犯法也無罪可罰。上帝是神，人人不只敬之，還畏之；人人包括教皇及帝王。上帝不准許暴君存在，因之「抗暴」是可以鼓勵也該接受的。

法王亨利三世（Henry Ⅲ, 1551-1589）被襲而死，耶穌會教徒爲文公然支持，文件遂被法國當局（即議會Parliament）焚毀。

耶穌社的創辦者羅耀拉（Ignatius of Loyola, 1491-1556）是西班牙人，該社的大本營，就是西班牙。十六世紀的西班牙，靠無敵艦隊（the Invincible Armada）成爲全球海上霸主，占領臺灣北部一段時間。「國際法」的研究，也就如同幾乎同時雄據臺灣南部的荷蘭一般，都是荷蘭及西班牙學者關心的思索對象。

(一)維多利亞（Vitoria, Francisco de, Francis of Vitoria, 1480-1546）

是西班牙天主教神學家，不容情地斥責西班牙殖民者在殖民地上的暴行。求學於巴黎，加入道明派，義正辭嚴地指出，征服新大陸不合乎正義原則。只因一民族不信基督或不願放棄舊信仰，就對之宣戰，這是不公不義的。不信基督者不該受罰，他們有權享有自己的財產，有權擁護本族的領袖。白人「發現」（dis-

329 | 第三章　現代哲學的黎明期

cover）新大陸，是用辭不當，因爲該地早有人居，白人不能主觀的純用自己眼光對待有色人種。除了少數例外，如出於自衛或矯正嚴重的不公事件外，一般戰爭都是不該發生的。雙方該進行和解或仲裁。人民憑良知判斷的戰爭如是非正義的，就有權利拒絕參戰。

1. 人人要過群居生活而形成「社會」（society），就必須立法，要求人人遵守秩序，違反者該受處分。此種立法，也是本諸自然法（natural law）而來。有些行爲準則是大家同意的，如兩國交涉，不殺來使。

2. 奴隸制度之存在，只有一理由才准許，即基於刑事上的考慮，這是站在服役的觀點。維多利亞本人厭惡當時的奴隸制度，曾親自到葡萄牙首府里斯本（Lisbon）請教奴隸販賣商，在坦誠交談之後，知悉買賣奴隸，純是一種商業行爲；如果竟然還有商人藉神聖動機，認爲販奴旨在改宗非教徒成爲基督徒，此種說辭，他認爲了無意義。不過，刑法罪犯理該成爲划帆船（galley）的奴工，此種習俗他是同意的。

(二)蘇亞雷茲（Francis Suarez, 1548-1617）

是國際法始祖之一，也是托瑪斯之後最偉大的教父哲學家。1564年入耶穌會。著作幾乎成爲天主教的舊教及基督新教的最權威大學之教科用書，反對英王詹姆斯君權神授說法，遂發生他的著作在倫敦聖保羅大主教堂（St. Paul Cathedral）被焚事件。堅持政治權力之取得，最初時的狀態是人民的同意；其次才有文字或口頭上的契約或合同。自然權利或自然「法」，保障人人皆不可讓渡的擁有生命、財產及自由權利，亞里斯多德以爲有些人「天生」就註定爲隸，確是這位大哲最不可原諒的說法。白人統治地區之外的「屬地」，人民也都有主權，在法律上完全與西班牙及白人國家相同，不多也不少。

國家法（the law of nations）與自然法（the natural law）之異：嚴肅地說，個別的人不可能單獨維生，個別的國亦然，因爲無一國可以「完全」自給自足。「在家靠父母，出外依朋友」，國家也是如此。離群索居，非常不方便，也在安

全上堪虞。個別的人與個別的國只靠「自然法」，是不夠的。

主權在民，違反此「自然法」之君，必是暴君；抵抗之，甚至殺害之，是行使自然法的一部分。

蘇亞雷茲求學於西班牙西部沙拉曼卡（Salamanca）大學，研究宗教法（canon law）。1564年入耶穌會，曾在數所大學，包括羅馬及母校任教神學，著作甚多，宗教信仰極爲虔敬，神學及哲學都是他的興趣所在。深信神學家必須對形上原則及冥思沉想之基礎，有深厚的了解，無此，則神學家的說法必生矛盾與錯誤。

1. 教父哲學家、耶穌會或道明派，一向尊亞里斯多德爲最偉大哲學家，卻不承認亞氏說法屬百分百正確。就以上帝存在之證明而言，不可以取物理學論證（physical argument），但亞氏卻說：「萬物之所以動，都來之於有個動者」，這個動者就是上帝；蘇亞雷茲則認爲，動也有自動者，並非一切之動，都是被動的。證明上帝存在，該取之於形上學而非物理學。擺脫亞氏學，正是邁向現代的一種明徵。物理上的組合分子（composition），是形式（form）與質料（matter）；形上的組合分子，則是存有（essence）及存在（existence）。二者性質不同，不宜混爲一談。物理上的組合是有形的、屬肉體界的；形上的組合則純是精神界的、心靈界的。

2. 名與實的存在及相關問題：實之存在，以及實與實之關係，屬物理上的；名之存在，以及名與名之關係，歸形上領域。名與實之關係，純是心靈上的運作；名與實符合，乃是具體與抽象的連貫；名不符實，如有眼但失去「視」之功能，這是一種「缺失」（privation），以「失明」（blindness）之字表之。但人面獸身，只見及centaur這個「字」，卻無此「物」，那是一種「虛無」（negation），根本不存在。但只是不存在於「實」界，「名」界卻有；憑想像（imagination）或幻覺（illusion）而生。

遵守教父哲學傳統，認定亞里斯多德所提的上帝，是第一個不動的動者（the first unmoved mover）。基督教哲學家如奧古斯丁，引入了「創造」理念

（the idea of Creation），托瑪斯則把亞里斯多德主義（Aristotelianism）與創造主義（creationism）二者冶成一爐。亞氏分辨「質料」（matter）及「形式」（form）之區別，托瑪斯更進一步解析「存有」（essence）及「存在」（existence）之不同；如此，更悉數包括萬有一切了。外表的「動」（act），顯然受到「潛能」（potentiality）所限，「存在」（existence）與「存有」（essence）之關係，如同「動」與「潛能」的關係一般：「存有」如「潛能」，「存在」則如「動」。

essence 比如 potentiality

existence 比如 act

蘇亞雷茲也提出接近柏拉圖學說中之「原本」（original）及抄本（copied）說，「分受」（participation）之意更爲明確；且一清二楚的表明「造物主」（Creator）及萬有（created）二者之關聯；被創造物是一種「偶有性」（contingency），也是有限性（finitude or limited），是完全依上帝的。上帝則是「存有」（essence），被創造物是「存在」（existence）；若一切的「存在」皆無，則「存有」也落空。因之可以說，他屬「存有哲學家」（essentialist），而非「存在主義者」（existentialist）。

3. 法律哲學：以神學爲研究職志的蘇氏，認爲法學研究也是探討神學的一重要部分。人的一生，是期待上帝的救贖（salvation），而以自由行動（free act）及道德正直（moral rectitude）爲途徑。道德之能步入正途，大部分是依法而來；而上帝是最高的立法者。法有二，一是宗教法，一是人間法。二法之本源，皆是上帝。神學之法學家，地位高於道德哲學家，其理在此。托瑪斯之廣受衆人崇敬，原因也在此。

1. 取托瑪斯爲法所下的定義，法是一些規則及衡量標準，人之爲或不爲，依此。法涉及義、當、該，是規範性的，人人有義務遵守，否則不配稱爲法。因

之：

(1) 法必須頒佈的才算數。法之旨，在於增近公共的善，而非本諸私益。

(2) 立法者須具有治於人者的立法資格。

(3) 人人在法律之前，義務分配須公平，且具有可行性。

把道德的「該」（*ius*, right）化為法律的「則」（*lex*, law），才是立法的精神。

2. 理性運作，是道德加上法律的必要媒介：有些行為律令，理性的人是通通接受的，如「荒淫是錯的」（adultery is wrong），那是「自明真理」（self-evident truth）；有些則須透過省思，如「放高利貸是不當的」（usury is unjust），及「欺騙是不能合理化的」（lying can never be justified）。

人是理性的動物，有些律則，並非人人動腦筋，就一想即通，或稍想也通。但無知，不能作為藉口，也不能因此免受責罰，應遵守摩西的十誡（Decalogue），不可用無知來逃避處分；「誡」是帶有強制力的。不過「不許殺」（thou shalt not kill），是十誡之一，但「不許殺」的條件、狀況、情境，若有變化，則應深思熟慮；猶如柏拉圖對話錄中舉的「例」一般，即「有借有還，再借不難」。守諾言、誠信不欺是作人的最基本道德準則，但如有人借刀給友人且要求還刀，友人在還刀之際，卻發現刀的原有主人發瘋擬殺人，又知悉若他持了刀則有可能把他人置於死地，則決定不履行「有借有還」的信用原則，並且該盡作為友人之責，送病人就醫，等恢復正常時才奉還他本有的財產（刀）。

你不許自我作主的有權殺人，把自己當成侵犯者。

上述誡令，未明示一些複雜的偶發狀況。理性的人，該運思以便知悉此誡令之深意。

依自然法，人人擁有私己財產；但政府若基於正當性（如在某些刑事案件上），則有剝奪人民私有財產的權利。

3. 人與人之間，國與人之間，及國與國之間，都維持一個統一體：作為整個人群的一分子，先表達出人的理性面，即道德及政治上的互助合作，愛，及慈；對陌生人亦如此。互助合作才是美德。因為彼此都無法相互絕緣，前已言之。地球上的各地或各國之人民，都是一家人。家有家規，國有國法，則國際之間也該有共同遵守的準則。除了自然理性之外，另佐以由習俗而成的慣性法。

自然性的社會，第一種組織即家庭，擴大之即成為政治性組織的國家。對個人之安全、和平、文化之增進、文明之提升，都有幫助。法之訂定，不是針對某一「個人」，而是為了全民。人生下來即享自由身，自然並不禁止人之自由。但人在家或國裡，不可如同烏合之眾，形同只是有機體的組合而已，而是含有「心意」的，即本諸理性而形成人為的政治體，那是有法制性及道德性的，也賦有共同的使命感及義務觀。家有家長，國則有元首，如同人有頭一般。

4. 社會契約說（social contract）：法、權、力之獲得或使用，使「治人者」（帝王）可治「治於人者」（百姓）。最具理性的基礎，就是本諸於雙方之同意，如此，則雙方相安無事，共體時艱，和好相處。此種政體，絕非純屬人為的造作，而是自然的產物。政治社會之存在，係基於人性的基本需求，是必要之舉，且是必要的善，是一種「自私心的開明」（enlightened egoism）措施。至於政體結構如何，悉聽人民尊便，並無固定模式，只要人民之「同意」即可。

就實際上也是歷史上的事實而言，人人組成的社會團體，家及國，都是存在的。至於國際上是否也該有個具體的政治體，他說過去、現在及未來都不必有。取亞里斯多德的觀念，理想的政治團體是小國，疆土遼闊之國相當難治。

5. 去除暴君的合法性及正當性：暴君有二，一是不正當的、且以武力奪取政權，二是合法取得政權，但施政方式卻是採取暴虐方式，只要是暴君，全國人民皆可挺身而出予以革除。此種抗暴權，來之於「自衛權」（the right of self defence）。但無論如何，自衛權之行使，不可無限擴大到殺害後者之暴君，否則成了謀殺犯罪者（murderer）。但若暴君恐嚇威脅人民之生命，則人人可以自我保衛，即令置暴君於死地也在所不惜。把非法篡位者殺死，是恰當也適宜的，一

來可以使國家逃離苛政，一來，可以使國家免於犯下更大的罪過。上述說法，似乎不一致，但或許可以這麼解釋，如暴君以「命」相脅，則可以也「命」抗之，且也以「命」脅暴君。「命抵命」，是合法的「正義」原則。堅信天主教的他，對於帝王權無止境的擴大，當然期期以為不可，絕對的帝王權，一定不聆聽人民的聲音，那不是淪為暴君嗎？

　　6. 帝王權管轄世俗事務，教皇權及於精神層面，後者位階高於前者：教皇對帝王有間接的指揮權，不只針對帝王個人，也旁及帝王的治理權，但不是指法律權。「法律權是一般所謂的直接權，不只是勸導、警告或要求……（更是）帶有一種義務力（a strict power of obliging）」。

　　帝王在精神層面上，屬於教皇的臣民，在該層面上得完全聽令於教皇。教皇不篡奪帝王的世俗治理權。但為了精神層面的緣故，可以間接干涉帝王權，「尤其在對付分裂主義者（schematics）及固執的異教徒（stubborn heretics）」時，懲罰方式如開除教籍（驅逐出教，excommunication），必要時則剝奪王位。至於非基督信仰的皇帝（heathen monarchs），如伊斯蘭教或佛教國家之國王，教皇可下令臣民，在擔心有道德沉淪之危時，不必為國或王效勞。依此見解，當帝王高喊君權神授，或要求離婚另娶新歡，如英王亨利八世（Henry Ⅷ，1491-1547），或「抗議」天主教的措施而有教會分裂之虞的「新教徒」（Protestants，該字本意是「抗議者」），如1517年獨派的路德（Martin Luther, 1483-1546）之主張，都因違反「天主教」（catholic，有「統一」意），教皇都有實權予以嚴厲制裁。

　　7. 戰爭：戰爭本身不是一種壞事，更非罪惡。為公義而戰，不是該稱讚嗎？為防衛而爭，也是勢在必行，且是一種義務。合乎「義」之戰，誰說不宜？

　　(1) 用兵必師出有名，最大的名莫如教皇：教皇下令戰爭，最名正言順。因為教皇的權位是最頂級的。其次，基督教內的各國如有紛爭，必要以戰爭作手段時，則必須得到教皇的允許。

　　(2) 「義」戰才理直氣壯：嚴重的不公不義，無法以其他方式獲得補償，則

兵戎相見，是「最後一招」（the last resort）。此種戰，不是主動出擊，而是被動還手。防衛式的戰（defensive war）是必要的，但須評估勝算的機率，以免落敗反而吃虧更大，更受不公不義的踐踏。

(3) 戰爭進行前，必須遵守正當的規則：如要求不公不義的對方，「合乎比例」（due proportion）補償己方損失，則雙方該握手言和，否則就可以一決雌雄。一旦戰鼓雷鳴，則為求勝利，可採用任何手段使敵方受損，但不許傷及無辜。無辜包括小孩、女人，與其他未有能力持刀槍者，及外交使節，甚至及於基督教信徒及傳教士。不過，若為了勝利而使無辜者慘遭池魚之殃，則也在法上不必深究，那是不得已的附帶或偶發（incidental）舉措而牽連的，如炸斷了橋、水淹了城，就必然讓無辜者斷氣傷身。

(4) 勝方有權要求補償、割地或賠款，敵方之戰犯，罪大者可及於死。

(5) 軍人有道德上的義務，可以過問戰爭是義戰還是不義戰嗎？首先，正規軍（regular soldiers）屬於君王之臣民，服從上級命令是士兵的天職，不疑有他；以統帥之言為定，除非可疑之點十足明顯，致使信心動搖極大。其次，傭兵（mercenaries）不是君王的子弟兵，或許有人認為他們的心意與正規軍不同，因之得思及應召是何所為而來，在「為誰而戰」上，理該作深一層思考。但他不以為然，通則是一體適用的，沒有例外。疑心是短暫的、片面的，也是負面的、否定的，則就不疑有他。若疑心是正面的、肯定的，或雙方各持己說，則有必要深思而得己見，該向「謹慎且有良心者」（prudent and conscientious men）請益，這是指個別的士兵而言。若組成為軍團，則以上級之言唯命是從。至於發動戰爭的治者，更須致力探究所為何來，務必以公義為名，「替天行道，代民伐罪」；更不用說，在道德上，更需十足地確定，公義在我方。

上冊總結

一、希臘及羅馬哲學的特色

希臘哲學始於西元前六世紀。西元後529年，羅馬皇帝查士丁尼（Justinian, 483-565）下令關閉雅典以柏拉圖學苑（Academy）為主的雅典大學。前後相距，共約一千年時光。

(一)科學與哲學不分

古人與今人一般，對存在的一切，經常產生「驚奇」（wonder），亞里斯多德以之作為哲學思考的外在刺激。至於內在之誘因，則來之於人的理性（reason）此種天賦。人及天的萬有一切，怪事頻傳，如生老病死、日蝕月蝕、火山爆發、海嘯、地震等，此種現象，憑人之五官即可感覺；但知其然總覺不過癮，要求進一步知其所以然。有動者，也有不動者；有變者，也有不變者；有果則必有因，有因也必有果。形上對上形下，肉體與精神或心靈，成雙。不死心地擬理出頭緒、尋求答案，且形成系統的人，就與哲學結上了緣。當然，單憑兩千多年前的哲人所具備的條件，要能對真相有比較徹底的領會，這是強人之難。配套工具未齊備之前，頂多只是臆測、設定、猜想。令人訝異的是，不少先人在這方面的「斷言」，其後卻符合科學用語上的「假設」（hypothesis）。

蘇格拉底之前的「哲人」所冥思的問題，大部分集中在宇宙論（cosmology）上。此種問題，其後為科學家接棒。但他們擬在變動不居中尋求不變之通則，殊中有同，多中有一，這倒是正字標記的形上學議題，也是哲學家迄今為止仍奮力不懈的研究主題。亂中有序，變中有則。大宇宙（macrocosm）的「天」，如此；小宇宙（microcosm）的「人」，亦然。

(二)分析法之注重

「然」與「所以然」之間的關聯，有邏輯的關係，必然性及或然性極為明顯，不能一概而論。柏拉圖的《對話錄》，解剖且分析各種問題，使之更為一清二楚，更見底細，更有深度；辯證（dialectic）不是一問一答即結束，那不

是「知識」，頂多是記憶或背誦而已，對人智潛能之激發，非但無助，反而有壓抑作用。辯證也就是其後的邏輯（logic），始祖是亞里斯多德。三段論式（syllogism）的演繹法（deductive），專技性不用說，解說性也強。如他所言之動（movement），不只指出有形的動，即感官可覺察的動，如地點（空間）上的變化而已（locomotion），且也指量及質的變化（quantitative and qualitative change），這都是讓常人一新耳目的。變或動的注重，是亞氏哲學的特色；而柏拉圖在這方面則較不強調。

二、中世紀之前基督教哲學的重點

基督教時代來臨之際，信仰第一，哲學退居末位；但亞里斯多德哲學著作之重現天日，是哲學史上的大事件。由於亞氏之多處觀點與宗教信仰有合也有不合，導致引發一熱門且也尖銳的話題，即哲學與神學之位階，孰高孰低之爭議。當中世紀學者稍悉亞氏邏輯，哲學乃變成「神學的婢女」（the handmaid of theology）。亞氏認為邏輯是推論用的，本身是一種工具。給予哲學及神學適如其位的最大功臣，就是托瑪斯。哲學理論若與啟示真理不合，則哲學是謬論，矛與盾不能同存，一正一反是相衝的。但他卻另有其說，認為與宗教教義不同調的哲學主張，乃因哲學論證不佳或似是而非（bad or specious arguments）。真正的好及真的論證，必與神學相合。永不犯錯的哲學家未有其人，如有，則論證必與啟示真理同，但是卻不取材於啟示上的信仰。哲學家的邏輯，證明不出基督教義的某些信條，如「三聖合一」（Trinity），但卻可以論證出「信仰導言」（Pre-ambles of Faith），如向世人告知上帝之存在，此說在哲學論證上是正確的。

三、現代的曙光在十四及十五世紀時已現

過去史家通稱中古世界如同暗夜，雖不一定正確，卻也有不少事實證明。十四世紀的歐洲人以過去權威為尊，且神本位太濃；不少有先見之哲人，早在心

理引起反彈。「物極必反」，不只人心如此，自然界（物理界）更是常情。隧道已在盡頭，乍隱乍現的陽光，也若隱若現。蘇格拉底之前的哲人以客體（object）即大自然、宇宙、物，為冥思的對象，發現萬有一切皆有秩序。十四世紀之後的哲學家，稍動用科學方法，也體認出自然事件不是紛然雜陳，亂成一堆，而是森嚴井然。「科學」已與中世紀的「神學」及古代的「哲學」，三分鼎立，且力道有後來居上的趨勢，又成為「知識」內容及範圍上的主幹，更以之批判並作為哲學及神學的「真理」標準。中世紀時，亞里斯多德著作的再現，且在學界占據要角，使哲學與神學各領風騷。十四世紀之後，科學力道漸增，正可作為「知識增進」（培根著作的書名）中新舊知識的分水嶺。

當然，思想之演變不可能是十足的中斷或百分百的創新，卻都是程度問題，在連續性上有顯著的痕跡，展現出「科學」已然在十四世紀之後，不只作為知識陣營中的一分子，且一枝獨秀；把深藏於哲學及神學的，遠遠地拋在腦後。他們在「名分」上，可以說是哲學家、神學家，及科學家三者兼備；但在心態上，已可顯著地看出，於探討「科學」問題時，要力持「中立」（neutral）立場。他們絕大多數都是基督教信徒，甚至其後還更大膽地自我標榜為無神論者（atheists）。在過問道地的科學問題時，神學家及哲學家甚至淪為「外行人」（lay）了。因為誠如伽利略所說，「真理」的效標有二，一是長期的觀察（observations），事實擺第一；一是必然的演算（necessary demonstration）。前者即令蘇格拉底以前的哲學家都俱備，後者即數學，蘇格拉底之前的哲學家也莫不有之，如提出「畢氏定理」的畢達哥拉斯（Pythagoras）。但觀察所賴的望遠鏡或顯微鏡之儀器，則是前所未有；而數學之精確及高深，如解析幾何或微積分，這些條件或資格，更是後來數學家的專利了。

實證主義（Positivism）的創始者法國人孔德（Auguste Comte, 1789-1857），提出人類智慧的發展階段有三，依序是神學、形上學（哲學），及實證科學。證之於哲學史，希臘哲學卻是形上學首先出現。但若從基督教出現後起算，則孔德之說法，理論與實際都吻合。「信仰時代」（Age of Faith）之後是

「理性時代」（Age of Reason），最後是「科學時代」（Age of Science）。

　　最後有必要一提的是，「現代」哲學正起步，且快速前進之際，這股思潮，也間接外溢到臺灣本島。可惜親領此氣氛的時光不長。本冊最後部分提及的「開明」法律哲學論點，始於荷蘭及西班牙。國際法學權威之最初奠定者，是畢業於十七世紀時學術光輝最亮眼的雷登大學（University of Leiden）之格勞秀斯（Hugo Grotius, 1583-1645），幾乎與他同時的該校高材生甘治士（George Candidius, 1597-1647）畢業後到臺灣傳教，娶臺民為妻，也學臺語。而西班牙的蘇亞雷茲（Francis Suarez, 1548-1617）說過，非基督教的土地如臺灣，也可享有如同他母國西班牙一樣的平等權利。西班牙在十七世紀早期，統治過臺灣北部，臺灣人民無福接受較長時間的「現代化」思想之恩澤，著實可惜。「殖民」與「文明」有正面關係，不宜只基於種族偏見，而全以負面角度視之。

索 引

國家圖書館出版品預行編目資料

西洋哲學史（上）：古代哲學到中世紀哲學史
／林玉体著. -- 初版. -- 臺北市 ： 五南，
2017.04
　面；　公分
ISBN 978-957-11-9068-6(平裝)
1.西洋哲學史 2.中世哲學
140.9　　　　　　　　　106001755

1BBA

西洋哲學史（上）
——古代哲學到中世紀哲學史

作　　者 ― 林玉体

發 行 人 ― 楊榮川

主　　編 ― 陳姿穎

責任編輯 ― 許馨尹

出 版 者 ― 五南圖書出版股份有限公司

地　　址：106台北市大安區和平東路二段339號4樓

電　　話：(02)2705-5066　傳　真：(02)2706-61

網　　址：http://www.wunan.com.tw

電子郵件：wunan@wunan.com.tw

劃撥帳號：01068953

戶　　名：五南圖書出版股份有限公司

法律顧問　林勝安律師事務所　林勝安律師

出版日期　2017年 4 月初版一刷

定　　價　新臺幣450元